功能-认知视角下汉德篇章对比研究

陈　嵘　曾思予　著

同济大学出版社
TONGJI UNIVERSITY PRESS
·上海·

图书在版编目(CIP)数据

功能-认知视角下汉德篇章对比研究 / 陈嵘,曾思予著. —上海:同济大学出版社,2024.2
ISBN 978-7-5765-1060-7

Ⅰ. ①功… Ⅱ. ①陈… ②曾… Ⅲ. ①汉语—对比研究—德语 Ⅳ. ①H1②H33

中国国家版本馆 CIP 数据核字(2024)第 003678 号

本书为"中国德语教育基金"项目"语篇功能认知视域下大学德语写作教学路径新探"(项目号 DXDY2023YB4)和"深圳技术大学国际科技人员交流资助申请"项目课题成果

功能-认知视角下汉德篇章对比研究

陈 嵘 曾思予 **著**

责任编辑 戴如月 **助理编辑** 王 笑 **责任校对** 徐逢乔 **封面设计** 潘向蓁

出版发行 同济大学出版社 www.tongjipress.com.cn
(地址:上海市四平路 1239 号 邮编:200092 电话:021-65985622)
经 销 全国各地新华书店
排 版 南京文脉图文设计制作有限公司
印 刷 苏州市古得堡数码印刷有限公司
开 本 787mm×1092mm 1/16
印 张 14.25
字 数 263 000
版 次 2024 年 2 月第 1 版
印 次 2024 年 2 月第 1 次印刷
书 号 ISBN 978-7-5765-1060-7

定 价 88.00 元

前　言

在中国日益走近世界舞台中央的时代背景下，构建中国国际话语体系和加强国际传播能力建设是新时期高校外语学科面临的时代命题和国家使命。对外叙事能力既是当代外语人才需要具备的国际传播能力的核心组成部分，也是全方位践行对外传播、讲好中国故事的重要途径和有力保障。

国内权威机构的相关研究报告显示，目前国内大学生的外语写作整体水平相较过去有明显提升。总体来看，大学生外语写作能力在语言知识和语用知识方面有显著提高，而在社会文化与认知方面表现相对不足，这种情况导致学生在对外交流活动中易出现交际失误或低效现象。着眼于这一现实问题，本书作者在语言功能观和认知观综合视域下探究中德大学生社会叙事篇章的生产过程及行为导向，旨在探明篇章行为背后的文化认知特点及其差异，为外语学人在对外叙事和国际传播活动中既要“会写”也能“巧写”提供指导与借鉴。

本书关注汉德篇章对比研究这一领域。从目前国内外学界在该领域的整体研究情况看，在理论建构与应用研究方面，除了运用传统的词法、句法理论外，还关注到外语教学法、翻译学、跨文化交际和语篇类型学等相关理论，个别研究开始涉及汉德词汇的认知对比分析，但结合功能与认知维度在语篇层面展开的汉德对比研究还不多见，有待拓展深入；在研究对象方面，早期研究以汉德词汇、句子单位的对比研究为主，近二十年以语篇为单位的汉德对比研究也有了较快发展，逐步成为德语学界所关注的研究领域，但研究对象主要集中在学术、新闻、广告及经济类语篇，有关社会叙事的语篇研究并不多，研究对象的范围与类型还有待进一步拓宽。此外，从目前国内外学者在汉外对比研究领域的整体情况看，学界对“功能-认知”这一复合研究范式的探索已在汉英对比研究领域取得了一些成果，但总体上还处于理论探讨和小范围应用研究阶段，且功能语言学界对语篇认知的研究仍然以理论预设与思辨推理为主，实证研究还不多见，需要在更大范围内在多语种之间进一步开展经验研究。

鉴于此，本书在理论应用和研究方法上都有部分创新尝试：

1. 对篇章语言学和认知语言学相关理论做了历时梳理，将语篇功能理论与识解理论有机结合，建立语篇功能一认知描写模型。功能维度涉及语篇结构特征和语用特征，重点分析语篇的语言风格（词汇与句法）与内容结构（标题、主题词、逻辑关联和主题展开类型）。认知维度主要从选择、聚焦、突显和视角几个方面展开分析论证，从“详细度”的选取，到“前景一背景”安排，再到“射体一界标”设置，最后是“时间视角”“空间视角”“优势视点”的运用。

2. 目前国内外相关著作主要在功能语言学和篇章语用学关照下开展汉德语篇对比研究，研究语料集中在经济类、新闻类、广告类和学术类语篇，分析对象基本都是特定语境下的现有语料，少有借助自主设计的语言实验采集语料。本研究从看图认知视角设计实验图画的结构与内容，邀请中德大学生参与看图写作实验。为保证语料的真实性和所得结论的可靠性，研究保留了实验受试创作的原文，通过对语篇生成过程进行科学分析与描写，探究汉德语篇背后的交际功能与认知识解因素及其相互关联，探索语篇功能分析和认知分析兼容互补、辩证统一的研究路径。

3. 语篇既是文化的载体，也是认知的映现，本书分别从写作教学、语言结构、图画观察与理解和社会文化四个方面对汉德篇章在功能与认知维度上呈现的主要特点与差异予以阐释，通过实证研究探索一条观察语言、世界、思维之间内在联系的新路径。

语言是人类运用思维与外部世界互动、表征外部世界的中介，社会性与精神性是语言的固有属性。这本书将语言功能观与认知观相结合，探索构建语篇研究的综合视角。研究结论可为国际传播活动中的主题叙事行为提供普遍性建议，为机构和个人在对外交流活动中调整和改进外语写作行为策略、提升国际传播能力与效率提供实践指导。研究成果还可应用于高校外语学科的专业教学实践，推动课程教学内容与教学方法改进完善，形成语用视角、文化视角、认知视角全面关照下的外语教学与研究理念。此外，在实证数据分析基础上创建的语篇功能认知分析一般模型可用于日常其他语篇类型的行为动因分析，丰富现有的语篇分析工具，有助于相关科研工作者拓宽应用领域与研究对象。

在本书即将付梓之际，我们衷心感谢那些曾经给予我们帮助、鼓励和支持的老师、同事和朋友们。此书的研究工作得到了同济大学赵劲教授的悉心指导。德国科布伦茨大学 Michael Klemm 教授对本书的选题和研究意义给予了充分肯定，并提出了宝贵意见。荷兰莱顿大学的 Arie Verhagen 教授在理论观点释疑方面提供了无私帮助。时任德国波鸿一鲁尔大学语言学院（LSI）院长的 Klaus Waschik 教授、汉语中心主任 Anke Pieper 博士，德国罗斯托克大学 Rosina Neumann 女士，深圳大学经济学院、师范学院和深圳技术大学国际合作与学生工作部的负责老师也为本书实验数据的采集提供了有力支持。此外，同济大学出版社责任编辑戴如月老师为本书的出版给予了大力支持，编辑王笑老师做了大量的细心审校工作。在此，我们对他们一并表示衷心感谢！

由于时间仓促和作者水平有限，书中难免存在疏漏和不当之处，敬请广大读者和专家不吝指正。

作者

2023 年 9 月于深大荔园

目　　录

第一章 引 言

1.1 研究动因

1.1.1 研究问题的缘起

Schwerdtfeger(1989：27)在《观察与理解》(*Sehen und Verstehen*)一书中曾提到社会日常生活中的一件趣事：一群来自不同国家的游客组成一个国际旅行团，旅行团中既有男士，也有女士，还有几位男孩和女孩，他们处在不同的年龄阶段。旅行途中的一天他们一同游历了一座城市。在城市观光结束后，他们疲惫地走进了一家饭店，坐下来准备用餐。在等待食物期间他们聊起了刚才参观的城市，让人感到有趣的是，旅行团成员谈到的城市景观或现象都不尽相同。如果这时候有一个局外人走过来分别倾听他们各自的讲述，他很可能会认为，这些人参观的并不是同一个城市。这一事例说明，来自不同语言文化背景的群体或个体，即便是观察同一情景，他们在关注的内容与理解方式方面也会存在差异，并在交际中通过言语行为表现出来。这一现象涉及三个基本要素：理解方式、观察对象与语言表达，三者之间的紧密关系对应了西方语言哲学一直探讨的另一种三维关系，即人类思维、外部世界、语言。语言表达既能呈现所描述的具体观察对象，也能折射出表达者对观察对象的特定理解方式。由此引发这样一个思考：通过对不同文化背景下的具体语言现象的对比研究，分析在特定语境下不同语言表达在运用与构建过程中各自呈现的特点和彼此存在的异同，进一步观察来自不同语言文化背景的群体之间在言语行为模式与认知方式上的共性与差异。

1.1.2 研究的语言哲学基础

西方语言哲学传统一直秉持着这样的观念：语言联系着人类与外部世界，语法体现人类理性，而词语展现外部世界。这一观念阐明了人类、语言与世界三者之间的密切关系，而围绕这一论题所形成的基本思想也构筑了西方语言研究各学派理论体系的哲学基础。

公元前5世纪，古希腊著名修辞学家伊索克拉底(Isocrates)就曾鲜明地指出，在人类众多的能力中，真正让人类与动物相区分的正是语言的运用。伊索克拉底所用到的是古希腊语 logos 一词，该词义不仅指人类的言语活动，还包含言语活动背后的理性(Harris & Taylor, 1997: xiii)。姚小平(1992)也从词源上追溯了 logos 诸义的形成与发展，阐明了早在欧洲古典时期人们就已经注意到语言与人类思想和自然规律的密切关系。

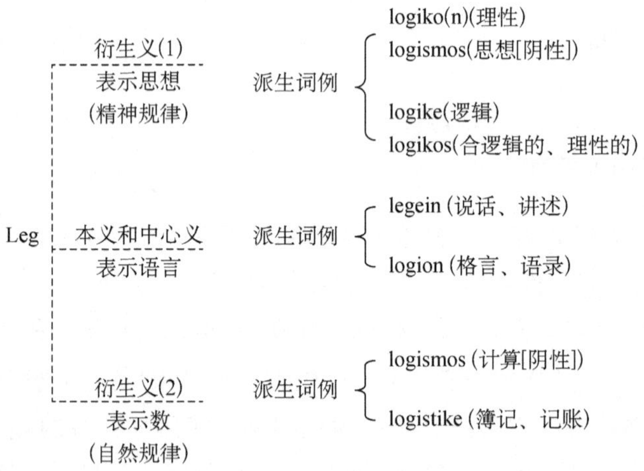

图1-1　姚小平关于 logos 词源的语义演变

Harris & Taylor(1997: 33)引用亚里士多德(Aristotle)的相关论述，其观点对后世的语言研究产生深远影响。亚里士多德将语言、人类理性、自然界三者之间的关系分为两个部分：一个部分表现为一个自然、普遍过程，即人的感官将世界与关于世界的心理表征联系起来；另一个部分是规约的、非普遍的过程，这一过程将心理表征与语言联系起来。

> "So the chain which connects words to the world is one, which Aristotle divides into two sections. There is a section of natural, universal processes (linking the world via our sense perceptions to our mental representations of the world); and there is a section of conventional non-universal processes linking mental representations to language."

在亚里士多德看来，语言与世界是通过心理表征，即人类认识世界所形成的意义，来联系的。人类通过感官形成对世界的心理表征，这一过程是自然的、普遍的，人类在这一过程中主要表现出共性；而通过语言将所形成的有关世界的心理表征表达出来，这一过程是规约的、非普遍的，不同民族在这一过程中会表现出个性和差异。亚里士多德的语言哲学观可以大致概括如下：

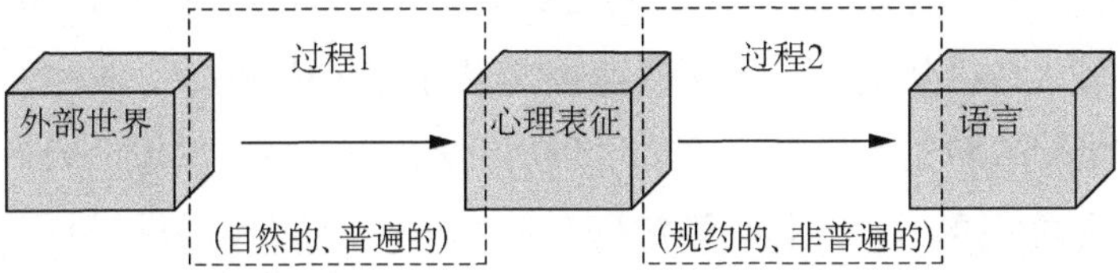

图 1-2　亚里士多德的语言哲学观

过程 1 是人通过感官对外部世界的认知加工处理过程，即意义的形成过程；过程 2 是人将关于世界的意义转化为语言符号的过程，即意义的表达过程。二者是辩证统一的，既彼此独立又相互关联，共存于一个关系统一体中。亚里士多德的语言哲学观本质上是辩证的，既强调人类语言内在的共性又认可语言外在的个性，二者统一于语言的本质中。亚里士多德关于语言的哲学思想为此后一千多年的欧洲语言研究奠定了重要基础。Seuren(2010)指出，"亚里士多德对语言研究的首要贡献在于他剥去了语言的神秘外衣，将其视为人类理性探究的对象和表达交流思想的工具。语言的符号学三角(the semiotic triangle of language)，即语言-思想-外部世界，源自亚里士多德。"

中世纪欧洲的语言研究总体上沿循亚里士多德关于语言的自然论思想，表现在语言研究集中在古典拉丁语的语法、修辞与逻辑学上。古典拉丁语被这一时期的代表学者视为一个健全、典型的民族语言结构体系，展现了语言的一般特征与范畴，体现了人类普遍理性和逻辑思维。中世纪语言学研究的突出成就是在经院哲学影响下的思辨语法(speculative grammar)。思辨语法学家希望通过洞悉语法之理，能够找到语法结构、逻辑结构、世界结构三者之间的本质关联。在他们看来，语言是人类心智对世界的反映，一方面与人的心智有联系，另一方面又与它所代表的事物相关联，这是一条基本原则，也是普遍原则，而 speculative 一词源自拉丁语 speculum，意思是"镜子"(刘润清，2013：26)，即语法体现了人类理性对世界的"映照"。思辨语法学派的基本思想与亚里士多德语言观的自然论思想是一致的，二者都强调了世界、思维、语言之间的辩证关系，但他们之间也略有不同，前者主张心理表征是联系世界与语言的纽带，而后者认为语言是连通人类心智与世界的桥梁。这一时期的欧洲语言研究大体呈现出一种以一概全的格局，即认为人类共同的理性和逻辑在古典拉丁语那里得到了最好的展现。中世纪早期的拉丁语法学家普利希安（Priscian）所著《语法惯例》（*Institutiones Grammaticae*）成为了整个欧洲中世纪语法研究的经典著作，在近千年的时间里一直占据西方语言研究的权威地位，直到文艺复兴时期欧洲学者才逐渐意识到民族语言的多样性与平等性。

到了近代欧洲，德国的语言研究备受瞩目，代表人物有赫尔德（Herder）、洪堡（Humboldt）等人。洪堡的浪漫主义语言哲学观对后世影响深远，他在人类学和历史比较语言学的研究基础上探寻语言与人类精神发展的关系。洪堡（1957：122）在《论语言不同发展阶段的比较语言研究》（*Über das vergleichende Sprachstudium in Beziehung auf die verschiedenen Epochen der Sprachentwicklung*）一文中指出，人类因语言而成，且必为人方能创造语言，人类在语言的不断发展中逐步发展自身。语言的有机性否定了它不是黑暗心灵中“死寂的一团”，而是作为规约制约着思维。从这段论述中我们看到，洪堡的语言哲学观也主张语言与思维相统一，他既看到了人类不同民族的语言在结构上的差异，也看到了这种差异在民族精神或思想上打上的烙印；既看到了语言的文化规约性所表现的“个性”，也看到了语言与民族思维之间唯理关联的“共性”。但洪堡并没有像亚里士多德那样从“自然”“普遍”的角度来看待语言背后的人类精神活动，而是强调不同民族的精神特质在语言的制约下所展现的差异，“思想不仅仅是依赖于语言，而且在某种程度上取决于语言。”（Humboldt，1957：123）。洪堡（1963：414-415）在其著作《论人类语言结构差异及其对人类精神发展的影响》（*Über die Verschiedenheiten des menschlichen Sprachbaues und ihren Einfluss auf die geistige Entwicklung des Menschengeschlechts*）中进一步论述，一个民族的精神特质与其语言形态处于一种内在的彼此交融中，以至于一方既在，另一方必可由其完整推演出来。心智与语言相辅相成，语言是民族精神的外在形式；语言即是精神，精神即是语言，二者的一致性无与伦比。后来的学者据此推导出洪堡的“语言决定论”，在这一点上，他们觉得洪堡走得太远，以至于该观点显得偏激。其实不然，洪堡在此强调了语言对精神的能动作用，动摇了一千多年前亚里士多德对欧洲古典时期以及中世纪语言与思维关系研究所定下的基调，即语言只是将人类关于世界的心理表征表达出来，在与精神的关系中处于被动地位。姚小平（1995：426）也认为，洪堡指出“语言从精神出发，再反作用于精神，这是我们要考察的全部过程”，事实上他仍然主张语言与精神（思维）之间相互影响，二者中，后者才真正起着主导作用和最终的决定作用，讨论语言世界观问题，不应当打破这个前提条件。

因此，总的来说，洪堡的语言观既带有明显的“规约论”色彩，也具备“自然论”特征。但他又不同于亚里士多德，后者用一种自然的、普遍的方式去看待语言内在一致的理性，认为语言只是表达普遍意义的被动工具和产物。Helbig（1983：12-13）也指出，在洪堡看来，语言的差异并非声音与符号上的差别，而是世界观的不同。语言由此从其工具性中走出来；它不再只是“产物”（Ergon），而是“活动力量”（Energeia）；它不再只是一种“被创造物”（Erzeugtes），而更多是一种“创造”（Erzeugung）。

另一位来自德语世界的语言哲学大师维特根斯坦（Wittgenstein）对20世纪上半叶西方哲学向语言转向起到了关键作用，正是他后期提出的“日常语言论”为后来的功能主义语言学打下了坚实的哲学基础。杨洁（2007）认为，维特根斯坦对语言形式与意义相互关系的不倦探索以及他的“意义及用法”的论断，可以看作当代方兴未艾的功能语言学思潮的哲学源头。Pears（1971：57）引证了维特根斯坦有关语言与思想关系的论述，语言包裹着思想，只有对表达思想的语言进行分析，解析直至最小的组成部分，思想的实际形式才会得以呈现。谢群（2009）谈到维特根斯坦主张的理想化语言时指出，他前期所追求的形式化理想语言也是以语言为基础的：一方面语言表现着逻辑形式；另一方面，语言成为我们对世界理解的表达。即便他在研究后期对自己前期思想做了看似背离的批判，但在其整个语言哲学思想中，语言一直是处于个体与世界之间的中介地位。这一点我们不难从他在《逻辑哲学论》（*Tractatus Logico-Philosophicus*）中的著名论断“我的语言的界限意味着我的世界的界限”中看到。事实上我们应该辩证地看待维特根斯坦前期与后期的语言态度与立场的转变，二者互有对立但又统一于语言的本质。维特根斯坦前期追求形式化的理想语言，观察语言的“内在”，试图找到语言背后的逻辑理性，这实际上是主张对索绪尔所定义的“语言”进行研究，也符合亚里士多德的语言“自然论”思想；而后期主张对并不完美的“日常语言”进行研究，观察语言的“外在”，这实际上是对索绪尔所定义的“言语”进行研究，符合亚里士多德的语言“规约论”思想。因此如果将维特根斯坦前后期的思想看作一个有机整体，他实际上是主张从内部与外部的双重视角对语言现象进行全面考察，是语言“自然论”与“规约论”的有机结合。同时期的另外两位美国语言学家萨丕尔（Sapir）和沃尔夫（Whorf）关于语言与思维的关系也有经典论断，后人根据他们的主要观点推导而成“萨丕尔-沃尔夫假说”。该假说阐释了语言对人的思想及行为的影响关系，是在新学科背景下对洪堡的语言世界观的继承与发展。Lewandowski（1990：886）评论道，在萨丕尔看来，语言决定了我们的经验，某些意义并非由我们自主发掘，而是通过语言形式对我们看待世界的方式产生影响后施加于我们的；沃尔夫则认为，一门语言的词汇与语法不仅仅是形成思想的工具，语言本身就塑造思想，它为精神活动——对世界表征的分析和观念的综合，提供图式。

以上语言哲学思想都有一个共同的基础，即语言与思维和外部世界密不可分，是连接思维与外部世界的桥梁，不能孤立地将语言看成是一个自主封闭的系统，只有将三者联系起来才能客观全面地了解语言。目前学界已达成共识，语言不仅表现思维，而且反作用于思维。

1.1.3 研究设想

20世纪初，瑞士语言学家索绪尔(Saussure)的语言研究标志着现代语言学的诞生，他也成为结构主义语言学的创立者。索绪尔开创性的贡献在于，他在研究视角上将语言研究划分为共时与历时两种，概念上区分了语言与言语，并从符号学的角度来分析语言的形式与意义(能指与所指)，指出了二者之间的相对任意性。他认为语言学研究应该以语言为本体，用共时视角进行研究，这一主张成为后来的结构主义语言学各学派的指导思想和基本研究立场。结构主义语言学基于一种理论假设，即语言可以作为一种单独的结构体系或是一个独立自主的整体得以描写，语言内部各组成部分就是在聚合关系与组合关系的共同作用下得以划分并彼此关联的系统性。与19世纪的原子主义理论不同的是，结构主义理论将语言视为一个内部成分单位之间存在系统性、规律性关联的整体，而不是用自然科学的方法将语言不断细分至最小单位，进行孤立分析。结构主义主张对语言本体进行研究，既忽略了语言与思维的内在关系，也不关心语言与社会文化的外在关联。正因为如此，后来兴起的西方语言学各流派都是在对结构主义语言观进行修正的基础上形成和发展的。

20世纪中叶，以美国语言学家乔姆斯基(Chomsky)为代表的生成学派创立了生成语法理论体系。他将语言研究的视角从语言本身转移到其内在形成机制，重点研究体现语言内部结构规律性的语法系统。生成语法学派认为人类语言存在一套普遍语法，并试图借助一套形式逻辑符号描写语言现象，以此探索语言机制的形成与语言能力的发展。尽管生成语法并没有完全跳出语言本体研究的圈子，但它在结构主义的基础上拓宽了研究视野，关注并试图找出通过语法得以生成语句的规律以及语言表层(词、句法)向语言深层(语义)的转化法则。客观上讲，生成语法已经初步涉及语言认知领域，将语言视为一种自主的特殊认知能力而与人类其他认知能力分割开，而后来的认知语言学又是在对生成语法批判的基础上发展起来。20世纪70年代兴起的认知语言学的基本思想是：人类的语言与认知密切相关，语言不是一种自足的认知系统，对语言的描写需要参照人类的其他认知规律；语法也不是一套自足的形式系统，而是与词汇一样都是象征系统；基于语义的语法描写才能探知语言与思维或认知的内在联系。但是不论是生成语法还是认知语法都是对结构主义语言学割裂语言与思维固有联系的修正。大致在同一历史时期，功能主义语言学也在对结构主义语言学批判的基础上逐步发展起来，并促成20世纪六七十年代西方语言研究的主要理论范式开始从形式转向功能。功能主义语言研究的基本特征是，走出语言本体研究的藩篱，开始关注语言运用所起到的各种功能，例如认知、表达、交际等。在研究视角上强调不同语言成分是如何实现各种功能的。功能主义认为语言并不是一个独立自主的体系，语言的存在与发展与其他非语言因素，特别是与语言使用的环境因素密切相关并互为影响，因而语言研究应该在语言因素与非语言因素的相互关照下进行。功能主义语言观实际上是对形式主义所主张的语言本体研究思想的修正与发展，即语言符号表达意义的过程受到诸多外在因素的影响与制约。

回溯学科历史，功能语言学与认知语言学都是在反思和批判结构主义语言学与生成语法的基础上逐步创立形成的，这也决定了二者在语言研究的基本立场上是一致的，但是它们各自的研究视角和重点又有所不同。功能语言学视角向外，重视语言使用的环境因素，重点考察语言现象的外部动因；认知语言学视角向内，注重语言生成的认知因素，重点考察语言现象的内部成因。二者相互影响、彼此借鉴、共同发展。正如胡壮麟(2014)论及认知在系统功能语言学中体现的三个层次，即次范畴的心理层面、元功能层面和高于语义系统层面。Sinha(2010a)在谈到语言、文化、思维三者关系时也认为，当代认知语言学从研究方式上纳入了功能主义的观点从而趋向认知-功能语言学。本书设想正是在这种辩证语言观的指导与启发下形成的，既考虑到语言现象背后的认知理据，又注意到语言行为的社会功能，分析其在结构上所呈现的综合特征。基于这一研究思路，联想到看图写作，设计一幅有研究针对性的实验图片，邀请来自汉德语言文化背景下的受试群体进行看图写作，在现有相关理论及分析模型基础上针对实验语料特点建立功能-认知语篇分析模型，借助模型展开实证对比分析，从而观察两组看图写作语篇在功能与认知维度展现的异同和规律性。

1.2 研究现状

功能语言学界认为语言功能研究与认知研究交叉兼容的思想由来已久，Halliday(1967)就已指出，系统功能语法的三大元功能中的“概念功能”有时也称为“认知功能”。这一基本思想在他后来的功能语言学具体研究实践中也有明确体现，如Halliday(1985：320)认为，语法隐喻不仅是一个特有的语言认知研究观念，而且是系统功能语言学要关注的一个重要的语言认知话题。而作为认知语法的创立者和代表学者，Langacker（1999：13）也主张，被视为认知语言学的一系列研究实际上属于功能主义传统。

目前国外语言学界主要在两个领域将功能与认知视角结合起来研究语篇：一是功能语言学对语篇认知因素进行研究；二是认知语言学对语篇功能因素展开研究。前者以语篇功能为基础，描写语篇结构背后的认知因素，如 Hayes & Flower（1980）、M. Heinemann & W. Heinemann（2002）、Gansel & Jürgen（2007）、Schwarz-Friesel & Consten（2014）、Papadopoulos（2022）等在语篇功能描写的框架下探讨了语篇生产和接收背后的认知维度；后者主要从语言认知视角观察分析语篇组织的结构与功能，如 Hoey（1991）、Lee（1992）、Ponterotto（2000）、Jasna Movsovic（2018）等分析了隐喻现象在语篇组织过程中起到的衔接、连贯功能。

从海外汉德对比研究的主要国家德国的研究情况看，现代语言学语篇研究从 20 世纪 60 年代至今已经走过了半个多世纪的历程，在语篇结构与功能领域取得了丰硕的研究成果。20 世纪 90 年代中期以来在认知语言学研究日渐成熟的学科背景下，部分德国学者，如上文提到的 M. Heinemann、W. Heinemann、Gansel、Jürgen 等也开始关注语篇生成与接收的认知理据研究，并取得了一些研究成果，但主要还是在心理语言学研究基础上开展的理论分析，少有实证研究。而将语言功能观与认知观结合起来运用于语篇对比分析的研究则更少。从检索德国波鸿—鲁尔大学、柏林洪堡大学、曼海姆大学等高校的学术文献数据库进一步了解的情况看①，近三十年以德国学者为主的外国学者开展的德语与外语对比研究已取得较丰富研究成果，相关文献有百余篇，其中以德语与英语、法语、俄语和西班牙语的对比研究居多，研究领域集中在语篇类型的结构对比研究，语篇类型涉及学术及专业语篇、广告、新闻报道、法律文书、文学作品等，主要运用功能语言学理论和跨文化交际理论进行对比分析。这一时期在德国开展的德汉对比研究也有一些，主要由旅德的中国学者开展，大致分为两个阶段：第一阶段从 20 世纪 80 年代至 2000 年前后，这一时期的汉德对比研究主要是针对词汇与句子单位展开，理论应用以传统语法和跨文化交际理论为主，如张烈材（1984）借助配价语法理论对比分析了汉德常用动词配价及句子结构类型，Schmidt（1986）也运用配价语法理论对比分析了汉德语的系词句结构，朱开福（1998）从跨文化交际视角对比研究了汉德语有关身体的熟语；第二阶段从 2000 年至今，这一阶段学者们开始更多地关注德汉语篇对比研究，理论层面主要运用有关语用、语篇类型、跨文化交际及教学法理论，研究对象主要涉及新闻语篇、科学语篇、广

① 数据检索自 1974 年到 2022 年。

告语篇及数字媒体语篇等。如温仁百(2001a)借助语篇类型和言语行为理论从命题与言外行为角度对比分析了汉德新闻评论语篇的结构模式，Günthner & Kriese(2012)借用交际行为理论从会话视角对比分析了中德学生的手机短信交际行为，汤春艳(2013)从语用学视角对汉德招聘广告的修辞风格与内容结构展开实证研究，陈崎(2013)从语篇类型的交际语用视角对比分析了汉德讣告在语篇结构与文化语境方面的异同，赵劲(2012，2013，2014，2016，2018)主要从语篇类型与跨文化理论视角对科学和经济领域的汉德语篇进行了对比研究。由此可见，尽管在德国开展的德外、德汉语篇对比研究工作已有不少，研究成果也比较丰硕，但在语言认知层面展开的对比研究还不多见。

从国内相关研究情况看，自 20 世纪 80 年代中期国内德语学界开始关注汉德对比研究起，至今已走过了三十多年的历程。从中国学术期刊网(CNKI)的数据检索情况看①，在前二十年，国内汉德对比研究仍然主要以传统语法(词法和句法)、教学法和跨文化交际理论为指导，对汉德语的常用词汇和句子类别展开对比研究。如张烈材(1985)、董光熙(1986)介绍了如何通过句法成分划分对汉德语的常用句式结构进行对比分析，张世广(1995)、钱文彩(1996)从词法、句法上对比研究了汉德语各类常用形容词的使用，黎东良(1995)从语法、修辞和跨文化交际角度论述了数词在汉德成语中的用法，温仁百(2001b)通过汉语的主谓谓语句，从句法、信息结构及语义结构几方面探讨了汉德句子对比研究方法，倪苗、朱建华(2004)论述了汉德语使用祝愿语在构词、句法、社会文化等方面存在的共性与差异，刘顺生(1992)、丛明才(2005)、张晓青(2006)从构词、语用和跨文化交际方面对比分析了汉德语称谓词和外来词现象。这些研究成果有力地推动了国内德语外语教学实践，特别是德语词汇和语法教学。

近十几年来，国内一些学者也开始关注语篇单位层面的汉德对比研究，主要运用功能语言学、跨文化交际和翻译理论对特定的汉德语篇类型展开对比研究，但研究的对象、规模和层次还有待扩大和提高。如倪晓珊(2006)、王建斌、杨成成(2013)、王冉(2020)借助翻译理论探讨了中德公共领域的语篇在结构与内容上的特点与差异，刘齐生(2009)从跨文化交际视角分析汉德“企业介绍”语篇的结构差异及其背后的政治语法因素，认为政治文化语境往往对特定语篇类型的组篇方式和内容产生较大影响，汤春艳(2010)以语言功能观为指导，借助语篇语言学语用理论，采用历时与共时的研究方法，对比分析了中德报刊招聘广告，主张语用因素会对语篇类

① 数据检索自 1980 年到 2022 年。

型的语言风格和内容结构产生重要影响，从而形成篇章类型在不同历史阶段的变体，王颖频（2022）运用语篇分析元交际理论对中德领导人新年致辞语篇的元话语特征进行对比分析，阐释了二者在特定语境下的语用策略。由此可见，迄今国内学界在汉德对比研究领域的主要研究对象仍是词汇和句子，语篇单位的对比研究虽日渐受到关注，但仍有待进一步发展。而在所运用的研究理论方面，主要是传统语法理论、翻译理论和教学法理论，也有不少研究运用了功能语言学跨文化交际理论和语篇分析理论，而将代表语言学理论发展新方向的认知语言学理论运用于德语研究领域的还不多见，现有的少量研究，如陈琦（2013）、张博（2015）、陈嵘（2016，2018，2023）等尝试从认知视角加深对德语语言现象的结构与语用认识，也基本是针对词汇与句子单位，将语言认知理论运用于汉德对比研究领域者还很少，个别研究已开始在词汇层面进行探索，如周锐（2018）从语言类型与语言认知视角，通过对汉德语中“给予”和 geben 的词义素进行历时与共时研究，较全面和深入地描写了该动词的语法特征与语义认知特点，但这一领域的相关研究总体上仍然缺乏。

此外，结合国内外汉外或汉德研究的总体情况看，目前国内对“功能-认知”这一复合研究范式的探索整体上还处于理论探讨和小范围应用研究阶段。如唐叶青（2004）、任绍曾（2008）、曲英梅（2011）、胡壮麟（2014）等学者在该领域的理论兼容性和研究互补性方面做了一些有益的探讨。小部分学者，如刘淑燕（2009）、何中清（2013）、向大军（2016）等也尝试在英语或汉英对比的具体应用研究中运用“功能-认知”视角，但尚未形成较大规模，而该领域的汉德对比研究还比较滞后。黎东良、熊燕（2011）总结梳理了国内外日耳曼学界近二十年在汉德语言对比领域所做的研究工作，认为目前国内外汉德对比研究仍然以在传统语法、配价语法和语篇功能与结构理论框架下展开的对比研究为主。2021 年 7 月第十四届国际日耳曼学会世界大会（IVG）在意大利巴勒莫大学举办，从参会者向大会提交的语言学论文摘要来看，以上趋势并未发生实质变化，涉及德语的对比研究仍然以构词、词法、句法结构研究为主，部分涉及语篇功能和跨文化交际，少数研究也开始关注到德语与其他语言认知对比研究，如研究汉德语中亲属称谓的隐喻现象，但与汉英认知对比研究相比，汉德认知对比研究规模仍然较小，而将功能与认知相结合的汉德语篇对比研究目前国内学界还有待进一步开拓和探索。另外，如前所述，有关语篇认知的实证研究主要还是心理语言学在做，目前功能语言学界对语篇认知的研究仍然以理论预设及分析推理为主，实证研究还不多，需要在更大范围内、多语种之间进一步开展经验研究。

1.3 研究设计

1.3.1 研究目的与性质

许余龙(2010：5-6)根据研究性质和目的将对比语言研究大致划分为四类：一般理论语言对比研究、具体理论语言对比研究、一般应用语言对比研究和具体应用语言对比研究。本书试图将语言功能观与认知观结合起来，通过对比分析汉德看图写作在语篇结构(词汇、句子、语段和语篇单位)上表现出的特点及规律性，对语篇行为的功能与看图认知方式做出整体描写，以期在一定程度上洞悉来自中德语言文化背景的相应社会群体在图画观察与语篇生产过程中各自呈现的功能和认知特点。本研究尝试融合功能语言学和认知语言学相关理论，致力于通过创建一个语篇功能-认知描写模型，对汉德语料进行对比分析和实证研究，旨在增进认识两种语言结构及其运用特点，具有明显的具体应用语言对比研究色彩。此外，本书也试图从一般语言理论出发，并结合具体语言理论，着眼于特定汉德语言现象，通过应用对比研究加强对各自语言的理论认识，并拓宽现有相关研究的理论基础。因此，本书也具有一定的具体理论语言对比研究性质。

1.3.2 研究对象及主要问题

功能语言学与认知语言学理论都基于语言的使用，强调语言学的研究对象应是日常使用的语言，主张语言系统和语言使用之间存在互动关系。二者在研究视角上都坚持语言结构与非语言因素相结合，反对结构主义语言学和生成语法只研究“静态”的语言，而主张语言研究应该着眼于“动态”的言语。因此，无论是功能语言学还是认知语言学都主张以现实经验中的语言行为或现象为研究对象。基于这一主张，笔者确立了通过实验的方法收集真实语料的思路，研究对象是作为实验受试的中德两组大学生，通过对实验图画的观察与理解完成看图写作任务。

本研究通过对汉德实验语料进行实证对比分析，致力于语篇研究领域有待进一步探究的几个主要问题：①通过实证研究，探讨语篇研究的功能理论范式与认知理论范式在具体应用研究领域的兼容性与互补性；②针对学界目前主要在理论层面论述的语篇结构与认知内在关联这一问题，借助特定类型的汉德语篇予以示例论证，揭示特定语言现象与认知活动之间的具体照应关系或对应关联；③通过对汉德语料的实证对比分析和实验结论阐述，论证不同语言文化因素对具体语篇行为的生成与运用所产生的影响，揭示汉德语篇各自在功能和认知方面所呈现的特征和规律，以及二者之间存在的相同与差异。

1.3.3 研究理论及方法

融合语言学的功能与认知研究范式，借助有关于语篇分析的理论方法建立语篇分析描写模型，作为本书语料实证分析的描写框架。具体来讲，以功能语言学的篇章语言学理论和认知语言学的认知语法理论作为理论基础，根据研究性质、目的及任务对相关理论进行提炼综合，并结合实验语料的特点对现有的分析模型与描写框架上进行调整，建立适用于本书的语篇功能-认知分析描写模型。

本书研究工作主要分三个阶段开展。第一阶段收集研究语料，这一阶段先在有关看图理解与语言认知的理论指导下设计一幅实验图画，并请专业人士按实验要求绘制图画，然后邀请一组德国大学生参与看图写作实验，在对德语语料进行初步分析、筛选后确定参与实验的德语受试，再根据德语受试的基本信息邀请对应的中国大学生参与实验，并收集相应的汉语语料。第二阶段是语料分析阶段，这一阶段是在对实验语料进行预处理的基础上，借助所创建的理论分析模型，从功能与认知两个维度对汉德语篇进行对比分析。功能维度具体从语言本体的结构特征和语言外部的语用特征两个方面进行，认知维度具体在选择、聚焦、突显、视角四个方面展开，主要在语法、语义理论层面对词汇、句子、语段、语篇等各级语言单位进行实证分析，通过对相关数据的定量统计、定性分析及归纳描写得出对比研究结论。第三阶段结合有关看图写作的主要影响因素，分别从语文写作教学、语言结构、图画观察与理解、社会文化几个方面阐释汉德看图写作在功能与认知上呈现的特点与差异。因此，本书的研究结论是在对实验语料进行实证对比分析的基础上总结形成的，既有对语用数据进行归类对比的定量统计，也有基于语义分析的定性描写；既有基于语料结构分析的实证研究，也有根据语篇功能与认知理论所做的论证推理。

1.4 研究意义及创新点

将语言功能观与认知观相结合是全面观察和研究语言现象的内在需求。功能语言学和认知语言学都是在批判结构主义语言学和生成语法将语言视为一个孤立自主的系统基础上逐步形成确立的。功能语言学主张语言现象本质上是一种社会行为，除了语言结构的固有特性外，社会功能也是语言的本质属性，要对使用的语言进行研究就必须要将影响语言表达结构的外部语境因素纳入研究视野。认知语言学认为语言现象的本质是思维活动的表现形式，语言结构背后必然有其认知理据，要对语言做全面深入的研究就必须研究语言现象与人的思维与认知活动之间的密切关联。因此，语言功能观与认知观相结合并基于语言本体结构来分析语言的使用，也是由外向内和由内向外全面观察语言现象的必由路径。

认知语言学涉及心理学、认知科学、神经科学、计算科学、社会学、人类学等众多交叉学科，目前是语言研究的前沿领域，也代表了未来语言研究的发展新方向。因此，将语言的功能与认知结合起来本身既是完善语言研究的需要，也符合语言学的未来发展趋势。当前，国内外英语学界已在该领域开展了一些理论探索和应用研究，相比之下，德语学界在这一领域的研究还不多。

此外，如果说语言的本体研究针对解决语言使用的“知其然”问题，那么语言的功能和认知研究则针对解决语言使用的“知其所以然”问题。将语言功能观与认知观相结合的汉德语言对比研究，使得汉语与德语的“共性”与“个性”在比较中得到彰显，其研究成果可以帮助读者更全面地了解这两种语言使用的内外动因，从而能够在中德国际交流和跨文化交际中更“得体”地使用它们。因此，该研究成果还能应用于德语外语教学活动，既能拓宽德语语言学课程教学的理论视域和研究思路，又能给翻译、写作、跨文化交际等实践型课程教学提供一些指导与借鉴。

综上所述，本研究在现有国内外汉德对比研究基础上存在以下创新点：①在研究视角上，将语言运用的外部社会因素与语言组织的内在认知因素相结合，形成一种语言研究的综合视角，促进了汉德对比研究的多视角构建；②在研究理论上，将功能语言学理论与认知语言学理论相结合，丰富了目前汉德对比研究的应用理论基础；③在研究语料上，将相关理论运用于汉德看图写作篇章的实证对比研究，拓宽了现有汉德对比研究的篇章类型；④在研究的分析路径上，笔者在借鉴相关理论和分析模型的基础上，探索建立了自己的语料分析描写框架模型——语篇功能-认知描写模型，对汉德语料展开实证分析与对比，也为将来这一领域的研究提供了可资借鉴的分析模型与描写框架。

1.5 本书章节结构

本书共有六章。第一章引言部分，主要介绍开展本研究的相关背景信息，从研究问题的源起、研究现状、研究设计和研究意义及创新点几个方面阐明了本研究的必要性与可行性。

第二章理论基础及描写模型部分重点讨论了本研究的理论基础以及建立分析

模型的合理性问题。对有关篇章研究的代表理论及描写模型做了历时梳理，对关键概念进行了阐释，明确了本书研究对象的学术界定。这一章通过概述各阶段篇章研究的主要理论思想，旨在阐明语言功能描写与认知描写相结合的科学性与必要性。本书重点参考了有代表性和权威性的相关理论和分析方法，即 Brinker 篇章结构-功能描写理论和 Langacker 认知语法识解理论，并根据本研究的目的、性质及研究对象对参考模型进行了调整，在此基础上建立了篇章功能-认知描写模型——FKM（das funktional-kognitive Modell），为下一阶段开展语料实证研究奠定理论基础，提供分析工具。

第三章实验设计与实施部分主要论证实验设计的合理性及语料来源的科学性和适用性，简明介绍了实验研究的基本思路、实验设计的基本结构和实验实施的主要阶段。

第四章汉德篇章对比分析部分是本书的重点与主体部分，主要分析论证研究的主要论题，即不同语言文化背景下特定社会群体实施相应篇章行为，其篇章结构所折射出的功能与认知特点及其相互差异。本章主要解决三个问题，一是在相同或相似的交际语境下，语言文化因素会对特定的篇章行为在功能上产生怎样的影响；二是篇章结构如何体现其背后的认知活动与思维方式，借助实例阐明二者之间存在的具体对应关系；三是通过实证研究，初步探索篇章功能与认知之间的关联和互补性。运用所建立的篇章功能-认知描写模型在功能与认知两个维度上对汉德篇章展开实证分析，功能维度重点分析篇章语言结构特征，具体从语言风格与内容结构两个方面展开；认知维度在选择、聚焦、突显和视角四个方面展开进一步描写，在词汇、句法、语义和语用层面对汉德篇章的词、句子、语段、篇章等单位进行实证分析。研究采用定量统计与定性分析相结合的方法，通过示例、列表、图示等方式并结合文献分析法，论证汉语篇章在功能与认知维度上所呈现的规律性和差异。尽管该研究针对特定的篇章类型，并非一般意义上的篇章分析与论证，其研究结论的有效性和适用性尚有局限，但也能为这一问题领域的研究带来一些启示和借鉴，具有“窗口”意义。本章在实验结论部分还探索了篇章功能与认知之间的能动关系，尝试从篇章生产的认知方式上进一步阐释篇章行为的功能特点，从而拓宽篇章语言学有关篇章功能研究的视角与维度，加深对篇章行为的认识。

第五章研究结论阐释部分，尝试对基于实证分析所得出的实验结论做出合理解释，分别从语文写作教学、语言结构、图画观察与理解、社会文化四个方面探讨了汉德篇章在功能与认知维度上呈现显著差异的主要成因。

本书最后一章研究改进与展望部分指出本研究受条件所限存在的不足或值得完善之处，在实验图画设计、实验受试结构以及研究方法上提出了一些改进建议，为后续进一步开展相关研究指明了方向。

第二章　理论基础及篇章描写模型

语言比较的历史源远流长。自有语言研究以来便有语言之间的比较研究，可以说，不同语言之间的比较伴随着语言研究，具有同样悠久的历史（Ellis，1966：112；Robins，1980：221）。美国语言学家 Whorf（1941）首次提出对比语言学（contrastive linguistics）术语，目前这一表述已被国际语言学界广为接受。许余龙（2010：13）认为，对比语言学作为现代语言学的一个分支有两个主要源头：一个在欧洲，一个在美国。欧洲的现代语言对比研究初始于 19 世纪末 20 世纪初，当时出现了一股有关语言比较的研究兴趣从历时比较转向共时对比的思潮，其研究工作侧重理论构建；美国的对比语言学起步于第二次世界大战期间，是在外语教学、行为主义心理学和美国结构主义语言学的共同影响下形成和发展的，具有明显的应用色彩。简而言之，对比语言学是对两种及更多语言之间具有可比性的现象进行共时对比研究，描写它们之间的异同，尤其是不同之处，从而增进对研究所涉及的各语言的认识与了解。

语言的对比研究既是语言学的一个重要分支领域，也是语言研究不可或缺的一种基本研究视角和方法论。语言对比研究的理论成果通常可以直接推动具体语言学理论的发展，并为一般语言学理论提供借鉴。Hartmann（1980：22）认为，比较是人类研究事物、认识事物的一种基本方法，也是语言学研究的一种基本方法。如果语言学的根本任务是对语言的某种现象进行阐明的话，那么可以说，语言学的所有分支都是某种类型的比较，因为对某一语言现象的阐述总是要涉及对该现象的不同表现的比较。吕叔湘（1992）谈到通过对比的方法研究语法时指出，一种事物的特点要通过跟别的事物比较才能显出来。语言也是这样，要认识汉语的特点，就要跟非汉语比较；要认识现代汉语的特点，就要跟古代汉语比较；要认识普通话的特点，就要跟方言比较。无论语音、语汇还是语法，都可以通过对比来研究。

许余龙（2010：27）给语言对比研究的共同基础做出了一个较为严格的定义：一项具体语言对比研究的基础，是指对两种或两种以上的语言进行对比描述的共同出发点或参照点，它通常是语言中普遍存在的(或至少是两种语言所共有的)某种属性或范畴。本书是从语篇结构与功能及认知之间的关系出发对汉德语篇进行对比研究，其共同基础在于语篇与功能和认知之间的关系普遍存在于人类语言中，是人类语言的共同属性。此外，本书所分析的汉德语料是背景相似的汉德受试在同样的实验条件下围绕同一幅图画完成的看图写作，针对相同的分析维度在相应的分析层面上展开对比分析，理论基础主要来自篇章语言学篇章功能分析理论和认知语法识解理论。

2.1 篇章语言学篇章分析理论

2.1.1 篇章语言学与篇章定义

篇章语言学术语 Textlinguistik 一词来源于德语，后被英语国家的语言学者对应译为 text linguistics。由于早期的篇章语言学研究大多是由德国语言学家或讲德语的语言学家开展的，text linguistics 受到德语 Textlinguistik 的影响经常被写成一个词 textlinguistics(Halliday, 2011)。国内学者大多将它译为“篇章语言学”或“语篇语言学”，也有个别学者译成“话语语言学”，并习惯将它与 discourse analysis 并提(黄国文、徐珺, 2006)。黄国文(1988: 3-4)在比较 textlinguistics 和 discourse analysis 时总结，一般说来，英美国家学者喜欢用 discourse 和 discourse analysis，而欧洲大陆学者喜欢用 text 和 textlinguistics，有些学者认为这两对术语在意义上有区别，而另一些则不对它们作严格区分。胡壮麟(1994: 3)把 discourse analysis 译为“语篇分析”，而把 textlinguistics 译成“语篇语言学”，并认为二者基本上是同义的。许嘉璐等(1996)将 discourse analysis 译为“语篇分析”，而将德文术语 Textlinguistik 对应的英语 textlinguistics 译成“话语语言学”。整体上看，国内很多语言学者，如刘辰诞(1999)、卫真道(2002)、黄国文(2006)等都主张将 text linguistics 译为“篇章语言学”。而国内从事德语语言学研究的主要学者大体上也都采用“篇章语言学”译法，如刘鸿绅(1987)、孔德明(1997)、钱敏汝(2001)、刘齐生(2005)、赵劲(2012)等学者所发表的论文或著作将 Textlinguistik 统一译为“篇章语言学”。鉴于以上，本书采用国内德语语言学界的通行译法，使用“篇章语言学”对应 Textlinguistik。

从广义上说，篇章语言学是一门将篇章作为语言运用的基本单位和主要研究对象，进行系统、科学研究的语言学分支的学科。从学科发展历史来看，尽管不同时期的学者基于不同的理论范式从不同研究视角界定篇章语言学，但他们的基本学术立场和理论核心思想是一致的，主要学术观点是兼容、互补的。Adamzik（2004：2）从学科创立背景和研究范式上宏观界定了现代篇章语言学：篇章语言学术语的出现，从科学史的角度看，它并非是对以往各种关于篇章科学研究的概括和总称，而是一个指向未来的纲领，是对过去篇章研究往往忽略作为语言单位的篇章本身的批判，篇章研究应该回归到以语言学研究为导向。以上关于篇章语言学的宏观定义指明了篇章语言不同于以往历史上涉及篇章研究的修辞学、文体学等学科，篇章语言学实质上是语言学的一个分支学科，要以语言学理论为主要指导对篇章进行全面研究，这也指明了篇章语言学各研究方向的共同基础。

篇章语言学概念的发展变化最为直观、简洁地反映了篇章语言学研究范式和视角的发展变化，正如 Heringer（2015：9）所言，一门学科的定义主要借助其研究方法和观察视角，这些会是而且必须是变化发展的，这样才能获得对于研究对象的新认识和研究方法的完善。从梳理学者们在篇章语言学不同发展阶段对学科所做定义的情况来看，大致归纳为三类：

1. 篇章语言系统研究。主要研究层面是篇章内部结构语法上的句间相关性，即在篇章统括下对语言结构进行超句分析（Transphrastik-satzübergreifende Analyse sprachlicher Struktur）。Harweg（1968a）实际为篇章语言学早期研究定下基调，将这一语言学新兴学科理解为仅对篇章实现的一般结构条件，即语言结构体的句法和语义特征，进行研究的学科。代表性定义有：

> 作为新的语言学分支学科，篇章语言学旨在解决篇章作为语言结构体和语言学描写常量的问题。因此，篇章的统一性要在句子之间指示成分的相关性基础上得以阐释（Kloepfer & Oomen，1970：203）。
>
> 篇章语言学的主要任务是要对篇章结构和语言能力范畴内有关篇章构建的普遍原则进行描写（František，1970）。
>
> 篇章语言学是用语言学和跨学科的方法来研究篇章，是语言学的一门分支学科，学科早期的主要任务是对篇章构造进行描写，旨在说明篇章结构的普遍原则，特别是阐明篇章连贯的形成条件（Lewandowski，1990：1167-1168）。

2. 篇章语用交际研究。研究视角和重点转向篇章作为人际交往行为的功能研究，将篇章外部交际功能与篇章内部语法、语义结构结合起来研究，代表性定义有：

> 篇章语言学是一门相对较新的语言学分支学科，研究超越句子界限的语言

规则和组织形式，是研究句间关联和超句现象的语言学；篇章语言学以篇章为研究对象，是现代社会关于语言与交际知识发展的使然，是语言学中涉及广泛并在跨学科性质上最为重要的一个研究领域(Dressler，1972：1)。

篇章语言学是关于篇章的语言学，学科界定要从语言的普遍特征出发，即语言是人类社会的普遍行为，它一方面是由社会个体表达、实施，另一方面每个社会个体又要遵守历史既定的且建构在社会共同传统上的相关规则(Coseriu，1980：6)。

篇章语言学是对篇章的内部结构(连贯、指称等句间关系)，篇章表层-深层结构，篇章功能及分类进行语法、主题、逻辑语义及行为交际层面的研究和描写(Ulrich，1981：162)。

对篇章语言学的理解和定义绝不能将篇章交际功能与篇章内部语言单位描写割裂开，而是要把篇章结构置于篇章类型所对应的功能视角下进行综合研究(Heinemann & Viehweger，1991：15)。

篇章语言学研究主要以话语行为理论为基础，以语言学语用研究为背景，对交际双方协调一致的言语行为的语言及社会条件做出描写与阐释(Brinker，2014：15)。

3. 篇章认知研究。开始关注到篇章交际行为中的认知因素，从认知视角观察篇章生产、理解和处理过程，主张从语法、语义、功能、认知几个方面对篇章结构进行综合描写，代表性定义有：

篇章语言学是一门独立学科(species sui generis)，其研究对象是有着自身结构与话语网络且作为认知过程产物的具体篇章。篇章作为语言学的一个分析常量要置于社会情景中去把握，要结合其实践功能进行分析(Heinemann，M. & Heinemann，W.，2002：242)。

篇章语言学是语言学分支学科，它研究语言单位——篇章的结构和构建过程。篇章语言学的研究对象一方面是篇章跨句语法、语义和语用特征；另一方面是与篇章生成和理解相关的认知因素(Bußmann，2008：724)。

篇章语言学旨在对篇章构建的一般条件与基本规则进行系统描写，并从篇章接收的角度来阐明其意义。篇章语言学是一个统括的称谓，其下还有众多分支方向提出了不同的理论观点，但它们都持有一个共同观点，即语言学分析的最大单位不是句子，而是篇章(Brinker et al.，2014：9)。

以上不同学者在不同学科时代背景下从不同角度定义了篇章语言学作为一门独立的语言学分支学科，反映了学界对这一学科的认识也在不断发展和更新。综上所述可以形成对篇章语言学较为全面、科学的认识：篇章应该是篇章语言学研究的基本单位；主要采用语言学理论和方法来研究现实中的篇章现象；要综合考虑影响篇章使用的其他因素，如交际、社会、文化、认知等因素，从篇章内部和篇章外部全面考察和描写篇章结构。由此可见，篇章语言学是一门主要将当代语言学理论和研究方法应用于研究现实中的语言现象和单位——篇章的语言学分支学科，是一种现实主义语言研究，其研究兴趣集中于篇章构造、篇章连贯性、组篇策略、篇章类型、篇章功能和篇章生成与接受等领域。但是，篇章语言学的发展绝非局限在狭窄的理论范式内，它既要在语言学框架内进行基础研究，又要结合其他相关学科在更广阔的领域开展跨学科应用研究，正如 Tietz(1997：228)所言，篇章语言学的未来在于其研究对象——篇章要在社会宏大视野下观察和研究才能获得全面的意义。

目前国内学者对国外相关理论和应用研究进行引介时，对德语 Text 和英语 text 一词的翻译并不完全一致，大致有"篇章""语篇""话语"和"文本"几种译法，翻译的主要依据是根据作者对研究对象的定义和外延所指确定的。如前所述，本书在借鉴了国内英语学者的翻译基础上采用国内德语学界的通行译法，将 Text 一词译为"篇章"。

总体上国外语言学家对篇章的学术定义也未形成完全统一的看法，对篇章一词的理解也不尽相同，其内涵本身随着篇章语言学的发展也会发生变化。从词源上看，Text 一词来源于拉丁语 textus，本义是"编织、交织体"，这一基本语义成分至今在篇章术语的定义中仍有指导意义。20 世纪 60 年代，Harweg(1968a：148)在其被视为德国篇章语言学的奠基之作中，定义篇章是借助新的代词指称编排语言单位从而形成的一个连贯的代词性链接。Steinitz(1968)、Isenberg(1970)、Dressler(1970)等学者也都从篇章内部句子之间的语法关联来定义篇章。70 年代以后随着篇章语言学由结构向语用转向，功能意义也逐步广泛体现在篇章定义中。Hartmann(1971)对 Text 所做的著名论述成为后来篇章学者们经常引用的佳句，即"如果要言说，人们只能在篇章中言说。只有篇章或等效于篇章的语言才是人类交际的手段"。同时期的其他学者，如 Coseriu(1980：6)主张，篇章是以发出者或接受者的交际目的为导向，并遵循一定语法规则所形成的封闭语言单位。Kallmeyer(1980a)把篇章理解为在特定社会交互行为中出现的交际信号的集合。Beaugrande & Dressler(1981)将篇章定义为一种交际行为现象，并满足 7 个篇章性标准：衔接、连贯、目的性、可接受性、情景性、信息性和互文性，其中目的性、可接受性、情景性、信息性、互文性都属于交际情景因素。Brinker(2001：17)总结性地把语言系统观与语用功能观结合起来定义篇章，篇章描写要将篇章既作为语言单位又作为交际单位，因此篇章是由本身存在连贯关系的语言符号所组成的有边界的产物，而且篇章作为整体承担着可辨识的交际功能。这一时期还有一些语言学者侧重从语义层面来理解篇章，如Greimas(1972：45-46)将篇章看作是一个由词汇组成的语义整体，这些词汇贯穿篇章并通过语义上的同一关系与近似关系彼此交织关联。Halliday & Hasan(1976：1)认为，最好是将篇章视为语义单位，篇章是意义单位，而非形式单位。Lang(1983)定义篇章是由命题构成的复合体，命题则是阅读句子所引发的概念对应。20世纪90年代在认知科学和心理科学发展的推动下，篇章语言学开始关注篇章行为背后的认知因素，篇章概念的内涵延伸到认知维度，即篇章处理涉及各类知识。Heinemann(2002：91)、Fix(2008)认为，篇章首先是心理构建的单位，是精神过程的产物，确切地说，是许多交互的心理活动的产物。Schwarz-Friesel & Consten(2014：11)将篇章视为人类精神活动的痕迹或产物，传递有关作者的一些具体信息并能借以洞悉语境，解释认知因素在语言处理过程中的作用。Hausendorf(2008：15-19)认为，篇章作为语言学的描写单位应该是可以读懂的东西，并借助三条准则来理解和定义其内涵，即“从句子到篇章”(vom Satz zum Text)，“从语言系统到语言运用”(vom Sprachsystem zur Sprachverwendung)，“从直觉到再构建”(von der Intuition zur Rekonstruktion)。“从句子到篇章”表明篇章是在句子之上的语言研究单位，是可读的超句体(ein übersatzförmiges lesbares Etwas)；“从语言系统到语言运用”说明了篇章不是语言能力的范畴，而是语言行为的范畴，是使用中的语言符号；“从直觉到再构建”则认为篇章是可进行经验分析的表达形式，强调了使用者的现实体验。可以说Hausendorf的篇章定义涵盖了语法、语用和认知维度，较为全面地反映了篇章语言学的发展和对篇章内涵的诠释。

综上所述，如果我们要对篇章作出一个较为全面和科学的定义，就要既考虑语言因素又考虑相关的非语言因素，要将语言的系统结构维度、功能维度和认知维度结合起来。因此，本书所理解的篇章首先是人类使用语言的一种行为现象，这种现象可作为科学分析的基本单位。它既有自身的语法结构特点、语义特征，又在具体的语用环境下承载着特定的交际功能，其概念表征实质上是使用者与外部世界互动过程中的认知产物。

与篇章内涵一样，篇章外延也随着学科的发展和技术的进步发生着变化，篇章的媒体和形态也日益呈现多样化。Krämer(2001：273)指出，任何交际行为都必须借助媒体才能实现，因此语言表达也总是在声音、手势、书写或数字信号等特定媒体作用下展现的。在20世纪六七十年代篇章语言学早期发展阶段，Text一词在众多文献中既包括书面篇章也包括口语篇章，与来自英语国家的学者提出的discourse大致对应。到了80年代德语语言学界开始区分Text（篇章）与Gespräch（会话），从而出现了一门新的语言学分支学科——会话语言学（Gesprächslinguistik），重点关注口语相较于书面语的特点，主要研究口语表达的一般规律。因此，一些德国语言学家认为篇章语言学侧重书面篇章的研究，而会话语言学则侧重口语篇章的分析。Brinker（2001：19）、Heringer（2015：12）认为语言学研究中的篇章应该既包括书面语又包括口语，但是主要是指书面语篇章。90年代随着数字技术的飞速发展和互联网应用的逐步普及，人类语言交际的媒体和手段在不断更新，篇章的外延也在拓宽，既有传统的书面篇章、口语篇章，也有手语篇章、盲文或点字篇章、数字化篇章，等等。Schubert（2008：26）定义篇章，是借助口头、书写以及电子手段实现的语言表达。此外，不同符号系统，不同交际媒体的综合运用使得篇章形态更是呈现出人类社会前所未有的多样性，这既对现有篇章语言学理论的解释力提出了挑战，也给学科带来了新的研究领域和发展契机，如Bittner（2003）以数字化篇章中的网络聊天篇章、个人主页篇章以及电子邮件篇章为例详细分析了数字媒体的特点对篇章形式与内容产生的影响。Storrer（2008）、Heringer（2015：122-126）详细阐述了网络超文本（Hypertexte）的特征和篇章特性，并区分了网络超文本和数字文本（E-Texte）的界定。前者往往具备多媒体特征，通过链接将网页、信息模块整合在一起，文本的组织结构是非线性的；后者则是线性组织的网络文本，有明确的起始位置，其结构通常与文印本一致，是传统书面篇章的数字化处理。

总的来说，关于篇章的外延国内外学界也并未形成完全统一的认识，也无此必要，因为学术的发展需要为分歧与探讨留有空间。因此，根据本研究目的、性质、任务以及实施实验的条件，本书所指的篇章除了传统的书面篇章，还包括了通过数字媒体所呈现的篇章，具有明确的线性文本组织结构，即上面所定义的数字文本。

2.1.2　篇章分析理论及描写模型

2.1.2.1　篇章语言学理论发展概述

篇章语言学（Textlinguistik）作为一门独立的语言学分支学科初步形成于20世纪60年代。Hartmann（1968）明确提出了篇章语言学作为一门新的语言学分支学科的思想。篇章语言学（Textlinguistik）术语最早由德国语言学家Weinrich（1967）提出，被语言学界视为现代篇章语言学的发端。尽管在这之前美国语言学家Harris（1952）正式提出了discourse analysis一词，国内学者大多译为“话语分析”。当时

Harris 在文中所运用的方法本质上仍然是沿用句子分析法，侧重于研究不同句子之间语言成分的搭配关系和分布情况，而 discourse analysis 则主要描写相互关联的句子所组成的篇章其内部成分之间的搭配使用情况，实际上是将音位学与形态学的分布分析法（Distributionsanalyse）拓展到句际相关性层面（transphrastische Ebene），并且忽略了语义因素，因此仍然带有强烈的结构主义语言学研究色彩。尽管 60 年代篇章语言学的早期研究方法也带有明显的句法分析色彩，强调篇章的连贯性（Kohärenz），侧重分析相邻句子成分之间的句法联系，如替代（Substitution）、重复（Wiederholung）、复指（Wiederaufnahme）等现象，但此后不久，70 年代初篇章语言学就开始关注篇章的语义和语用功能层面了。虽然篇章语言学研究的主要阵营在德国，但德国的篇章语言学在形成阶段明显受到结构主义语言学布拉格学派的“句子功能观”的影响，在后来的发展阶段其他国家的语言学者，如法国的 Greimas、Rastier，英国的 Halliday、Hasan 和荷兰的 van Dijk 等人也都对德国的篇章语言学发展产生过较为重要的影响，他们的思想在同时期的一些德国篇章语言学著作中都有一定程度的反映。例如，英语国家的语言学者关于篇章研究的理论体系中较有代表性且在国内介绍和应用研究最广的就是 Halliday 的系统功能语法，系统与功能是其理论核心概念，其中系统思想对应德国篇章语言学发展的第一阶段，而功能思想则对应德国篇章语言学发展的第二阶段。另外，从 Schubert（2008）对英语篇章语言学的发展历程所做的梳理总结来看，其主要理论思想、研究方法与德国的相关研究总体上是同步一致的。因此，德国篇章语言学的发展大致可以反映该学科发展的全貌。本书在篇章功能分析部分主要运用德国篇章语言学的相关理论，下面对其重要理论思想的发展脉络做简要梳理，其他国家的代表学者也会略有提及。

整体上看，篇章语言学的发展大致经历了三个阶段：语言系统篇章语言学（sprachsystematisch ausgerichtete Textlinguistik）、语用篇章语言学（pragmatisch orientierte Textlinguistik）和认知篇章语言学（kognitive Linguistik）（Brinker，2006）。

篇章语言学是 20 世纪 60 年代一些西方语言学者在反思和批判结构主义语言学和生成语法的基础上逐步发展创立的一门新的语言学分支学科。当时一些学者发现，传统句法理论很难对某些句子的语法结构做出合理解释，因而主张语言学的研究视角要从句子层面拓展到作为跨句单位（satzübergreifende Einheit）的篇章层面，在篇章层面来研究其内部语言成分及下属单位之间如何相互关联，实现连贯从而构建篇章。Brinker（2001：14）认为，早期阶段篇章语言学并没有在理论范式上带来原则性变化，其理论思想和研究方法仍然带有明显的结构主义和生成语法特点，主要表现在:将语言视为一个内部有层级结构的体系,只是在原有的层级(音素、词素/词、词组/句子成分、句子)结构上增加了作为最高单位的篇章;主要从结构语法(strukturell-grammatisch)上对篇章形成的普遍条件和一般规则进行描写,这些普遍条件和一般规则原则上仍然属于语言能力(sprachliche Kompetenz)的研究范畴。尽管 Gansel & Jürgens(2007: 36)对此略有不同看法,认为篇章语言学在形成之初就为语言研究带来了全新的理论,它首先摒弃了之前的语言学研究仅仅着眼于语言系统,而开始转向语言运用,但是也坦言语言学研究范式的转折并非一蹴而就,早期的很多篇章语言学文章仍然是从语言系统的视角来研究篇章的。Brinker(2006)又从理论分析层面把第一阶段的篇章语言学称为语法语义(grammatisch-semantisch)阶段,实际上将这一阶段再分为两个时期。前期重点关注篇章构建(Textkonstitution),主要从语法上分析句间成分,尤其是名词性代词的相关性(Transphrastik),如 Harweg(1968a; 1968b)重点分析了具有替代作用的指代词与篇章构建的关系,Steinitz(1968)讨论了篇章中替代形式(Pro-Form)与其所指成分(Referenzträger)之间的复指关系,Dressler(1972)论述了篇章语法层面的句间连贯(Kohärenz)与共指(Koreferenz)现象,英国学者 Halliday & Hasan(1976)在衔接(cohesion)概念下详细讨论了英语篇章内部句间成分的语法和词汇关联手段。以上都是从篇章内部句法结构的相关性来探索构建篇章的普遍条件。此外,在篇章中经常出现的语法形式和语法结构模式以及句子之间的逻辑语义关系,如并列、从属(原因、条件、目的、时间、地点关系等等)也是这一阶段篇章结构研究的一个重要领域。同时期法国学者 Greimas(1966)提出了同位义素概念(Isotopie-Konzept),尝试在语义层面分析跨句成分之间存在的义素重现(Semrekurrenz),即通过研究不同词汇具有相同语义特征所形成的同位义素层,来分析篇章的语义结构特征。Greimas 的理论对同期德国学者产生了重要影响。这一阶段后期有些学者开始注意到句间成分的句法关联并不是构成篇章的必需前提,篇章的句法连贯原则也并非篇章实现的必要条件,有些时候句间成分在缺失句法关联性的情况下也能实现篇章。20 世纪 70 年代初,一些学者,如 Agricola(1970)、Bellert(1970)开始关注篇章结构在语义层面的隐性关联,探索从语义主题上解释篇章连贯。Daneš(1970)、Fries(1971)认为纯粹描写篇章内部的句法关联结构是不够的,主张把功能句子观运用到篇章层面,将篇章结构看成篇章内部若干句子的主位链接,通过研究句子之间的主位-述位的编排方式考察篇章结构的主位推进模式。同时期以荷兰语言学家 van Dijk(1978)为代表的一些学者从生成语法的句子表层结构与深层结构出发,主张篇章在语义上也有一个深层结构,并提出了宏观结构(Makrostruktur)观点,宏观结构反映了篇章内容的主旨。van Dijk 后来在宏观结构基础上又提出了作为一种抽象图式指导篇章宏观布局的超级结构(Superstruktur)，这种超级结构和后来一些学者提出的篇章主题展开(Themenentfaltung)、组篇模式(Vertextungsmuster)、篇章模式(Textmuster)等概念在内涵上是一致的。此外，这一时期还有学者 Mandl(1981)、Rickheit & Strohner(1985)从命题角度将篇章看作若干存在逻辑语义关联的命题集合，认为篇章的命题结构也是一种层级结构，命题层级越高越处于中心地位，对分析概括篇章的语义内容就越重要；反之，命题层级越低，在概括篇章语义思想过程中就越处于边缘地位，它们只是对上一级命题起到辅助和支撑作用。

总的来说，篇章语言学发展的第一阶段以研究语言系统为主，主要考察语言单位符号之间的句法关联，对篇章应用研究不足。后期开始关注篇章在语义-主题上的结构特征，将研究的目光投向了语言符号与其所表达的概念以及外部世界之间的关系，可以说是为后来出现的篇章语言学语用转向做了过渡准备。

20 世纪 70 年代早期在语用语言学兴起并迅速发展的背景下，一些学者试图将篇章语言学从仅着眼篇章内部结构研究篇章句法关联与语义连贯的局限中摆脱出来，把研究视角投向篇章本体以外的相关因素。这一时期英美语言哲学家 Austin、Searle 等人也在研究语言行为理论方面取得丰硕成果，为篇章语言学研究范式从语言系统转向语言运用、开始关注篇章使用中的交际-语用因素，提供了有力的基础理论支撑。Brinker(1971；1979)、Figge(1971)、Dressler(1972)、Schmidt(1976)、Große(1976)等学者认为仅从语法上描写篇章结构是远远不够的，还要重点考虑交际-语用层面的因素，因此要结合语法和语用对篇章结构做综合描写。Dressler(1972)还进一步谈到了篇章语言学与交际行为科学、社会学、文学、民俗学、逻辑学、心理学等学科的交叉关系，可见当时的学者已经具有很宽广的研究视角。这一时期语言学家重点研究了篇章运用的言语行为与交际特征，如 Motsch & Viehweger(1981；1991)、von Polenz(1988：328-330)重点考察了言语行为交际维度，将篇章视为由若干言语行为组成的有序集合，认为篇章内部存在言语行为等级结构(Illokutionshierachien)，有些言语行为处于主导地位，而其他言语行为则对它产生辅助和支撑作用。Brinker(1985；1988；1992)、Heinemann & Viehweger(1991)、Rolf(1993)从篇章内部与外部两方面详细探讨了篇章交际目的、篇章功能和篇章分类。需要强调的是，篇章语言学从语言系统阶段发展到交际语用阶段，并不意味着后者是对前者改弦更张式的背离，更不是否定或放弃，而是研究视角的拓宽与分析侧重的转移，体现了学科发展历史的前后相继、脉络相连、不断完善，正如 Brinker(2001：17)所说，这两种篇章语言学的基本立场并不是彼此替代而是互为补充的两种理念，二者关联紧密，合理的语言学篇章分析应该兼顾这两种研究取向，但理论方法上要侧重交际语用基础。黄国文(2002)也谈及，20 世纪 80 年代中期 Halliday 高瞻远瞩，看到了语言学研究和语篇分析中存在的问题，明确指出语篇的功能分析不能代替语法分析，没有语法分析的语篇分析根本算不上语篇分析，强调了语篇分析要将功能分析与语法分析并举。20 世纪 90 年代也是 Halliday 学术思想成熟的时期，Halliday(1994：xiv)将语言理解为一个意义系统，在这个系统中伴随着用于体现意义的形式，重申了语言形式在语言意义研究中不可回避的地位。Eggins(1994：21)也指明，系统功能语言学者认为语言是个符号系统，语言共有三个层次：语义(semantics)，词汇-语法(lexico-gramma)，音系/字系(phonology/graphology)。而德国篇章语言学发展的第一阶段也主要是在语法与语义层面对篇章结构展开研究。由此可见，系统功能语言学有关系统的基本思想和德国篇章语言学语言系统研究阶段的基本思想相吻合。此外 Halliday(1994：xiii)在论及语言功能时说，语言的发展是为了满足人类自身的需求，语言的组织方式不是任意的，而是具有与需求相关的功能性。明确了语言结构与语言功能之间的关联，而系统功能语言学重点研究的篇章结构与语境的关系也是德国篇章语言学交际语用阶段的主要研究领域。另外，Halliday 提出的语言三大元功能思想：概念功能(ideational funktion)，人际功能(interpersonal function)和篇章功能(textual function)也正是在语义、语用和语法层面提出的，这与前面 Brinker(2001)所倡导的，篇章语言学要将篇章的语言系统观与语用观结合起来综合研究的思想是完全一致的。

20 世纪 90 年代初篇章语言学的发展又出现了新趋势。在心理学日益应用于解释语言行为的背景下，语言学界出现了某种程度的“认知转向”(kognitive Wende)。从行为与意识相统一的原则出发，任何社会实践行为都伴随着认知过程，作为言语行为的篇章也理应被视为是有心理基础的，是思维活动的产物(Heinemann & Viehweger，1991：66)。这一阶段的部分学者，如 Strohner(1990)、Rickheit(1991)、Heinemann & Viehweger(1991)、Antos(2000)等，看到认知因素在社会交际行为中的重要作用，认为要将篇章生产理解成社会环境下的语言、交际、文化和心理行为，关注篇章生成与处理背后的心理过程，跳出以往把篇章当作交际行为产物的静态分析描写框架，探索建立描写篇章行为发生过程的动态模型，重构并解释篇章理解与处理过程中的思维活动，以此探明篇章理解所必须的知识体系。随着篇章语言学的发展和跨学科研究的日益深入，认知视角下的篇章描写方兴未艾。M. Heinemann & W. Heinemann(2002：122-125；190-193)、Gansel & Jürgens(2007：113-136；144-148)从认知上将篇章生产与加工处理看成是思维对复杂知识的组织过程，篇章表达实质上是对思维结构和认知内容的语言化（Verbalisierung/Versprachlichung）处理。心理学研究成果表明，人的大脑是以概念（Konzept）为单位存储信息的，这些概念并非孤立的存在，而是在经验基础上关联起来并形成关于现实世界的某个特定领域的框架（Rahmen），框架具有层级结构特征，在认知上存在关联的框架进入作为事件序列的脚本（Skript），篇章生产与理解就是建立在脚本基础上的。交际者在加工处理篇章信息时总要实时激活记忆中某个已知的脚本，并将篇章信息不断地纳入其中，因此原有的脚本在篇章处理过程中也处在实时发展更新的状态中，被更新的脚本反过来又会对后面的篇章加工与理解产生指导作用。Schwarz-Friesel & Consten（2014：58）在认知基础上进一步研究篇章生产，区分了篇章生产的两个过程：概念化（Konzeptualisierung）与指称化（Referenzialisierung）。前者是指作者对外部世界的观察与理解过程，后者是指作者在用语言指称或表达头脑中已经形成的概念时具体的语言选择与组织。在此基础上，作者又提出了篇章世界模型（Textweltmodell）概念，即篇章所表达的世界是作者头脑中的世界（Welt im Kopf），这个世界不同于外部的实际客观世界，因此篇章成为联系人的认知思维与外部世界的中介。总体上说，篇章语言学在这一阶段对认知的研究，主要是在心理学相关研究成果的基础上围绕篇章生产与接受以及篇章处理过程中所涉及的知识体系的激活与组织、信息的存储、加工与调取展开讨论，结合心理学研究提出篇章结构的认知分析预设，总体上看，实证研究色彩较少，很多观点还有待经验性的论证。

2.1.2.2 主要代表理论及描写模型

Bußmann（2008：142）指出，当前语言学篇章研究存在两大方向：一是采用形式语言学的理论和方法（形式逻辑、言语行为理论、结构主义、生成语法等）重点探索普遍意义上的语言结构规律或篇章的完备形式和演绎规则；二是接纳功能语言观（功能语法、心理语言学、社会语言学、会话分析以及认知科学等），重点研究作为生产与接收过程的话语特征。Bußmann 总结了现代语言学两大对立阵营有关篇章分析与描写的理论范式：形式主义和功能主义。前者的语言哲学基础是客观主义，研究语言系统，主要采用演绎的研究方法；后者的语言哲学基础是非客观主义或经验主义，研究语言运用，主要采用归纳的研究方法。篇章语言学理论主张对社会交际中的篇章进行经验性研究，显然属于功能主义理论范式。Fix（2008）认为，篇章语言学目前已发展成为一门无可争议的语言学科。长期以来，篇章作为语言运用的独立单位和最高单位，学者们已经建立了众多从不同方面对篇章进行系统分析描写的理论工具。纵观当代篇章语言学有关篇章描写的不同理论体系，其基本观点和研究方法呈现出明显的阶段性特征。尽管每个阶段的篇章理论彼此之间存在显著不同，但是放在学科发展的整个历史阶段看，它们的基本学术立场和理论观点仍然是延续一致的，既是对上一阶段理论体系的批判与发展，也为下一阶段理论体系打下基础。以下综合地、历时地概述几种有代表性的篇章描写理论模型。

篇章句间关联描写模型（transphrastische Beschreibungsmodelle）。早期的篇章描写理论形成于20世纪60年代中后期，其拓展假设（Erweiterungspostulat）理论前提是基于篇章是由若干句子形成的超句整体以及句子与篇章在基本特征上具有共性这一思想提出的。篇章作为跨句和超句单位，其内部固有句子的语法特征。因此，早期的篇章描写理论主张把结构主义的句法理论和分析方法拓展运用到篇章层面（Heinemann & Viehweger，1991：26）。总的来说，以拓展假设为前提的篇章分析方法实质上仍是句子成分分析法，只是将结构主义的句内成分关系分析发展到在篇章视角下的句间成分关系分析，由此观察篇章结构的内在语法关联。尽管这一时期的篇章语言学者都强调篇章应该是语言学研究的主要对象和基本单位，但是篇章实际上只是作为理论描写的框架和边界，分析对象仍然以存在句法和词汇关联的句间成分为主。

篇章句间关联描写理论模型的基本共同点是，将篇章内部句子之间的句法关联视为篇章生成的前提与基础，也是篇章研究所要描写的主要对象。因此，篇章内部相互关联的句间语法单位在篇章形成过程中所起的作用和一般表现形式成为篇章语法理论所要研究的中心问题。这里简要介绍几种此类有代表性的描写模型：

① 代词链接（Pronominalisierungsketten）描写模型

Harweg（1968a）把代词化现象（Pronominalisierung）看作实现篇章连贯的基本语法条件。句子之间的衔接主要是通过句间成分，如名词、动词等词类的复指现象，即通过代词对中心词的替代功能所形成的代词链接得以实现。因此，代词链接是构造篇章的关键手段，借此可以充分描写篇章内部句间关联的最重要特征。

② 冠词及时态词素（Artikeln und Tempusmorphemen）描写模型

Weinrich（1969；1971）的篇章描写理论重点研究了篇章如何借助冠词和时态词素等词汇语法手段实现篇章连贯性。他认为，篇章中的冠词在形成句间成分关联方面起到了重要作用，如定冠词有前指信息的功能，不定冠词有后指信息功能，句间成分在冠词的作用下实现语法关联，最后在篇章层面建立语法连贯性。此外，句子之间的时态词素建立了篇章统一的时态结构，从而实现篇章所描述的诸多事件在时间上的整体性。

③ 篇章语法框架（textgrammatischer Rahmen）描写模型

20世纪70年代Isenberg（1974）曾尝试建立一套全面的篇章语法（Textgrammatik）理

论，其理论前提是，篇章是由相互衔接的句子所形成的超句整体（如图 2-1 所示），篇章语法致力于系统、全面地描写篇章的一般结构特征。他受到生成语法有关句子生成规则的启发，将其应用到篇章层面，探索篇章形成的普遍规则。

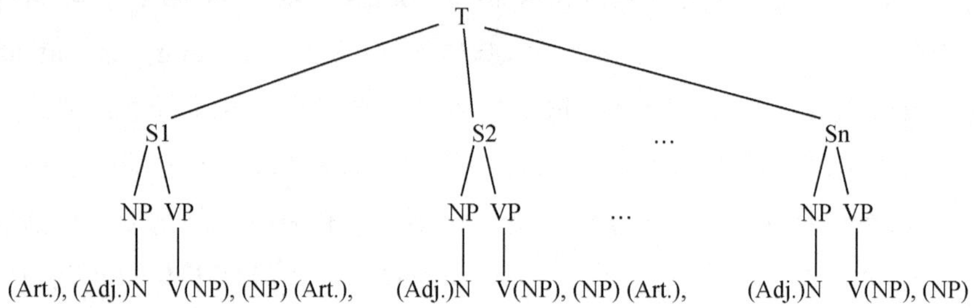

图 2-1 Isenberg 篇章语法框架描写模型

Isenberg 的篇章语法框架描写模型对篇章结构的一般基本特征做了大致总结，如句子的线性序列，左侧与右侧分界，相对封闭性，句子序列内部存在句法关联性，表层结构之间存在语义关联，等等，并指出句子之间的句法关联是篇章描写的中心任务。Isenberg 的篇章语法框架描写模型仍然具有明显的结构主义句子成分分析法色彩。

表 2-1 篇章句间关联描写模型表

代表学者	Harweg	Weinrich	Isenberg
篇章描写模型	代词链接	冠词及时态词素	篇章语法框架
分析框架	篇章	篇章	篇章
分析主要层面	句间	句间	句间
分析主要维度	词法、句法	词法、句法	词法、句法
分析主要对象	词	词及词素	句子成分（词、词组）

从表 2-1 可以看出，篇章句间关联描写模型仍然以句间句法成分分析为主，具有较明显的结构主义特征，但是突破了传统句法分析以句子为最大单位的局限，而将篇章视为研究对象和描写框架。这类篇章理论描写模型的主要不足在于，将篇章视为封闭的、静态的结构体和较为单一的语法现象，只关注到了篇章组织形式所体现的篇章性，忽略了同属于篇章内部结构的语义因素。此外，篇章语法描写理论脱离了篇章使用的情景，没有考虑篇章的交际功能因素，因此不能对篇章做出全面、系统的描写。

篇章语义描写模型

篇章语义描写理论。20 世纪 60 年代后期出现了篇章语义描写模型，某种程度上说，该理论是在拓展传统语义理论的应用领域过程中发展形成的。当时有学者意识到：一方面，仅在词汇和句法层面对篇章进行描写所得出的篇章表层结构特征不能反映篇章固有的语义结构特征；另一方面，如果篇章能在句法层面表现出篇章性，那么应该同样也能在语义层面表现出篇章性。因此，从理论假设来看，篇章的语义描写是必要的，也是可行的。尽管篇章语义描写理论并不否定或排斥篇章语法，但是它强调篇章的统一性主要体现在语义层面，篇章句间成分的句法关联只是实现篇章语义关联的辅助手段和表现形式，而且在构建和理解篇章的基础语义结构方面，句法关联并非必要条件（Heinemann & Viehweger，1991：36）。由此可见，篇章语义描写理论将研究的视角与重心从篇章语法转向篇章语义。下面简要介绍几种有代表性的篇章语义描写模型：

① 同位义素（Isotopie）描写模型

该理论首先由法国语言学家 Greimas（1966）提出。Greimas 认为，在同位义素理论模型框架下篇章的意义首先来自篇章句间词汇存在的共有语义特征，即词汇单位之间存在共同义素。同位义素是基于篇章词汇在语义上必然存在互相呼应的事实，这种义素重现（Semrekurrenz）是指不同词汇单位存在语义关联现象，是实现篇章内在关联的关键所在，而句子成分的跨句句法衔接则是第二位的。类似篇章表层形成的代词链，具有同位义素的词汇单位也可以形成同位义素链（Isotopiekette），若干同位义素链又能形成同位义素网（Isotopienetz）。这种同位义素链是构建篇章的主要条件，其表现形式主要有：词汇简单重复，词汇变体之间的复指（同义词、上义词、反义词、转义词等等）和语法替代（代词、指示词等等）。尽管 Greimas 提出的同位义素描写理论也重点分析了篇章语法理论所描写的一些句法现象，但是其分析的视角和主要范畴是语义。当然同位义素理论只是篇章研究领域的一种理论探索，也有一定的应用局限性。Kallmeyer 等（1980b：147）在谈到篇章是由若干个同位义素层次所构成的结构体时指出，我们有时会遇到不存在同位义素链的篇章仍然具备语义关联。而有时即便出现同位义素链的篇章也不具有语义关联，因此同位义素链显然并不是形成篇章的充分必要条件。

② 篇章宏观结构（Makrostrukturen）描写模型

篇章宏观结构描写模型的理论基础是篇章语义命题描写理论。该理论实际上是将前面介绍的同位义素理论从词汇运用到句子层面的篇章语义描写中。词汇层面的语义特征是义素，句子层面的语义特征则是单个命题。篇章内部句子单位的语义内容——命题，相互衔接、合成更高一级的命题，然后依次向上整合，直至篇章宏观命题，从而形成一个命题层级结构体。

篇章命题描写理论的代表学者 van Dijk(1977：148)主张,篇章语义命题不是以逻辑关系的真值为前提,而是对应篇章内部语言单位所表达的事件内容,是研究语言符号与外部世界的关系。只有在篇章内部的单个命题所描述的事件之间存在意义连贯时,才能形成篇章层面的命题统一体。通过篇章命题描写模型,作者对篇章内部存在句法关联的语言单位进行语义层面的命题描写,重点分析单个命题之间的关系——句子层面的命题关系(横向关系):并置、原因、条件、让步、目的、时间、地点、比较关系等;以及它们是如何逐级向上整合的——篇章层面的命题关系(纵向关系):说明、解释、详述、证明、更正、问答关系等。van Dijk(1977：130-163)在篇章命题描写理论的基础上提出了"宏观结构"概念,认为篇章内部的命题层级结构中每一个命题层级都处在"承上启下"的结构关系中,篇章的命题层级便是通过下一级"微观结构"到上一级"宏观结构"的逐级整合、搭建起来的,如图 2-2 所示。

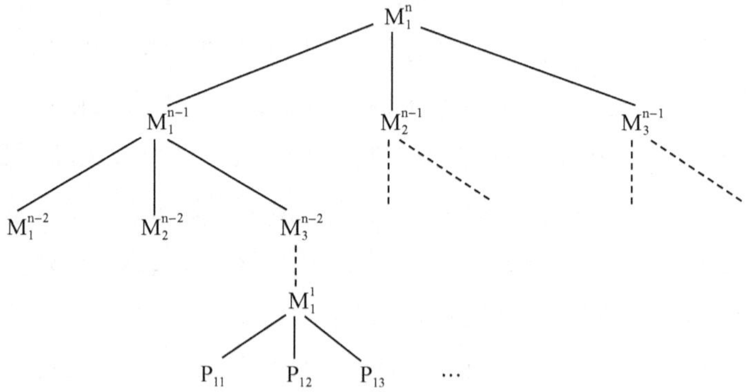

图 2-2　van Dijk 篇章宏观结构描写模型

van Dijk(1980)又提出了篇章"超级结构"概念,用来描写篇章命题层级中最高一级的语义宏观结构。超级结构是一种组篇图示(Schema),大致对应后来学者定义的篇章模式,直接体现了篇章内容主旨的实现方式和篇章类型。

③ 篇章主题层级(Text-Thema-Hierarchien)描写模型

Brinker(1973：12)定义篇章是若干命题组成的有序集合,这些命题在篇章主题的统括下通过逻辑语义彼此关联。这里的篇章主题就是篇章内容的基本信息(Grundinformation)。由此可见 Brinker 所提出的篇章主题概念和 van Dijk 所提到的篇章超级结构是对应的,都是从命题角度来描写篇章的最高语义层级。在篇章主题层级描写模型下,作为篇章基本信息的篇章主题既是篇章描写的出发点也是落脚点,各层级语义单位所表达的命题都与"基本信息"存在一定逻辑语义联系,通过篇章内部各成分与篇章主题建立语义关联,从而形成篇章整体的语义连贯。由此推断，Brinker 实际上是将篇章视为在主题总括下的各层级命题关联的集合体，是由不同语义逻辑关系（原因、地点、前事件、详述等等）形成的交织体，如图 2-3 所示。

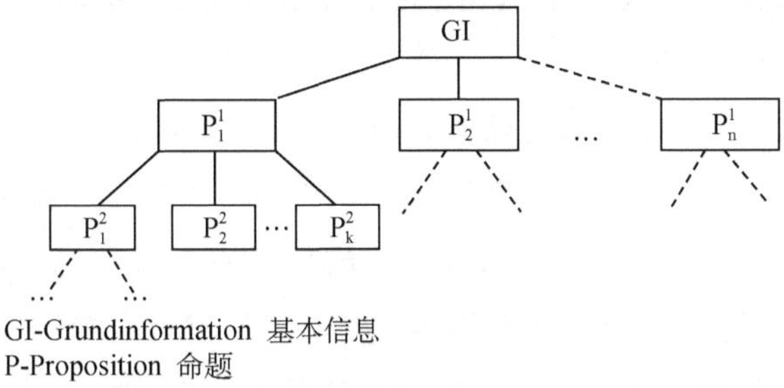

图 2-3 Brinker 篇章主题层级描写模型

此外，Daneš（1976）将结构主义的功能句子观——句子主题-述题结构，运用于篇章语义信息结构分析，建立主题推进描写理论，赋予句间主题推进方式对实现篇章结构统一性和连贯性起到重要作用。显然 Daneš 的主题概念不同于 Brinker 的基本信息，是指句子信息的表述起点或描写对象，下一句的主题总是与上一句的主题-述题结构存在一定联系，随着篇章在线性序列上的推进，句子的主题也随之铺排，并呈现出可分类描写的规律性，因此，句子信息层面的主题-述题结构模式也是标记篇章统一性的一个重要方面。该描写理论在前面章节已有介绍，这里不再赘述。

表 2-2 篇章语义描写模型表

代表学者	Greimas	van Dijk	Brinker	Daneš
篇章描写模型	同位义素	宏观结构	主题层次	主题推进
分析框架	篇章	篇章	篇章	篇章
分析主要层面	句间	句子及以上各级语言单位	句子及以上各级语言单位	句间
分析主要维度	语义	语义	语义	语义
分析主要对象	词	句子、句群	句子、句群	句子

与篇章语法描写理论一样，篇章语义描写理论也是以篇章内部结构为描写基础和起点，只是前者是在篇章词汇语法结构中观察篇章统一性和连贯性，而后者是在篇章语义结构中观察。因此篇章语义描写理论仍未走出将篇章视为相对封闭、自主结构系统的藩篱。此外，篇章语义描写理论主张，篇章的表层结构是在语法规则指导下实现篇章语义基础结构的表现形式。尽管篇章语义描写模型也涉及了有关篇章生产和接收的语用因素，但是并未给予足够的重视，篇章语义基础结构在篇章描

写中始终处于主导地位。

篇章交际-语用描写模型。篇章语法与语义描写理论都是着眼于篇章内部结构来描写篇章的一般特征。这种研究思路的主要不足在于，篇章作为语言使用的基本单位，其意义的构建显然离不开交际情景。篇章意义是不能仅从篇章结构分析中得出，如果仅从内部进行观察和描写篇章，显然不符合篇章交际行为这一客观现实情况。此外，有学者在研究实践中注意到，具有同样命题结构的篇章可以在不同的交际情景下实施不同的交际功能。因此，篇章描写是一个双向过程，既要立足于篇章内部结构，也要结合篇章使用的外部条件，这样才能对篇章进行科学、全面的分析描写。20 世纪 70 年代的篇章交际语用理论便是基于这样的基本思想应运而生。Petöfi(1971)提出了篇章描写模型要考虑篇内与篇外成分的观点，前者对应篇章结构，后者对应世界结构，由此形成了后来的篇章结构-世界结构理论(TeSWeST: Textstruktur-Weltstruktur-Theorie)。此后的学者所建立的篇章语用描写模型总体上都遵循了这一基本思路。

① Isenberg 篇章五元组合(Quintupel)描写模型

Isenberg(1976)提出的篇章描写理论实际上是结合了语境因素，特别是交际功能因素的篇章语法，分析方法上属于语境描写理论。他认为，每个篇章都是一个五元组合形式，即/ P, I, C, V, S/。这五个基本元素分别代表：P——述位结构(Prädikationsstruktur)，对应篇章语义层面的命题结构；I——目的结构(Intentionsstruktur)，重点关注篇章中反映交际行为类型的谓词，如声明、承诺、感谢、祝福等等；C——条件结构(Conditionsstruktur)，涉及篇章语境中的非语言因素，即篇章单位在交际时与先前非语言行为或情景条件的关联；V——指示结构(Verweisstruktur)，反映篇章语境中的语言情景，即上下文关系；S——句法结构(syntaktische Struktur)，指篇章在句法、词法层面的表层结构。这一表达式中显然篇章句法结构 S 与语义结构 P 是篇章描写的基础和框架，中间的功能因素 I, C, V 只是补充性描写。为了便于观察和分析，这个篇章描写公式可以转写如图 2-4。

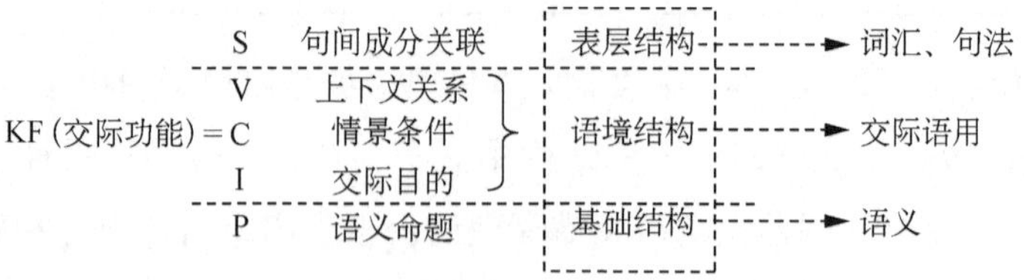

图 2-4　Isenberg 篇章五元描写模型

Isenberg 的篇章描写模型是以篇章语法语义结构为描写基础和框架，结合篇章外部的语境条件对篇章进行整体描写，综合了篇章表层（句法）结构，基础（语义命题）结构和交际语境条件。他试图通过该描写理论探索篇章结构与语境因素之间的规律性联系，从而能够描写出篇章使用的完备形式，但是他的分析对象仍然是以句子为基本单位，篇章整体序列结构仍处于边缘地位。

② M. Heinemann & W. Heinemann 篇章分析模型与篇章描写模型

M. Heinemann & W. Heinemann（2002：196-207）区分了篇章分析与篇章描写，认为篇章分析和篇章描写是两种主要的程式模型：前者是自下而上的方法，从分析小的篇章单位表层结构出发；后者是自上而下的方法，首先并重点分析篇章功能和篇章生产者的交际目的，因为从交际互动因素中可以推导并解释几乎所有的篇章内部现象。M. Heinemann & W. Heinemann 详细介绍了篇章分析和篇章描写基本思路。篇章分析模型大致是从篇章关键词的标记、建立关联及构建篇章连贯的词汇手段、句子结构安排及句法特征，再到分析篇章局部语义以及篇章整体语义，最后在整合篇章各部分的基础上结合情景语用因素阐明篇章功能和篇章生产者的交际目的；相较于篇章分析模型，篇章描写模型应用更为广泛，篇章描写模型是篇章分析模型的反向操作，即以篇章的交际功能为出发点和落脚点，在篇章整体描写的框架下把对篇章内部各级语言单位的分析归入到语言系统的主要描写范畴。为了方便对比，这里将 M. Heinemann & W. Heinemann 所提出的篇章分析模型与篇章描写模型用流程图概括如图 2-5 和图 2-6 所示。

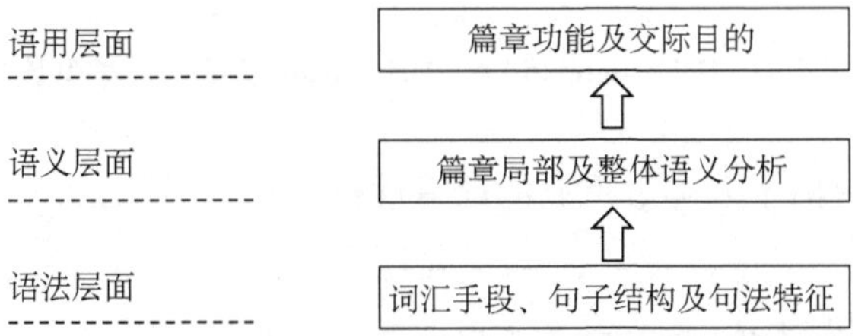

图 2-5　M. Heinemann & W. Heinemann 篇章分析模型流程图

③ Hausendorf & Kesselheim 基于篇章性的描写模式

Hausendorf & Kesselheim（2008）提出了把篇章单位看成是交际现象形式（kommunikative Erscheinungsformen）的描写模型。篇章处于描写中心地位，通过观察篇章形式来分析篇章功能。该描写模型所要解决的基本问题是，篇章性是如何形成并在篇章表层结构上体现的，因此篇章分析的基本任务是探究特定语境下的篇章性标识（Textualitätshinweisen）。Hausendorf & Kesselheim 指出，可观察性（Wahrnehmbarkeit）、语言性（Sprachlichkeit）和熟识性（Vertrautheit）是篇章性形

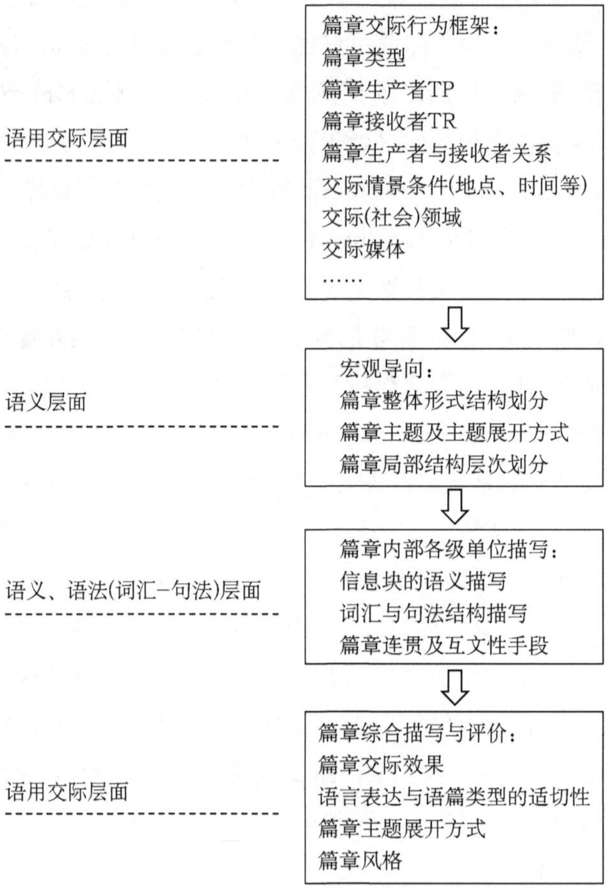

图 2-6　M. Heinemann & W. Heinemann 篇章描写模型流程图

成的三大来源，并提出了六类最重要的篇章性标识：

——篇章有界性(篇章划界及内部结构划分标识)

——篇章内部连接(连接标识)

——主题关联(主题标识)

——语用作用(功能标识)

——篇章模式(篇章类型标识)

——互文关系(互文性标识)

有界性来源于篇章的可观察性，篇章作为语言使用的独立基本单位，其内部和外部必然是可划界的。内部连接、主题关联来源于篇章的语言性，篇章内部的各级语言单位必然存在句法与语义上的关联才能形成一个篇章整体，这也是篇章结构化体现。语用作用、篇章模式与互文关系来源于篇章的熟识性，这些方面都与特定语境下的篇章交际行为密切相关。这里的熟识性大致对应篇章的社会交际规约性，是在反复的篇章交际实践中形成与发展的。

Hausendorf & Kesselheim 的篇章描写模型一方面其基本思想是把篇章单位视为交际现象，在功能视角下分析的篇章语言形式，功能思想统领并贯穿形式分析过程始终，体现“自上而下”的描写思路；另一方面该篇章描写模型立足于篇章语言形式，通过形式分析来描写篇章在各个层面所具备的篇章性特征，从篇章及其内部各级语言单位出发，主要是词汇与句子，并结合篇章运用的外部条件，如交际、社会、心理等条件对篇章特征进行全景式描写，是一个“自下而上”的过程。从这两方面来看，他们的篇章描写模型结合了 M. Heinemann & W. Heinemann 提出的篇章分析模型和篇章描写模型。

由图 2-7 可以看出，每一类篇章性标识都侧重某个分析方面，但并非单一的，且各分析层面也不是彼此孤立的，而是相互关联、互为补充的。例如，篇章功能标识往往可以由篇章词汇层面的言语行为词直接反映出来，如声明、呼吁、请求、承诺、警告、同意等词汇在分析日常公函的篇章功能中起主要作用；而词汇手段，如代词在分析篇章主题的编排方式时也起到重要作用；另外，篇章内部的标题既是反映篇章内部结构划分的重要标识，也是体现篇章主题发展安排的主要方面。

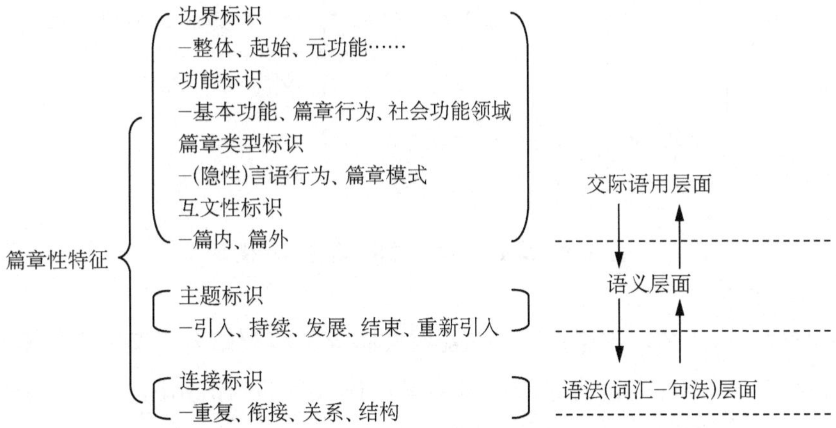

图 2-7　Hausendorf & Kesselheim 基于篇章性的描写模型

④ Brinker 篇章结构-功能分析模型

Brinker(2001)从四个维度阐述了篇章分析的主要内容：篇章结构、篇章主题、篇章功能和篇章类型，提出了语言学研究要原则上要划分结构与功能的基本思想，结构与功能是篇章分析的两大主要范畴，主张把语法和主题维度归入结构范畴。语法层面的分析重点在于句法和语义上的句间连贯；主题层面侧重分析篇章内容的安排，篇章主题与篇章次级主题，篇章主旨和篇章内部各级命题之间的关系，主要分析篇章主题与主题展开形式。篇章功能与篇章类型维度属于交际-功能范畴，围绕篇章行为特征展开，重点分析篇章生产者的交际目的。篇章功能与篇章类型密切相关，在日常篇章交际中二者通常处于对应关系中。篇章功能在篇章类型描写中起着重要作用，是确定篇章类型的主要依据；而篇章类型对篇章功能的设置与实施起着导向作用。Brinker(2010：138；2014：155)在此基础上又总结了篇章分析的范畴与标准，如图 2-8 所示。

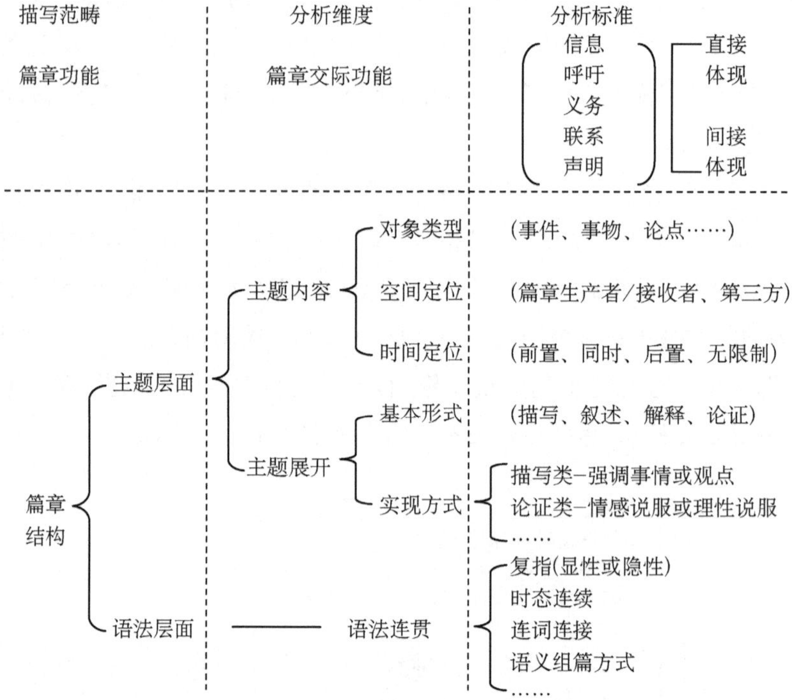

图 2-8 Brinker 篇章结构-功能描写模型

篇章交际-语用描写理论在语言功能观的指导下将篇章置于交际事件框架或情景中，综合了篇章内部的语言系统结构因素和篇章外部的语用因素，比较全面地分析了篇章交际功能与篇章结构的互动关系。篇章交际-语用描写模型是对之前篇章句间关联描写模型和篇章语义描写模型的发展与完善，分析维度主要涉及语法、语义和语用。从语言符号、外部世界和行为主体三者之间的关系来看，语法分析侧重语言符号之间的关系，语义分析侧重语言符号与外部世界的关系，而语用分析则侧重语言符号与行为主体的关系。

表 2-3 篇章交际-语用描写模型表

代表学者	Isenberg	M. Heinemann & W. Heinemann	Hausendorf & Kesselheim	Brinker
篇章描写模型	五元描写模型	篇章分析与描写模型	篇章性描写模型	结构-功能描写模型
分析框架	篇章	篇章/语用条件	篇章	语用条件
分析主要层面	句子及以上各级语言单位	同左	同左	同左
分析主要维度	语法、语义、语用	同左	同左	同左
分析主要对象	词汇、句子、段落、篇章	同左	同左	同左

从表 2-3 不难看出，篇章交际-语用描写模型是对以往篇章语法描写模型和篇章语义描写模型的继承与发展。但是该描写理论也存在不足之处。首先，篇章被看成是篇章生产过程的产物，研究对象具有静态特征；语用描写也往往采用结合交际情景条件的篇章生产者单向视角，忽略了篇章交际行为的是交际双方的共建过程，是动态过程性的。其次，尽管篇章交际-语用描写理论也包含了语法和语义分析，但语用分析是主要的；语用分析过于强调篇章整体结构的社会规约性，而忽略了交际主体在实施篇章行为时所具有的能动性，即对篇章行为过程中人的心理和认知因素重视不够。

篇章认知描写模型。从研究的目的和性质看，篇章语言学大致可分为描写型篇章语言学和解释型篇章语言学。前者描写篇章的结构特征：如重复、语法指代、句法-语义连接关系；后者除了描写篇章内部的结构特征外，还试图解释语言使用者是如何构建其篇章的能力（Schwarz-Friesel & Consten，2014：26）。显然，基于篇章句际关联和语义连贯的篇章描写理论试图对篇章的结构特性做出描写，属于描写型篇章语言学；篇章交际-语用描写理论和篇章认知描写理论则力图阐释篇章结构与外部因素的联动关系，探索篇章生成背后的非语言动因，属于解释型篇章语言学。篇章认知研究基于这一基本思想，即篇章是一种以心理活动为基础的社会交际行为和现象。M. Heinemann & W. Heinemann（2002：91）认为，每一个社会交际实践行为不单单伴随着心理过程，而且还以心理过程为基石。因此，篇章首先是可以在心理上解释的语言单位，是思维过程的产物，确切地说，是一系列彼此密切关联的心理活动的产物。Coserie（1994：119-123）也从符号学的视角阐述了篇章的认知因素，篇章中语言符号的功能并不是仅仅基于符号与外部事物的关系，还与我们对外部事物的认识有关，而这种认识来源于民族历史、社会、文化与日常生活。从认识论上说，与语言符号直接关联的并非纯客观的外部事物，而是人类认识中的外部事物，即指向同一外部客体的语言符号往往会在不同人之间产生不同认识。

当代语言认知科学充分意识到语言与认知的内在关联，以语义为研究“切口”探究语言背后的认知理据，认为语言现象并非纯粹的客体对象，对语言单位的描写只是借助人为地嵌入形式逻辑符号的做法，其科学性显然不足，而仅从社会外部的交际条件来描写篇章行为的方法也不全面。篇章在一定程度上可视为认知现象，对篇章的描写势必要引入认知因素，这样才能较为全面地从思维内在与社会外在双向考察语言现象，毕竟语言符号是在人脑与外部世界的互动过程中产生的。尽管篇章语言学主张对篇章背后的认知活动进行研究，但其涉猎的问题范围需要与认知心理学和认知语言学的问题范围有所区别。M. Heinemann & W. Heinemann（2002：243-244）在谈到篇章研究应该在何种程度上关注认知活动与程式时说，诚然，个体所有的神经活动大体上都与篇章生产和接收有着某种关联，但这并不是说，篇章语言学要去研究人类认知活动的神经基础和各种知识体系的存储与激活过程。所有这些问题，包括语言生产与接收背后的普遍心理基础，都是认知心理学和认知语言学的研究对象，篇章语言学所要研究的只是其中一小部分对复杂篇章的生产和接收过程产生特别作用的认知活动。此外，如果放眼制约篇章生产和接收的所有因素，那么认知并不是篇章构建的首要出发点，而是打上语用和交际烙印的交际行为动因，由此触发了一系列的认知、交际和语言行为。由此看来，篇章语言学应该追求适度的认知理论，在篇章语言学研究中，篇章只是一个可以从认知的“侧窗”去观察与解释的对象。Anderson（1989：335）认为，认知科学对语言单位的研究主要是针对语音、词、词组和句子，篇章单位处于边缘地位。在这一点上，篇章语言学引入认知描写维度也可以补充认知科学对篇章的研究，在跨学科视野下完善对篇章的科学认识。

从目前篇章语言学认知研究的总体情况看，篇章认知描写理论主要的研究问题领域有：篇章生产和接收过程中涉及哪些认知活动或程式步骤；从认知上看，篇章意义是如何构建的；在特定交际语境下，交际者是如何对思维活动的概念产物进行语言化处理的；篇章处理过程中信息是如何被存储、调取和加工的。Gansel & Jürgens（2007：144）认为，目前篇章语言学界已基本对篇章生产阶段的认知描写达成一致，即在 Hayes & Flower（1980）所提出的认知书写模型（das kognitive Schreibmodell），即规划（Planung）、转换（Übersetzung/Transformation）、审视（Überprüfung）的基础上，学者们再进行补充和完善。本书涉及篇章认知的基本研究思路是，从篇章生产的角度来观察篇章结构所折射出的生产者看图认知方式及特点，以下着重介绍几种有关篇章生产的代表性认知描写模型。

① M. Heinemann & W. Heinemann 篇章生产认知模型

篇章行为总是发生在一定的交际情景条件下，篇章行为的主体在篇章的生产与接收过程中并不是在篇章内部与外部各种影响因素的制约下处于一种完全被动的状态，而是具有一定的能动性，如个体的社会经历、情感状态、对交际事件的态度、对情景条件的观察、感知和判断以及交际目标的确立，这些都涉及人的主观因素，也和认知活动密切相关。因此，从这方面来看，篇章并不是一种完全客观的静态现象，而是具有过程性的动态特征，或者说是一个包括主客观因素在内的行为过程产物。随着篇章语言学的研究领域不断拓宽和深入，篇章生产背后的心理活动及程式化特点也逐渐受到学者的关注。M. Heinemann & W. Heinemann（2002：60，91）、Kertes（2022：95-98）认为，篇章生产者和接收者对篇章在认知上的处理具有模式化特征，很大程度上也是程式化的，以认知为导向的篇章语言学研究必须建立程式化篇章描写模型（prozedurale Textbeschreibungsmodelle），来阐明在特定交际情境下行为者是如何基于特定交际目的、态度并借助一定的各类知识和篇章生产程式来组织语言交际活动的，而篇章认知描写模型往往建立在认知心理学的相关研究成果基础上。Wrobel（2000：458）也指出，篇章生成是一个复杂的行为过程，它向篇章生产者提出了诸多认知与社会交际要求。因此，对篇章的处理必然涉及社会与个体心理层面的诸多方面的知识。

M. Heinemann，& W. Heinemann（2002：180-183）论述了复杂书面篇章的生产过程的主要阶段，描述了基于思维活动的篇章生产程式模型（prozeduraler Modell der Textproduktion）：

——所有篇章生产的出发点都是来自具体交际场景下的交际动因，由此产生特定的交际目的或交际需求。

——基于交际行为的动因，篇章生产者对交际情景和交际伙伴进行认知处理，即他对包括交际事件框架在内的诸多交际条件和对交际伙伴的情感、态度、行为进行预判等等。

——规划阶段是指在交际目的导向下，篇章生产者对如何组织篇章结构和表达进行设计。在这一阶段需要激活有关特定篇章模式或篇章类型的知识以及针对写作任务的有关词汇和句法知识，一般世界知识和个体基于经验的行为知识，最后形成一份有关篇章主题展开的总体计划，为此篇章生产者要调取与交际任务相关的各种知识。在这里思维内容转化为前语言（vorsprachlich）信号，交际的语言形式表达还未真正形成，还只是心理语言的预处理阶段。

——篇章生产过程中最重要的一个阶段是转换阶段，即语言化阶段。在这里篇章生产者需要将前几个阶段的思维活动成果转换成语言信号链，借此传达思想。在这个阶段，篇章生产者根据交际目的并结合篇章类型、文体风格等篇章整体基本特征来决定各级语言单位的编排。当然作者还会考虑到接收者已有的知识体系，出于表达经济性考虑而省略一些不必需的表达，预计交际伙伴能运用自己的相关知识填补这些信息“空白”。

——检查或控制阶段（Überprüfungsphase/Kontrollphase）是指在篇章写作阶段和初步完成后，作者会对篇章进行实时和事后的检查和修改。

以上五个阶段中三个主要阶段是：规划阶段、转换阶段和检查阶段。在一个思维监控机制（Monitor）的作用下这三个阶段协同作用，始终服务于交际目的。此外，这几个篇章生产阶段并不是严格按先后顺序执行的，它们是并置共存的关系，有时候会并行，协同发挥作用。在 Hayes & Flower（1980）的篇章生产模型基础上，M. Heinemann & W. Heinemann（2002：183）发展建立基于认知的篇章生产程式模型，如图 2-9 所示（为了更直观、清晰地表达该理论核心思想，对原图略作了调整和补充）：

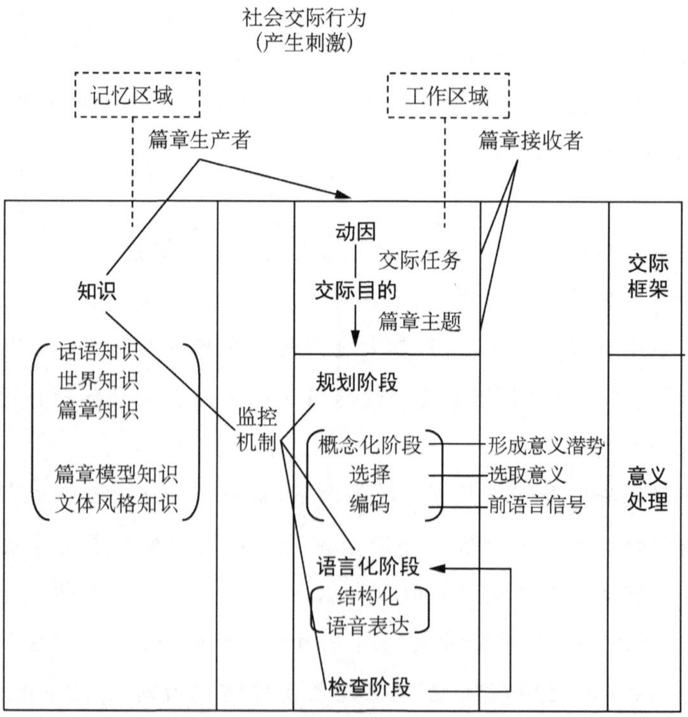

图 2-9　M. Heinemann & W. Heinemann 基于认知的篇章生产程式模型

M. Heinemann & W. Heinemann 篇章生产认知模型结合思维活动和认知因素比较全面地描写了篇章生产各阶段。该模型将篇章生产过程分为两个区域：一个是记忆区域，这里存储了生产者有关篇章生产的各类知识；另一个是工作区域，在这个区域生产者为了构建篇章程式化实时处理各类信息。工作区域的活动始终受到一个监控机制的导控，协调记忆区域与工作区域之间的信息交流与加工，确保遵从交际目的。规划阶段是篇章生产过程中涉及认知活动的主要阶段，规划阶段的直接产物也是篇章语义内容对应的概念表征。因此，篇章结构背后的认知理据也应该主要体现在规划阶段所呈现的认知活动特点。但是，作者在这里并没有详细论述语言化阶段与规划阶段之间的具体关系，规划阶段的认知行为方式如何影响语言化过程，篇章的语言结构特征又是如何体现生产者的认知特点。既然篇章是一系列心理活动和认知行为的产物，那么篇章在结构上必然与其背后的认知行为存在联系，并能通过分析篇章结构获得一些对篇章生产者认知方式的了解，而在以上模型中作者并没有阐明篇章结构与基本认知行为的对应关系。

② Schwarz-Friesel & Consten 篇章世界模型（Textweltmodell）

Gansel & Jürgen（2007）、Schwarz-Friesel & Consten（2014）针对篇章生产与理解过程论及了篇章世界（Textwelt）概念，后者还阐述了篇章世界模型理论。交际者用特定方式借助具体的语言现象——篇章来表达外部世界的客体，如事物或事件，Schwarz-Friesel & Consten 将这一过程理解为一个指称化过程，即在篇章与外部世界的某个局部之间建立意义对应关系。篇章生产过程分为两个阶段：概念化阶段和语言化阶段。概念阶段处理我们头脑中建立的有关外部世界事件的意念（Vorstellungen）；语言化阶段是将已形成的概念表征通过语言符号（篇章）表达出来，是头脑中思维活动产物的外在表现形式。正如 Schwarz-Friesel & Consten（2014：11）所言，篇章可视为精神活动留下的痕迹，通过篇章分析可以对篇章生产者有一些具体了解，也能反映出篇章生产时的一些情景关系，并重构篇章生产者的思维能力，向我们展示篇章生产过程中人类认知因素是如何起作用的。概念化处理是语言化处理的前提和内容，没有概念化处理，语言表达将无的放矢，言之无物；而语言化处理是概念化处理的形式表现，没有语言化处理，概念表征则不为所知，稍纵即逝。

由语言信息单位——篇章所传达的关于外部世界事件的概念表征（Representation）便是篇章世界模型。篇章世界模型是篇章生产时作者在头脑中建立的篇章语义所表征的外部世界，也是读者理解篇章时根据篇章语义内容所指而形成的有关外部世界的概念模型。无论是篇章生产者还是接收者在处理篇章时在头脑中都会形成一个篇章所描写的世界模型。这个模型是生产者在概念化阶段构建的，然后经过语言化阶段表达出来，再经由篇章语义表征在接收者那里重建。Gansel & Jürgen（2007：113）也认为，说话者或书写者采用交际语用视角建立一个表征外部世界片段的模型，即所构建的现实模型（Realitätsmodell）——篇章世界。篇章和篇章世界模型以各种关联知识的交织体形式存在。篇章世界并不是完全客观的外部世界，也就是说，篇章世界实际上是打上了交际者主观认知烙印的外部世界映像，它处在篇章语义结构与外部世界之间，是人通过思维活动认知外部世界的产物，体现了人对外部世界进行精神加工处理的方式与特点。因此，探索篇章世界背后的认知因素应该主要在语义层面分析语义内容的概念表征。

此外，Schwarz-Friesel & Consten（2014：63-64）还认为，在交际者构建篇章世界模型过程中存在一个双向信息流。一方面，读者处理篇章语义时，首先辨识由字母组成的词，然后将词义整合到词组或句子中，再将词组或句子的语义内容——命题，对应到外部世界的客体或事件，并将单个命题信息逐条输入到构建篇章世界模型的加工程序中。该信息处理的顺序是从小的语言单位到大的语言单位，再到篇章，最后进入到读者的头脑中，这个析出信息的过程是自下而上的。另一方面，读者在理解篇章时还必须用到记忆中已有的知识，在篇章信息的刺激下，头脑中长期记忆区的某些知识（世界知识）被激活，然后进入工作记忆区，再到短时记忆区与来自篇章的信息一并加工处理，这一信息调取的过程是自上而下的。篇章理解就是一个在信息双向运动中进行的信息处理、搭建篇章世界模型的过程。篇章理解是篇章生产的逆向过程，通过篇章理解过程的认知分析可以在一定程度上探知篇章生产的认知特点。Schwarz-Friesel & Consten（2014：59）强调，篇章结构是多层次的，逐级与外部世界相联系。结合篇章处理过程中的信息调取与加工，如图 2-10 所示。

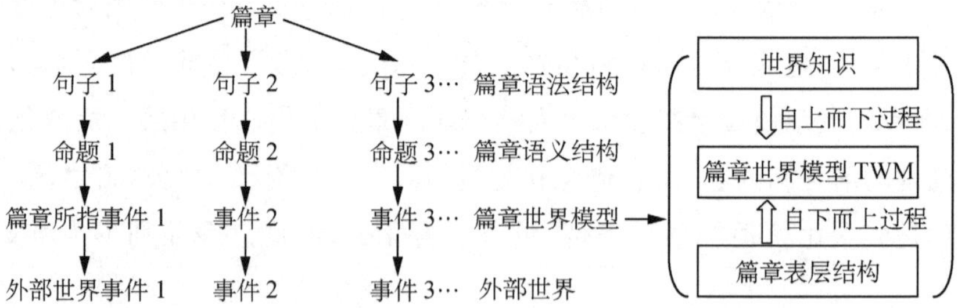

图 2-10　Schwarz-Friesel & Consten 篇章与外部世界关联层级图

Schwarz-Friesel & Consten（2014）的篇章世界模型理论指出，篇章生产分为概念化阶段和语言化阶段，这实际上对应了 M. Heinemann & W. Heinemann（2002）

篇章生产程式理论模型的规划阶段和转换阶段，篇章世界模型就是规划阶段所形成的作为前语言信号的概念产物。

篇章世界模型观点符合人类只能看到打上主观烙印的外部世界这一哲学思想。篇章的语义表征所描述的外部世界同样也是人通过认知活动所形成的外部世界映像，并非纯粹客观的外部世界，因此这个篇章世界模型便是人的认知活动与外部世界互动并借助语言符号所形成的产物。尽管篇章世界模型指出了篇章背后存在人对外部世界的认知动因，为分析篇章的认知维度提供了理论依据和分析对象，但是该理论并没有说明篇章世界模型具有哪些一般的认知结构或特征，在篇章语义结构与篇章世界模型之间存在着哪些较为普遍的关联，如何从语义结构去分析篇章世界模型背后的认知方式与特点，这就好比开启了一扇洞悉研究对象的“窗户”，而且告诉读者通过这扇“窗户”能看到什么，但却没有阐明如何去观察。此外，篇章世界模型认为，人的认知活动完全主导篇章的生产与接收，却对篇章的交际语用条件分析不足。因此，目前篇章语言学对认知的研究仍处于探索发展阶段，相关理论体系还不成熟，理论上的突破与创新还有赖于相关学科的进一步研究成果。

2.2 认知语法识解理论

2.2.1 认知语法识解理论概述

认知语法自创建之初就一直是认知语言学的一个重要分支学科，推动着认知语言学的整体建设与发展，也是认知语言学理论体系的主要组成部分。总体上看，认知语法“脱胎”于生成语法，其语言哲学观从形式语言学的客观主义转向了功能语言学的经验主义，主张一种新的语言观和研究范式。沈家煊(1994：12)指出，认知语法在反思了生成语法的三个基本假设前提的基础上提出了三个针锋相对的假设：①语言不是一个自足的认知系统，对语言的描写必须参照人的一般认知规律；②句法不是一个自足的形式系统，句法在本质上与词汇一样是一个约定俗成的象征系统，句法分析不能脱离语义；③基于真值条件的形式逻辑用来描写语义是不够用的，因为语义描写必须参照开放的、无限度的知识系统。从理论的假设前提看，认知语法相较于生成语法具有更好的开放性、包容性和灵活性，对语言现象的描写与解释也会具有更广的适用性。

认知语法(cognitive grammar)早期发展于20世纪70年代，作为认知语法的奠基者和代表学者Langacker(1976)在反思和批判生成语法的基础上提出了空间语法

(space grammar),从人的空间具身经验出发来分析语法范畴意义,标志着认知语法的发端。Langacker 的理论思想在国内外都被广泛介绍、评述,并用于应用研究。认知语法一直关注的基本问题之一是,人类认知活动的方式与特点是如何参与并影响语义概念的形成的,他有关识解的理论观点既是其研究思路的出发点,也是创立理论体系的基础之一。

Langacker(1982)早期识解理论还用"意象"(imagery)描写人类观察、认知外部世界的基本活动,探讨了观察的抽象或详细程度,注意力聚焦和视角选择。Langacker(1987)在"焦点调节"(focal adjustments)下系统地阐述了认知语法识解观点,对识解维度进行了详细论述,划分为"选择"(selection)、"视角"(perspective)和"抽象"(abstraction)。Talmy(1978, 1988)也在"意象系统"(imaging systems)部分论述了其识解思想,即人对概念化对象的结构化认知与观察方式的组织,包括"结构图式化"(structural schematization)、"视角安排"(deployment of perspective)、"注意力分配"(distribution of attention)和"力动态"(force dynamics)。后来二者又多次对各自先前的识解理论进行修改与完善。广义的识解理论还应包括 Fillmore 的语义框架,Lakoff 和 Johnson 的概念隐喻,Clausner 和 Croft 的意象图式等理论思想。其他学者,如 Croft & Wood(2000)、Lee(2001)、Croft & Cruse(2004)等又在前人基础上对认知语言学识解理论及其分析维度做了新的梳理和总结。Croft & Wood(2000)从跨学科的角度,结合心理学和现象学的有关论述,主张将识解维度调整为"注意力"(attention)、"判断"(judgement)、"场景化"(situatedness)和"构造"(constitution),来分别对应心理学或现象学的"突显""对比""视角""完形结构"。Lee(2001)从"视角"(perspective)、"前景化"(foregrounding)、"隐喻"(metaphor)和"框架"(frame)几个方面介绍了识解理论。Croft & Cruse(2004)也将认知语言学的主要识解维度与人类一般认知心理活动相联系,提出了与 Croft & Wood(2000)类似的分类,把先前认知语言学代表学者提出的各识解维度及其分析方面综合起来,并对应认知心理活动进行归类。

总体来说,认知语言学对识解的研究目前还处于发展阶段,理论观点并未统一,对识解维度的划分与描写也不尽相同,各有侧重。对这一问题,Verhagen(2007: 7)对有关识解维度划分标准的评价或许较为客观、科学。他认为,认知语言学家试图对识解维度做穷尽式的分类和描写是不现实的,从认知经验看,识解行为本质上是人类的精神活动,其维度划分具有明显的人为色彩,各维度的特征描写也主要取决于研究者的主观侧重,与外部事物或关系的自身属性并无直接关联。换句话说,不同的人对同一事物的识解方式是不同的,其原因并不在于作为识解客体的外部事物本身，而在于作为识解主体的人的主观性。鉴于 Langacker 的认知语法强调视觉感知在人类认知活动中的主导作用，其识解理论基于人类视觉经验，较为系统、全面地探索了语言现象背后潜在的认知因素，适用于分析本次实验所采集的语料——看图写作篇章，且他的理论观点在该研究领域具有较高的代表性和权威性。因此，本书在理论应用与创建篇章描写模型时，认知研究方面主要借鉴 Langacker 的认知语法识解理论。

2.2.2 Langacker 认知语法识解理论

2.2.2.1 识解定义

Langacker(2008：55)通俗地定义了识解(construal)，识解是人观察某一情景的特定方式，它涉及我们选择什么作为观察对象，用什么方式去观察，观察的仔细程度，注意力的分配以及观察的视角，等等。一个语言表达的意义不仅仅是其语义所引发的概念内容，同样重要的还有该内容是如何被识解的。Langacker(2016：2)还补充，识解也是我们采纳某个视角用不同方式去认识和描绘同一场景的能力。Langacker 有关识解的概念术语及其理论思想经历了一个不断修改、补充、完善的过程。

Langacker(1987，1991)早期只提出“意象”术语。在他的认知语法理论体系中，这一概念既非隐喻也不同于认知心理学概念。后来为了避免与认知心理学的“意象”术语发生混淆，他逐步使用“识解”代替“意象”(王寅，2003：85；Maldonado，2004：306)，但概念的内涵以及主要思想观点没有发生改变。尽管国内学者对 construal 术语翻译不尽相同，如沈家煊(2001)、刘宇红(2004)、王寅(2005)译为“识解”，戴浩一(2002)译为“建构”，石毓智(2004)译为“诠释”，束定芳(2008)译为“组构”，但对其概念定义的理解是明确一致的，目前国内语言学界总体上对这一术语的翻译已达成基本共识，翻译成“识解”。

2.2.2.2 识解维度

20 世纪 80 年代 Langacker 还只是使用“意象”概念对应后来的“识解”。Langacker(1987：110)对“意象”作了区别于心理隐喻与生理感知的定义，“除非另作说明，本书用第三种方式来理解该术语：它们描写人们用不同方式来认识被构思的情景的能力——借助不同意象来思考和表达”。Langacker 用“意象”结合一系列参数对情景的构思过程进行结构化处理，将参数的变化看作“焦点调节”，并从“选择”“视角”“抽象”几个维度展开论述。他在“选择”部分讨论了“比例”(scale)与“辖域”

(scope);在“视角”部分论述了“图形”(figure)与“背景”(ground)、“视点”(viewpoint)、“指示语”(deixis)和“主体性”(subjectivity)与“客体性”(objectivity),在“视点”下还继续讨论了“优势视点”(vantage point)与“方位”(orientation)、“前景”(foreground)与“背景”(background)。

Langacker(1991: 4-5)又对“意象”维度进行了调整,简化为“详细度”(specificity)、“辖域”、“背景假设”(background assumptions)与“期待”(expectations)、“视角”、“突显”(prominence)等5个方面,将“侧面”(profile)与“基体”(base)作为突显的一种情形,并且引入了“射体”(trajector)概念来描写侧面关系中最为突显的参与者。Langacker(1999: 206)用“识解”术语替代“意象”。他在识解部分将“背景假设和期待”维度调整为“背景”维度,在“背景”维度下联系认知域投射来探讨语言的隐喻现象;用“侧面”维度替代“突显”维度,重点描写语义概念内容的注意力分配,侧面既可以是具体事物也可以是抽象关系;“详细度”与“视角”维度不变,在“视角”维度下论述了“参照点”(reference point)与“心理扫描”(mental scanning)。识解理论思想与先前关于“意象”的论述基本一致。Langacker(2008)对其之前的整个认知语法理论体系做了全面梳理与总结,其中对识解部分又作了补充和完善,将“识解”维度重新划定为:“详细度”、“聚焦”(focusing)、“突显”、“视角”四个维度。“聚焦”维度从“前景”与“背景”、“构成”(composition)和“辖域”三个方面来讨论;“突显”维度从“侧面化”(profiling)和“射体”与“界标”(landmark)两个方面进行论述;“视角”维度下阐述了“观察组织”(viewing arrangement)和“时间维度”(temporal dimension)。

以上看来,Langacker尽管在构建识解理论的过程中经历了从“意象”到“识解”的概念更替,不断修改、完善相关理论,但主要概念术语在内涵上是一致的,基本思想也没有改变,从而保证了识解理论的稳定性和统一性。本书的篇章分析认知部分主要基于Langacker(2008)关于识解的理论观点,并结合他近年的一些新观点,对实验采集的汉德篇章语料进行认知层面对比分析。

详细度是一个有关在何种精确或细致程度上描写某个情景的识解维度。人对外部世界的观察如同相机对取景器里的场景进行拍摄,前者有观察的仔细程度,后者有生成图像的像素或分辨率。语义所表征的概念内容的详细度可以直观体现在词项上,形成一个从抽象图式(schematicity)到具体示例(instantiation)的级阶结构,这样就可以画出一个标示语义概念详细度的双向横轴线,该轴线两端分别表示抽象与具象两极,而词汇语义则可看作按照详细程度在这条轴线上的连续分布。理论上这条横轴线两端可以无限延伸,它随着人对外部世界认识的不断加深而不断延展,但在实际语言交际中,出于效率和经济原则,语言表达的详细度是有界限的。该轴线有两个方向，从左到右表示范畴化概括关系；从右到左表示具体化说明关系，如图 2-11 所示。

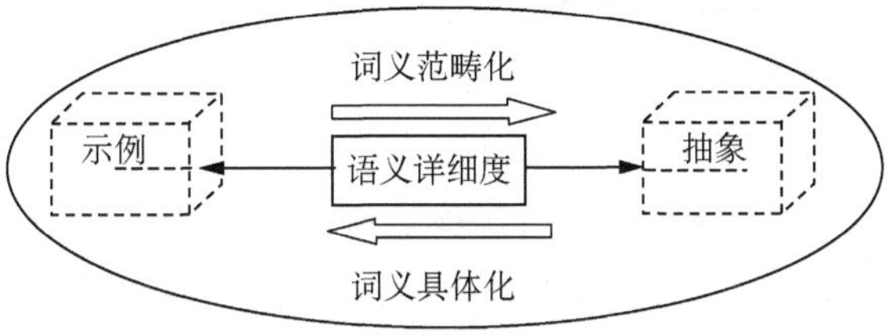

图 2-11　词汇语义概念详细度

这种双向关系也同样存在于其他层面的语言单位，如小句对应的命题和篇章对应的篇章世界。我们经常看到，不同的人描述同一场景，其语义内容大体相同，但详细程度却显有差别。因此各级语法结构的语义概念详细度都可以在这条横轴线上连续展开。

聚焦维度主要描写识解者对感知对象进行概念化处理时如何选取概念内容及其在认知域"前景"与"背景"中的分配。通俗地说，就是人在观察外部事物时，对各局部分配的注意力以及概念处理的力度。认知语法主张语义百科知识观，一个词项的语义往往涉及一组认知域（cognitive domains），这些认知域形成一个矩阵（matrix）。在特定的语用情景下，词义关联的认知域体现了语言表达者在识解过程中对概念内容的选取方式。例如描写同一个事物，有的人侧重它的外形，有的人强调它的属性，还有人注重它的功能。当然，在具体的语言运用过程中语义所表征的概念内容往往涉及不止一个认知域，这些认知域在语言符号的刺激下被激活的程度是不同的，处在高度激活状态或更容易被激活的认知域位于认知域矩阵的前景中。举个例子，汉语中的"港口"一词可以在听者那里激活多个认知域，如交通运输、地理空间、经济贸易、体育运动和军事设施等，在不同的语境或上下文里，这些认知域被激活的程度往往是不一样的，特定的认知域处在更容易被激活的状态。

前景与背景的划分是对识解过程的隐喻式描写，它既是人的认知方式也是认知工具。人对外部世界的认知，总是在已有的概念基础上进行新的认知实践。前者可被看作是背景，而后者则是前景。Langacker 从"前景-背景"视角分析了空间整合和概念隐喻。隐喻是一种思维方式或认知方式，是从熟悉的或具体的概念域投射到陌生的或抽象的概念域中。Lakoff & Johnson（1980）总结了隐喻不仅是一种语言形式，更是人类普遍的认知方式，我们赖以思考和行动的概念系统从本质上讲是隐喻的。在概念投射过程中，人们熟悉的概念所处的认知域称作源域，要解释说明的概念所处的认知域称作目的域，在源域的概念基础上来理解目的域的概念。识解活动的“前景-背景”特征也同样体现在句子和篇章的语义层面，我们常说的关键信息或重要信息通常在识解者的概念处理过程中处于聚焦维度的前景位置，而非关键信息或次要信息则处在背景位置。

构成(composition)关注的是语义的生成路径。语言表达大多是复合象征结构(composite symbolic structures)，复合结构的语义不单单是由成分语义简单叠加形成，还要考虑成分语义的组合路径或方式。以一对德语同义词为例，Herberge 与 Gasthaus 都表达“旅店、客栈”的意思，尽管二者在语义的复合层面是对等的，但是复合语义的构成路径却不相同。前者形式上是一个简单词，其语义概念的构建无法分别激活 Gast(客人)和 Haus(房屋、家)的概念域；而后者语义概念的构建以必须激活这两个成分的概念域为前提。因此，二者语义并不完全等同，后者能使交际者将更多的认知域置于前景中或突出更多的概念，并在认知过程中较前者更容易产生亲切感，如图 2-12 所示①。

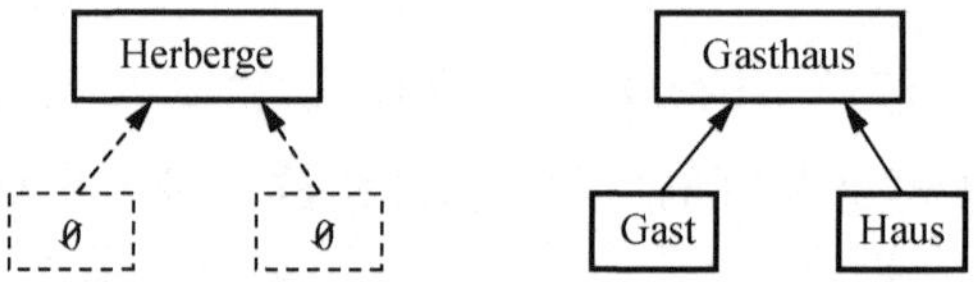

图 2-12　Herberge 和 Gasthaus 语义生成路径

上图说明，从认知上看，Gasthaus 概念生成的心理路径要比 Herberge 更容易到达复合语义概念层面。

辖域是反映聚焦维度的另一个方面，Langacker(2008：62)定义辖域是特定语言表达的语义概念在相关认知域上所“覆盖”到的部分。聚焦涉及语言表达的概念在一般或特定情况下会涉及哪些认知域，语义表征的概念内容对这些认知域的“覆盖”程度有多大，显然覆盖程度越大的认知域在语义概念的理解过程中被激活的可能性或程度就越大。这里我们不妨将辖域理解成认知域所辖的一个次域，次域还可以往下细分，一个认知域就是由若干个相关次域组成，如同语义场中的上位与下位关系。辖域也能从“前景-背景结构”来描写，这里需要区分最大辖域(maximal scope)和直接辖域(immediate scope)。前者是指语义概念在相关认知域中所能涉及的最大区域，后者指在具体语境下语义概念所直接关联的认知区域。最大辖域可被视为处在识解聚焦的背景中，而直接辖域处在前景中。

① 粗线框表示对应概念处在认知域的前景中。

突显也是识解的一个重要维度。它与前面所论及的详细度和聚焦都有密切关联。通常来讲，语义所表征的概念内容详细度越高或是在概念认知域中越是被置于前景位置，就越处于突显位置。突显实际上是对聚焦维度的进一步描写。如果说前景与背景安排是描写观察对象不同局部的注意力分配，那么突显则进一步描写位于聚焦前景部分的各细节之间的焦点设置。Langacker（2008）将“突显”维度分为两种情况：侧面化与射体/界标。

侧面化（profiling）是指在概念化处理过程中识解者如何设置侧面（profile）与基体（base）。基体有广义和狭义之分，广义的基体指语言表达在使用过程中其概念所涉及认知域的最大辖域；狭义的基体指语言表达的语义概念在高度激活的认知域中所关联的直接辖域。相对狭义的基体而言，侧面是识解者将注意力指向直接辖域中的一个次结构（substructure），是直接辖域中注意力的焦点，也是述义结构直接标示（designate）的概念内容，是概念内容的直接所指，以汉语词“周末”为例，如图 2-13 所示。

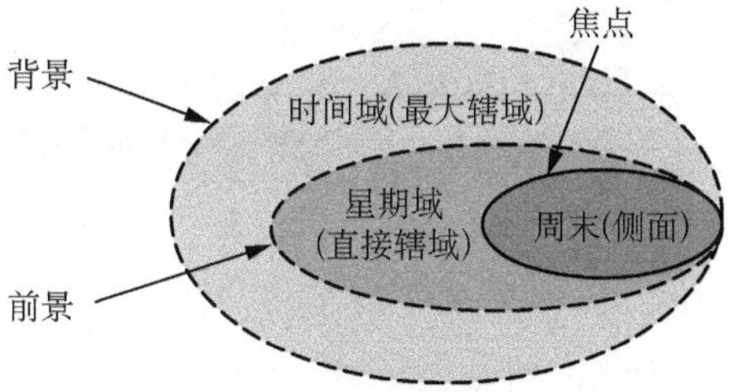

图 2-13　“周末”语义概念识解的侧面化安排

Langacker（2008：69）还通过侧面转移（shift in profile）来解释转喻现象，认为转喻事实上就是通过在某认知域中建立两个实体的关联，语言表达的概念内容侧面从一个实体转移到相关的另一实体上。我们熟悉的一个例子是德国人用 Maschine（机器或发动机）代指 Flugzeug（飞机），在这里 Maschine 和 Flugzeug 处于同一认知域中，后者概念内容的侧面转移到前者上，从而实现了局部概念代替整体概念。

射体与界标是描写突显维度的另一对重要术语。Langacker 还注意到，如果一个语言表达的语义概念突显的侧面不是具体事物而是一种关系，那么关系的参与者之间突显程度也有差别。他把最为突显的参与者定义为射体，射体是被突显的主要焦点，其他被突显的参与者是次要焦点。因此，射体与界标同处在识解活动的侧面关系中，射体与界标既可以是具体事物，也可以是抽象关系；既可以描写静态，也可以表达动态。射体与界标的安排主要取决于人的识解方式，体现在语法结构中。在不同的语言单位层面射体与界标的安排会有不同，例如 der Tisch（这张桌子）突显的侧面是事物——桌子；auf dem Tisch（在这张桌子上）突显的侧面则是一种空间关系，界标是 Tisch（桌子），但射体不明确；die Lampe auf dem Tisch（在这张桌子上的灯）突显的侧面仍然是空间关系，在这个关系中 Tisch 仍然是界标，而 Lampe（灯）成为射体；die Lampe auf dem Tisch zumachen（关掉这张桌子上的灯），zumachen（关闭）表达一个过程关系，Lampe 变成该过程的界标，但射体并不明确；最后我们来看句子 Peter macht die Lampe auf dem Tisch zu.（Peter 关掉这张桌上的灯。），该语言表达在句子层面突显的侧面仍然是 zumachen 这一过程关系，该关系的参与者有 Peter 和 Lampe，前者作为句子主语成为侧面关系中的射体，后者作为句子宾语是侧面关系中的界标。因此我们可以在识解上观察到一个从抽象到具体的概念化过程，由词到短语再到句子不断向上推进而形成的一个连续体，如图 2-14 所示。

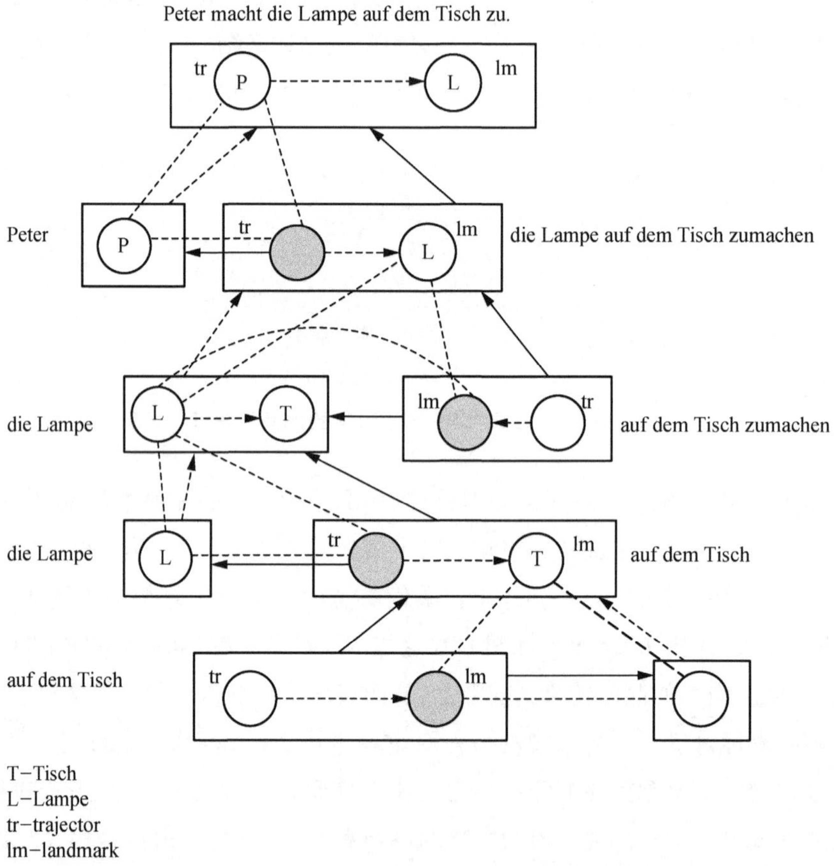

图 2-14　语义概念发展的射体-界标分析

以上是在词、短语、句子层面展开的射体-界标分析，宏观层面的篇章推进与语义概念构建之间也应该存在这样一种铺排递进的关系，篇章的概念结构随着篇章的发展逐步搭建起来（Langacker，2001：143）。

视角是决定识解活动的组织方式的一个基本维度。如果把概念化过程类比成对某个场景的观察，那么视角就是对观察的组织（viewing arrangement），是构筑概念基体不可或缺的要素（Langacker，2008：73）。视角经常通过空间维度体现，但很多情况下也隐于语义概念，并不直接在语言表达的概念内容中出现，而是要通过语义结构的整体分析才能识别，其中最显著的一个方面就是优势视点（vantage point）。

日常言语行为的默认视角往往受到民族心理、历史文化以及社会习俗等多因素影响和制约，这种视角安排构筑了我们日常构建语义概念的基础。如果言语行为偏离了默认的视角，往往是出于特殊的语用功能或交际目的。Langacker（2008：75）认为，优势视点是识解者在组织观察时预设的，在默认或缺省情况下，优势视点往往是说话者和听话者所处的实际观察位置，但我们也时常从想象中的优势视点进行观察，来丰富我们的语言表达。例如，我们会常说"路两旁的树向车窗后面快速跑去"，在这句话所对应的概念表征里，观察者在心理上将自己视为是静止不动的，而路边的树在飞速地向后运动。优势视点并不仅仅局限于空间或视觉域，还能运用于其他域，如时间域，主要表现之一就是句子动词的时、体特征。

优势视点还与识解过程的主体性与客体性密切相关，由此可以划分主观识解（subjective contrual）与客观识解（objective construal）。主观识解的主要特征是识解主体身处"台上"（on stage）感知客体。主体在感知客体时也能意识到自身进入到客体范围，成为客体前景或背景的一部分。客观识解的主要特征是，识解的主体是从"台下"（off stage）感知"台上"。主体与客体是分离的，主体并未成为被观察客体的一部分，在感知客体时也往往不会意识到感知行为本身。因此，主观识解所构建的语义概念其主要特征是，语言表达中显现主体的感知"痕迹"，如词汇层面出现了指代交际双方的"我（们）""你（们）"等词项，这就意味着识解活动的参与主体也处于"台上"而成为语义表征的概念内容的一部分。而客观识解所构建的语义概念则是隐现主体的感知"痕迹"，强调客体的存在。客观识解通常不会在语言表达中出现指代交际者的代词，也就是说，识解者是从"台下"观察"台上"，隐于语义概念所突显的侧面关系中。在语用上，主观识解将交际者置于语义概念突显的侧面关系中，产生"拉近"交际效果；而客观识解则将交际者置于语义概念表达之外，产生"间离"交际效果。主观识解与客观识解不仅可以用来观察句子的句法成分，而且还适合分析篇章世界的构建视角，例如，在叙事篇章中作者是用亲历者还是旁观者角度来叙述事件经过。

概念化过程是一个内在的动态过程，属于思维活动的一部分，具有时间属性。每一个概念化过程都需要一段加工时间（processing time），哪怕只是某个瞬间经验。

加工时间区别于感知时间(conceived time),前者只是心理上可及,而后者是客观存在的。通常情况下,识解者对事件的概念化处理顺序往往与他所感知到的现实事件发生顺序是一致的,这体现了语言与认知的时间像似性(temporal iconicity)。但是在特定的语用情景下,在对事件进行心理加工过程中二者也会发生偏离。语言表达的线性语序往往体现了识解过程的概念处理顺序,因此对语义也会产生影响。但是语言表达的线性顺序并不是唯一体现或影响心理路径的因素,还有其他作用因素,其中一个主要因素就是心理扫描(mental scanning)。识解者在构建所要突显的关系概念时,会沿着一条心理路径或方向进行观察,这种心理扫描在加工时间轴上是瞬间发生的(Langacker, 2008: 82)。心理扫描的路径有两种:连续的和分散的,选择用哪种扫描路径既与识解者的主观因素有关又与扫描客体的属性有关。

整体扫描(summary scanning)作为一种普遍的心理扫描方式,其特点是,识解者在感知时间轴上观察对象时,在每个时刻只能得到一个特定的状态,但在心理扫描时,通过连续扫描处理他能将单个的状态片段集合起来形成一个概念整体,这个概念整体可以对应格式塔心理学理论的完形结构,并在加工时间轴上同时将这一整体展现出来,整体扫描淡化了概念内容的时间性。顺序扫描(sequence scanning)在加工时间轴上的扫描顺序与感知时间轴上的顺序是一致的,识解者将分散扫描所得到的单个状态串接起来,但心理上并不同时展现一个虚拟的整体结构,而是一个沿感知时间轴前后相继的过程。顺序扫描强调了概念内容的时间性。因此我们完全能够对一个在感知时间轴上处于稳定状态的情景在心理上实施顺序扫描,凸显出时间性;而对一个随感知时间发生变化的情景进行整体扫描,而隐去时间性。通常来讲,句子的限定动词体现的是顺序扫描,而非限定动词或名词性表达则体现整体扫描(Langacker, 1987: 145-146)。心理扫描的理论观点可以合理地解释人在观察外部世界时,为什么静态情景在语言表达中表现为动态过程,而动态场景在语言表达中也可以表现为静态情景,主要原因在于识解者通过视角调整选取了不同的心理扫描方式。

另一种心理扫描方式是运用参照点(reference point)。扫描的路径是分散的,通常是借用某一实体作为参照点来定位另一实体——目标。所有格表达可以视为是一种典型的"参照点—目标"关系,在这里所有者是参照点,被所有者则是目标。从心理层面看,参照点与目标在不同的处理阶段都处于主要焦点地位,只是随着心理扫描的推进,主要焦点从参照点移到了目标上,但二者都同处于概念内容所突显的侧面关系中。参照点关系的运用也是十分广泛的,它不仅可用于空间关系,还能用于时间关系、人际关系、所有格关系等诸多关系中。举例说明如下(箭头方向表示从参照点到目标的心理路径）：

（1）Bevor man eine E-Mail schicken kann，muss man das Internetsurfen erlernen.

（人们在能发电子邮件之前，必须先学会上网。）

（2）Jonas wohnt in München und hat einen Sohn und eine Tochter.

（Jonas 住在慕尼黑，有一个儿子和一个女儿。）

（3）Stefan ist unser neuer Deutschlehrer，seine Frau arbeitet auch hier.

（Stefan 是我们新来的德语老师，他的妻子也在这里工作）

（1）句中表达者从“发电子邮件”想到要事先“学会上网”，前句作为心理上的参照点，后句作为目标，在句中通过连词 bevor（在之前）表达两个事件之间的时间顺序与条件关系。（2）句所表达的人际关系中先提到 Jonas 然后提到他的儿子和女儿，遵循了从作为参照点的“父亲”到作为目标的“孩子”这一认知心理路径。（3）句中人称代词 seine（他的）说明表达者先谈到他们共同熟悉的 Stefan，再谈到他的妻子，也体现了从熟悉的参照点出发沿着心理路径到达接下来要谈的目标。

刘宇红（2004：7）指出，认知语法认为，语言单位是从用法事件（usage event）中抽象出来的象征结构，象征结构是语义极和音位极的配对，各级语言单位都可以在这两极上得以充分描写，词汇、形态和句法是一个连续体，可借助象征关系对这一连续体作穷尽性的描述。认知语法识解理论主要在词汇和句子层面描写语法结构，论证了语言现象背后存在丰富的认知理据，说明认知语法在探索人类语言现象的认知规律方面有良好的适用性和解释力。

Langacker（2008）从用法事件出发将认知语法理论应用于话语分析，其话语分析主要对象是口语篇章。他认为话语是由一系列用法事件组成，要结合语境才能全面理解语言表达。他基于概念基体（conceptual substrate）从交际情景、观察组织、言语行为以及情感表达几个方面探讨了话语生成背后的认知动因，而且篇章的宏观语义概念框架与篇章内部的微观语义概念组织之间的关系还未得到阐述。因此，认知语法的应用研究还有待于进一步拓展到篇章分析层面。王寅（2005：13）也指出，分析词汇意义的认知方式同样适用于分析语法构造，包括短语、分句、句子，乃至语篇。由此可见，适用于词汇和句子单位语义概念分析的认知语法识解理论，也应适用于篇章语义概念分析，这将给篇章语言学研究注入一股新的活力。

2.3 篇章功能与认知描写

2.3.1 篇章与认知

人类对有关语言与人类精神活动之间的关系问题研究由来已久，从古希腊时期的亚里士多德，到中世纪的普利希安，再到近代的洪堡，再到现代的维特根斯坦和萨丕尔等学者。总的来说，20 世纪中期之前语言科学关于语言与人类精神的关系探讨主要还是在哲学层面。20 世纪 60 年代认知语言学开始用经验主义的方法探索语言与认知的关系。篇章语言学界大概在 90 年代早期才开始集体关注语言背后的认知因素，是在认知心理学和认知语言学有了长足发展并取得了丰硕研究成果的背景下发生的。

尽管之前有个别篇章学者开始关注到这一问题，但远没有形成一种新的研究范式。如 20 世纪 80 年代初，Beaugrande & Dressler(1981)基于篇章与认知的关系提出了一种新的篇章描写理论——程式理论(prozeduraler Ansatz)。该理论并不侧重研究篇章内部单位和结构模式，而是试图阐释在语言系统的使用过程中调控语言单位的认知活动。针对篇章生产与处理过程，Beaugrande & Dressler(1981：42)提出了一个五步骤程式，对后来的学者探索和建立篇章程式描写理论产生了深远影响：

1. 规划、确定交际目的和篇章类型阶段。在这一阶段行为者根据自己的判断在头脑中选择合适的篇章基本结构。

2. 概念处理阶段。在头脑中对篇章内容进行初步整理。

3. 开发阶段。在头脑中对已经存储的篇章内容进行编排，并根据篇章主题的展开方式检索相关知识空间。

4. 表达阶段。寻找适合的语言表达，以激活头脑中已经建立的概念内容。

5. 语法整合。将语言表达单位联系起来，并置于一个线性结构中。

此外，Wunderlich(1981：3)也提出了篇章描写的四个重要组成部分：互动过程、互动框架条件、认知程式和语言过程。显然，Wunderlich 将交际语用因素和认知活动因素结合起来，一并纳入到篇章描写中。

目前篇章语言学界对篇章背后存在认知因素已形成共识。Coseriu(1994：119)指出，篇章中语言符号的作用不仅仅建立在语言符号与外部事物的联系上，而且还体现在语言符号与我们对所描述事物的认识之间的关系上。Stutterheim(1997：50)论述了语言与思维的关系：一方面，语言作为一种符号体系，有其内在的规则与结构；另一方面，语言又是通过人的思维与行动构建的，语言形式同样也要经过大脑。M. Heinemann & W. Heinemann(2002：59)主张，只有在把篇章置于一个更大的交际情景下，并且考虑到语言行为与非语言行为背后的社会情景、情感和认知基础，才能对篇章做出全面合理的描写。Adamzik(2004：14)谈到篇章语言学认知转向时说，篇章产品观(produkt-orientierte Sicht)逐步过渡到篇章过程观(prozess-orientierte Sicht)，篇章被看作是思维活动的体现，它既是生产者思维活动的终点，也是接收者思维活动的起点。Fix(2008：15)也认为，篇章是实现语言行为的手段，同时也具有认知维度上的意义，对篇章的处理要以运用各种知识为条件。

2.3.2 篇章语言学认知研究及其主要不足

当前有关篇章的认知研究已不鲜见，正如前面2.1.2.2小节所述，一些学者也提出了有关篇章认知研究的理论观点和描写模型。但总的来说，篇章语言学对认知的研究还处于一个探索阶段，理论观点大多建立在认知心理学和心理语言学的研究成果基础上，还缺乏自身的实证研究成果。此外，从目前篇章语言学认知研究的整体水平看，还只是提出了一些零散的学术观点，并未形成理论体系，某些观点和思想也只是在其他相关学科研究成果基础上提出的研究假设，还有待进一步经验研究。目前，篇章语言学界关于认知的研究已经达成一些共识：

1. 篇章交际行为本质上以一系列心理活动为基础，是认知活动的产物。

2. 篇章生产与理解以各种知识体系为前提，涉及世界知识、交际知识和语言知识等等，交际者要对各种知识进行综合、加工与处理。Figge(2000)认为，从认知上讲，篇章激活了交际者头脑中的知识成分与结构，篇章理解相当于交际者借助一般知识对篇章知识进行同化处理(Assimilation)。

3. 篇章作为人与外部世界的交互界面，其结构关系体现了交际者对外部世界的认知方式和特点。Coseriu(1994：120)指明，不同的语言表达者对同一事物的认识可能会大不一样，而使用的语言符号在具体语境下能透射出表达者对所描述事物的特定认知。

4. 篇章的生产与理解是按照一定的认知程式进行的。

但是从当前篇章语言学建立的几种主要的篇章程式描写模型看，大多只是简要论述了在篇章生产与理解过程中知识单位的存储、调取及处理，而且主要借用了认知心理学的相关术语进行阐述，如意象、图式、框架、脚本等等。一些理论虽然指明了篇章结构背后的认知关联，提出了篇章分析的认知维度，如 Stutterheim & Nüse (2003)、Gansel & Jürgens(2007)、Schwarz-Friesel & Consten(2014)、Stutterheim et al.(2020)分别探讨了篇章结构中的词汇和句子单位是如何体现概念化过程中的选择与视角认知特点，但是还未在篇章层面展开认知特点的宏观分析。整体上看，篇章语言学所提出的一些有关篇章生产和接收的程式描写模型，尽管指明了篇章结构背后的心理活动基础，强调篇章表层语法结构在语义的中介作用下体现认知行为特点，但是对语法结构与认知动因之间关联的具体对应关系和表现形式往往论述不足，而这个问题领域正是认知语法的研究优势所在。

2.3.3 语言功能观与认知观互为补充

正如 1.2 节所述，Halliday 在研究功能语法之初就已指出，语言的三大元功能中的概念功能有时也称作认知功能。Langacker 早期曾致力于生成语义学研究，也主张把生成语义与功能语法的相关观点结合起来，认为句子语义的研究要包括功能理解。这类主张也得到国内相关学者的支持，王寅(2003)也主张，将现代语言学划分为形式语言学和功能语言学两大阵营来看，认知语言学从研究范式上当属功能语言学。胡壮麟(2014：49)也认为，系统功能语言学在心理、元功能和语义三个层面探讨了语言与认知的关系。系统功能语言学与认知语言学在探索认知和意义的道路上是同路人关系，二者从不同方向探索语言，在许多问题上观点相近，和而不同。

在篇章研究实践中已有一些学者主张将功能视角与认知视角结合起来。如 van Dijk(1997)将语篇研究归纳为三大类：(1)侧重于语篇本体，即对语篇结构的研究；(2)主要从认知角度研究语篇；(3)基于社会结构和文化的语篇研究。这三种研究方法各有侧重，互为补充，从不同角度分析语篇的结构特点。从本质上说，篇章是一种以心理活动为基础的社会交际行为和现象，是人类在社会活动中发展形成的一类特有的交际现象。从内部看，篇章的生成与处理离不开人的思维活动，篇章是人在与外部世界互动过程中的认知产物；从外部看，篇章行为必然处于一种社会交际情景中，执行特定的人际功能。因此，篇章研究的视角应该既是“功能的”又是“认知的”，如图 2-15 所示，这样才能从内到外获得对篇章的全面了解。

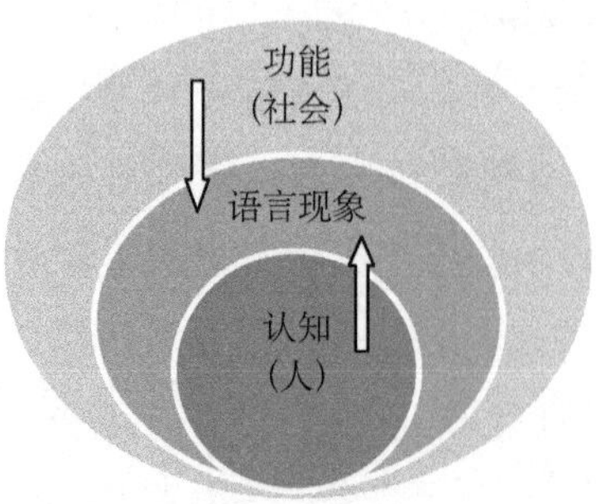

图 2-15　语言、功能与认知关系

但在篇章语言学认知研究实践中，认知因素在篇章分析与描写中还未形成独立的问题领域，往往只是结合情景或作为篇章中可观察的一个常量或单位，或者通过分析交际者的态度与意图，将认知因素简单纳入篇章交际语用描写框架。作为认知活动的产物，篇章生产包含了交际者综合运用各类知识对外部世界的概念化过程，并借助语言符号将概念内容转化为语言表达。这一从概念内容到语言表达的转化过程正是研究语言现象背后的认知理据的关键所在。尽管不少篇章研究学者关注到了这一现象，也进行了一些探索，但真正触及这个内部过程及其规律性的研究还不多。而这一问题领域正是认知语法一直在不断探索的重点领域之一。正如 Sinha (2010b：xvii)指出：语义和概念化是认知语言学领域最核心、最重要的概念。Gansel & Jürgens(2007：113)也指明，篇章是复杂知识的组织形式，篇章的结构描写既要涉及语法结构，也要结合语言交际行为，要综合阐明篇章的形式结构是如何结合交际因素得以形成的，因此从这个角度来理解的篇章定义实际上是一种“交际-认知(kommunikativ-kognitiv)”视角。

当前已有一些学者在这个方面开展了一些有益的探索，如 Brand & Rosengren (1992)提出了信息结构模型，通过“焦点-背景”结构划分来分析语义信息单位的权重和排列，这实际上是在认知维度上分析篇章作者对语义信息的安排。Motsch(1996：13)划分了篇章结构描写的层面，提出了语音、词汇、句法、语义和语用五个层面。他将语音、词汇、句法层面划归为语法范畴；将语义和语用层面划归为概念系统范畴，主张把篇章语义结构和交际行为与认知因素结合起来描写。此外，20 世纪 90 年代以前，认知语言学主要是在词汇与句子层面进行语言认知分析，少有篇章层面的分析。20 世纪 90 年代中期以后，一部分认知语言学者逐渐拓宽研究思路，如 Chafe (1994)、Goldberg(1996)、Sanders(1997)、van Hoek(1997)、Marmaridou(2000)，Langacker(2001)等开始将研究目光投向篇章，结合情景因素分析篇章的宏观概念结构，探索通过篇章认知研究来补充、完善篇章功能研究。

以上学者的研究实践证明，认知语言学与篇章语言学在研究视角和方法上是兼容和互补的。因此，将篇章语言学的功能理论与认知语法的识解理论结合起来，在“功能-认知”视角下探索一种新的篇章描写方法和模型也是当前篇章研究实践的发展需要。

2.3.4　功能-认知视角下的篇章描写

正如前面部分所引用的 M. Heinemann & W. Heinemann(2002：243)对篇章语言学认知研究问题及任务的界定，个体的各种神经活动采用某种方式协调一致地参与篇章的构建与理解，但这并不意味着篇章语言学要对语言现象所涉及的各种心理活动及其神经系统进行全面研究，这些问题是认知心理学和认知语言学要研究的对象。从篇章语言学的学科定位及研究性质来看，只需要关注那些与复杂篇章生产与理解相关的局部认知活动。篇章语言学者对于篇章认知分析往往采取一种谨慎态度，一方面是根据学科性质及其研究目的来界定，另一方面受也是受到了自身研究方法和条件的限制。

从目前德国篇章语言学相关理论的研究情况来看，一些学者，如 Kalverkämper（1981）、Brinker（2001，2005，2010，2014）、M. Heinemann & W. Heinemann（2002）、Gansel & Jürgens（2007）、Hausendorf（2008）、Habscheid（2009）、Gansel（2011）、Heringer（2011，2015）主要围绕篇章类型（Textsorte）、篇章模式（Textmuster）和篇章功能（Textfunktion）展开对篇章交际语用功能的研究。其中对篇章类型的研究主要旨在建立篇章的分类标准和探索篇章的分类体系；对篇章模式的研究主要涉及篇章内部各组成部分如何在交际目标的指导下互相关联，形成统一的篇章主题结构与语言表达模式；对篇章功能的描写主要是基于交际行为理论，将篇章视作为实现某种交际目的而执行特定交际功能的语言行为。

篇章功能是本研究语料分析的一个主要方面。Rolf（2000：422）定义篇章功能是篇章所表达的交际或行为目的。Bußmann（2008：721）也认为，篇章功能就是篇章生产者向交际伙伴传达的篇章主要交际目的。Brinker（2005：100；2010：88；2014：97）主张，篇章功能是交际者借助对语言共同体具有规约性的特定方式形成的篇章，来表达其交际目的，并试图传达给交际对方。Gansel（2011：68-71）区分了两种篇章功能：一种是建立在语言表达特征基础上的篇章内部功能，主要是传达功能；一种是立足于社会系统功能划分的篇章外部功能，主要依据篇章信息所涉及的社会功能领域和对交际伙伴产生的交际效力，往往表现为社会领域功能和交际影响功能。M. Heinemann & W. Heinemann（2002）对篇章语言学有关篇章功能研究的方法做了总结，大致分为两类：篇章分析和篇章描写。前者是从篇章结构出发，“自下而上”对语言单位逐级描写，直至将篇章行为的外部语用因素纳入到篇章内部结构描写中；后者是从篇章语用出发，在交际功能的框架下“自上而下”对篇章内部各级语言单位进行描写。M. Heinemann & W. Heinemann（2002：198）认为，在有关篇章整体描写的研究实践中，无疑“自上而下”的篇章描写模型运用得更为广泛。

由于本研究实验所采集的汉德受试是针对同一幅图画的看图写作篇章，因此，语料的篇章类型总体上是一致的，在研究中可视为一个常量。篇章功能是本研究要重点分析的维度，这也是基于在相同的交际语境下生产同一类型篇章，由于生产者的主观因素差异而出现功能变体的理论假设。当前篇章语言学界主要还是在言语行为理论基础上从施为行为角度来观察、分析交际者在篇章局部及整体上所实施的语言交际行为。目前 Brinker 是对这一领域研究得最为全面和系统的学者之一，他的相关理论思想和观点受到学界同行的广泛认同，具有较高的代表性和权威性。Adamzik(2008：162)坦言，关于篇章功能的描写与分类学界还存在较多分歧，总的来说，Brinker 关于篇章功能的观点受到普遍认同。

2.3.4.1　基于 Brinker 篇章分析模型的篇章功能描写

Brinker(2005，2010，2014)以 Searle 的言语行为理论为基础，并借鉴了 Searle(1979)对施为行为类型的划分：断言类(repräsentativ)、指令类(direktiv)、承诺类(kommissiv)、表情类(expressiv)和声明类(deklarativ)。Brinker 将篇章视为社会人际交往的一种行为方式，从人际关系的角度来考察篇章交际功能，将篇章基本功能划分为五类：

1. 信息功能(Informationsfunktion)：篇章生产者通过篇章向接收者传达信息。所传达的信息既可以是对外部世界的具体描写——强调事件(sachbetont)，也可以是作者表述的观点——强调观点(meinungsbetont)。Brinker 还强调，即便篇章的功能是传达有关外部世界的事件信息，也绝非完全客观的，作者在选取事件以及编排信息内容时就已经打上了主观烙印。实施信息功能的常见篇章类型有新闻报道、报告、描写、调查结论、纪实文本等。

2. 呼吁功能(Appelfunktion)：篇章生产者试图通过篇章对接收者施加影响，让对方接受自己对事件的态度或观点(Meinungsbeeinflussung)，或是促使对方完成某种行为(Verhaltensbeeinflussung)。实施呼吁功能的常见篇章类型有广告、宣教篇章、评论、操作指南、法律文书、行政公函等。

3. 义务功能(Obligationsfunktion)：篇章生产者试图通过篇章告知接收者，他有义务对对方做出某种行为。实施义务功能的篇章往往具有机构特征，常见篇章类型有合同、协定、承诺书、誓词、报价书等等。

4. 联系功能(Kontaktfunktion)：篇章生产者试图通过篇章来调节与接收者之间的人际关系，如建立、维持、加强或弱化人际交往。这类篇章往往会运用传递积极或消极情绪的语言表达，而且并非一定出自作者本人的真实情感，而是从调节预期的人际关系出发。实施联系功能的常用篇章类型有感谢、祝贺、请求、道歉、慰问、投诉等。

5. 声明功能(Deklarationsfunktion)：篇章生产者试图通过篇章告知接收者，篇章行为会直接对现实做出改变或创建特定事实。这类篇章往往对未来现实产生影响，常见的篇章类型有任命书、遗嘱、判决书、授权书、证明等。

另外，Große（1976）在总结篇章功能时提出了篇章的美学功能（poetische Funktion）。Hausendorf & Kesselheim（2008）也提到了篇章的娱乐功能（Unterhaltungsfunktion）。尽管在Brinker有关篇章基本功能的分类中并没有出现这一功能，但在日常生活中我们会经常阅读一些趣味篇章，如散文、诗歌、轶事、奇闻、笑话等，其功能除了传递篇章信息外，更多的是实现美学享受或娱乐交际功能，通过阅读让读者获得愉悦感。因此，作为对篇章基本功能的补充，本研究也考虑将娱乐功能纳入篇章功能的描写框架。

Brinker（2014：98-100）认为，篇章功能体现在篇章内部（innertextlich）和篇章外部（außertextlich）特征上，前者主要指篇章的语言形式与结构（词汇、句法等），后者主要涉及篇章的语境条件。词汇层面可以借助施为动词直接分析篇章的行为类型，借助情态词、情感词、评价词分析作者对篇章主题的态度（thematische Einstellungen）；句法层面可以通过篇章句式（Satzmuster）直观反映篇章交际行为方式；语境层面主要分析篇章行为所发生的场景、机构及社会行为领域。

篇章功能描写离不开篇章结构描写作为基础，篇章结构既包括微观层面的词汇与句法结构，还包括宏观层面的篇章模式（Textmuster）。M. Heinemann & W. Heinemann（2002：129）定义篇章模式是在特定交际情景下指导交际者为了生产或接收篇章，特别是复杂篇章，而对语言单位与结构进行程式化组织的模式。Gansel & Jürgens（2007：93）认为，篇章模式是交际者有关人际互动知识的集合，具有社会规约性，是被个体内化的图式或模式，这些模式与复杂的交际行为和篇章整体结构相关，并在解决交际任务时具有认知上的指导作用。学者们围绕篇章模式研究也提出了不同的概念术语和研究方法，但研究的问题本质是一致的。如Gansel & Jürgens（2007）阐述了篇章模式变体与主题展开、篇章功能以及情景因素之间的影响关系；Hausendorf（2008）提出了组篇结构（Vertextungsstruktur），探讨篇章宏观结构在语义概念内容上是如何实现的；Habscheid（2009）谈到组篇模式（Vertextungsmuster）对篇章形成起到基础性和框架性作用；Gansel（2011）、Heringer（2011，2015）提出篇章模板（Textformular）和篇章构件（Textbausteine）概念，将篇章模式看成是与篇章类型对应的具有抽象性和模块化结构的篇章模板，这种模板对篇章生产和篇章功能的实现具有框架指导作用。Brinker（2014：140）在论述基于篇章功能的篇章类型描写时也强调了对篇章宏观结构的描写——篇章主题及其展开方式。篇章主题是篇章宏观层面对篇章概念内容的最高概括，可以从语义上分析篇章标题、主题词以及主要语义内容。Brinker（1992，1997，2001，2005，2010，2014）一贯主张通过篇章主题展开来探究篇章宏观结构的统一性，即篇章各主要部分之间以及与篇章主题之间的逻辑语义关联。为了使研究工作的篇章功能分析部分的理论基础一致，同时也考虑到应用理论的代表性和权威性，本书也采纳 Brinker 有关篇章主题展开的观点来切入分析实验语料内容的宏观结构。正如 Adamzik（2008：161）所言，学者们关于篇章主题展开类型的研究已基本达成共识，普遍认同并采纳 Brinker 的相关观点。

Brinker（2005：61；2010：54；2014：57）认为篇章主题展开就是指篇章主题的构思安排，主要受到交际行为因素与情境因素的导向，如交际目的、交际任务、交际者相互关系以及彼此行为预期，等等。由篇章主题展开形成篇章整体内容，这一过程可以通过一些在语义逻辑上相互关联的范畴来描写。这些范畴反映了篇章组分（Textteile），如标题、段落、句子等单位所表达的局部内容（Teilinhalte）或局部主题（Teilthemen）与篇章核心主题之间存在的内在关联，如详述（Spezifizierung）、解释（Begründung）等。Brinker 提出了分析篇章主题展开的两个主要步骤：首先观察篇章内部句子单位对应的若干命题或复合命题，分析它们与篇章整体内容的关系，并在语义层面对表达同一局部主题的命题进行分组，通常是若干相邻命题构建一个局部主题，内容上对应篇章局部内容；其次分析局部主题与篇章主题之间的逻辑关系，并进行分类描写，概括出篇章主题的构建模式。Brinker（2014：60-80）总结了四类基本的篇章主题展开类型：

1. 描写型（deskriptiv）主题展开。篇章主题可分解为几个局部主题，篇章内容涉及时间和空间维度，局部主题与篇章主题之间最重要的语义逻辑关系类别是详述和情境化（Situierung），即局部主题为篇章主题搭建情境框架。根据篇章主题的描写对象不同，主题展开方式也会不一样。篇章主题描写某一次事件过程，如历史事件。描写者通常会按照事件发生的时间和空间顺序来组织与主题相关的内容。信息类篇章，如新闻报道、工作报告等通常采用这种方式展开主题。篇章主题描写一个有规律的（普遍的、反复发生的）过程。描写者通常会按时间的先后顺序进行分段描写，空间维度并不重要。使用说明、操作指南等篇章类型通常使用这种主题展开方式。这类篇章主题还可以描写人物或物件，描写者通常按照局部-整体关系来组织主题，往往不强调时间与空间维度。

2. 叙事型（narrativ）主题展开。通常用于回述一段个人经历或回顾一个特殊事件。在借鉴了 Labov & Waletzky（1967）有关叙事主题的组织模式基础上，Brinker 提出，这类主题内容通常包括三个基本方面：情境化、表述（Repräsentation）、总结（Resümee）。情境化是指对事件的情景框架进行介绍；表述部分是篇章的主体，往往是分阶段对事件进行叙述，事件各阶段还可以补充对应的情景和评价；总结部分通常是叙述者跳出事件的时空框架，回到当前的时空视角对事件进行总结性评述。此外，叙事主题一般还要满足三个标准：①主题，是一个完整的，有时空界限的事件，②主题具有一定的趣味性或不寻常性，③叙事者往往会以某种形式参与到主题内容中。

3. 解释型（explikativ）主题展开。Brinker（2014：69）借用 Hempel 和 Oppenheim 的分析模型（H-O-Schema），运用演绎法，即从一般规律或普遍规则出发对某一具体事件进行阐释。该模型包含一对重要的概念术语：Explanandum（被解释事件）和 Explanans（解释事件）。解释型主题展开通常运用于教材、科技或科普类文章，其建构模式可以大致如图 2-16 所示。

$A_1, A_2, ..., A_n$ (表述起始条件) $G_1, G_2, ..., G_n$ (表述一般的规律)	Explanans 解释事件
E (表述要解释的现象)	Explanandums 被解释事件

图 2-16 解释型篇章主题展开

4. 议论型（argumentativ）主题展开。Brinker（2014：74）引用了英国哲学家 Toulmin（1958）针对日常生活篇章的一般论证结构，运用六个相互关联的逻辑语义范畴建立一个模型，如图 2-17 所示。

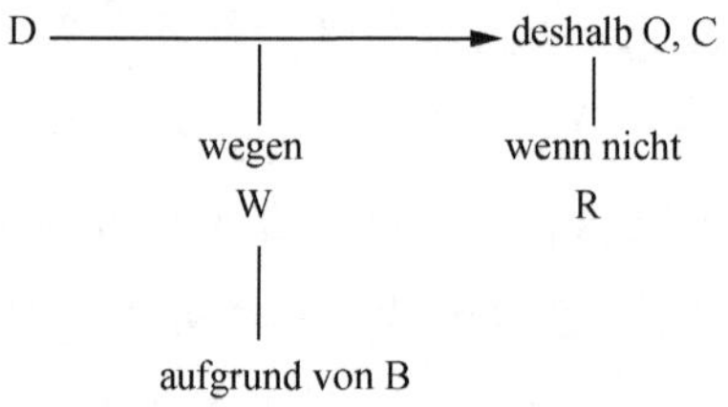

D (data) ——数据或论据，用来推导出结论或论点。
C (conclusion) ——结论，即由论据推导而来的文章主要论点。
W (warrant) ——推导规则，证明从论据推导出结论的过程合理性，一般表达形式为：如果有D，那么则推导出C。
Q (qualifier) ——限定表达，通常表现为情态因子 (Modaloperator)，其作用是限定或修正从论据到结论的可能性或有效性，以避免绝对化，通常在论证篇章中表现为表达不同肯定程度的情态词。
B (backing) ——支撑，这种成分通常对推导规则起到支撑作用，即通过它向读者阐明篇章所运用的推导规则的科学性或合理性。
R (rebuttal) ——反证，即在D存在的情况下，并非一定出现C，而是可能出现R，是由D推导C的例外情况。反证的出现反驳了推导规则的绝对性，也证明了Q的必要性。

图 2-17 议论型篇章主题展开

Brinker（2010：70；2014：73）指出，论点与论据是议论篇章的基础，二者缺一不可,否则就不能形成论证行为(Argumentation)。推导规则与支撑在日常议论篇章中往往没有明确表达,是论证行为的隐性环节,但在分析论证结构时要阐明。

需要指明的是,以上 Brinker 论述的篇章主题展开类型,主要用于分析日常简短篇章的主题展开方式,分析层面以句子为主,不太适合篇幅较大的篇章语料分析。此外,他在论述描写型主题结构与叙事型主题结构时提到,前者的主题内容可以涉及过去某一特定事件或经常性反复发生的事情,而后者的主题内容往往涉及个人亲历的具体事件,二者之间划界较为模糊,有时会造成主题内容分类混淆,如通过间接的观察回述一个事件。因此,本书在分析篇章语料的主题展开类型时,还参考了 Heinemann & Viehweger(1991：241-250)、Habscheid(2009：45-53)从宏观语义内容上对组篇模式所做的更为简洁、清晰的分类描写：

描写类——对客体或事物及其组合进行描写,如实准确地反映事物的整体或局部特征。

叙事类——对所表达的命题或言外行为按事件发生的时间顺序来组织。

解释类——对事物或事件的本质或属性予以揭示。

议论类——着眼于事件之间的关联,通过有力的论述来说服对方认可自己的观点或采取预期的行为。

综合来看,描写型篇章主题展开主要是针对事物进行描写,语义概念往往没有明确的时间先后顺序,空间关系视描写对象而定,有时候会比较具体,有时也会比较模糊。叙事型篇章主题展开主要是叙述某个过去特定的事件,通常按照时间的先后顺序叙述事件发展的经过,体现动作行为在时间上的前后顺承关系。此外,事件发生的空间位置关系也是叙事篇章语义概念内容的一个重要因素,往往要在篇章开始的情景框架部分予以说明。解释型主题展开一般要有解释事件和被解释事件,前者是工具,后者是目标,二者之间往往存在逻辑上的因果关系,被解释的对象往往是某种非直观的属性、较为复杂的事件或抽象概念等等。议论型主题展开类型结构较为复杂,除了论点、论据外,通常还要运用一定的推理规则,在议论型篇章中,作者往往还会基于自身的价值标准进行评论和判断。

综上所述,Brinker 主张从篇章内部和篇章外部,即语言结构和交际语用条件,两个方面来分析篇章功能。篇章结构分析涉及词汇、句法和语义。词汇层面,可分析复指现象、施为动词、情态词、情感词以及评价词等;句法层面,可在短语结构、句式或语气(陈述、疑问、祈使、虚拟)、时态等方面展开分析;语义层面,主要通过分析主题内容、主题展开方式来观察篇章宏观结构的模式化安排。语用层面,从交际行为视角分析篇章功能,着眼于篇章行为的社会领域、社会机构、交际场景、交际者关系等语境因素。

2.3.4.2 基于 Langacker 识解理论的篇章认知描写

认知视角下的篇章描写主要基于 Langacker(2008)关于识解的理论观点,并结合 Langacker 于 2013 年 11 月在参加"第十三届中国认知语言学论坛"期间阐述有关识解的一些新观点。

根据 Langacker(2008)对识解的论述,他将识解维度划分为:详细度、聚焦、突显和视角四个方面。详细度维度主要是描写词汇和小句单位的语义概念所表征的外部世界或抽象或具体的程度。根据 Langacker 的观点,每一个语言单位都对应语义概念上的一个范畴,范畴内部所包含的具体成员越多,说明越抽象,概括程度就越高;反之就越具体。聚焦维度主要是描写识解者在概念化过程中对语言单位所表达的概念内容的选取,以及对不同内容成分的关注程度。在聚焦维度下作者还论述了识解过程中对概念内容的前景-背景安排,简单概念合成复杂概念的心理路径,以及语义概念所涉及的多个认知区域之间存在不同的激活程度。突显维度实际上是在聚焦基础上对语义概念内容,特别是居于前景或直接辖域的概念成分在识解活动中所分配注意力的进一步描写。突显维度下作者阐述了识解过程中的侧面与射体-界标安排。侧面对应语义概念直接所指的对象,即直接辖域中被聚焦的部分。侧面指示的概念内容既可以是事物,也可以是关系或过程。射体-界标描写在侧面关系中分别对应作为主要焦点与次要焦点的参与者。视角维度重点描写识解者在对外部世界概念化过程中如何组织观察角度。在视角维度下作者又论及了优势视点、主观与客观识解、时间处理、心理扫描和参照点。优势视点既可以是空间关系也可以是时间关系。主观识解与客观识解描写了识解者在观察外部世界时,主体与客体之间的定位安排,这种定位关系往往也可以发生在心理层面,例如在观察一个场景或回忆一个事件时,可以是"置身事外"的描写,也可以是"身临其境"的叙述。时间维度和心理扫描主要描写主体心理活动的动态性特点,通过特定的心理活动和认知方式,识解者往往会把一个静止状态想象成一个动态过程,如道路的延伸,目光的投射。参照点反映了主体在认知世界时往往遵循一条由已知到未知,从熟悉到陌生的心理路径。以上有关识解的分析论述可以用图概括如图 2-18 所示。

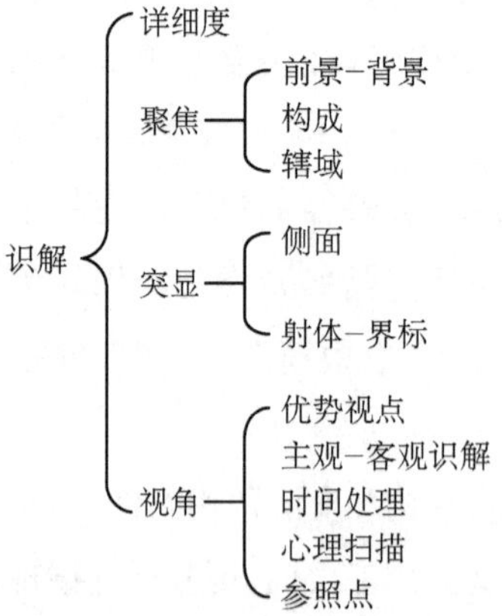

图 2-18 Langacker 识解分析维度

Langacker(2016)对识解的阐述,其核心思想和主要术语与先前一致,只是对识解维度又略作调整。他从选择、突显、视角、动态性和想象几个方面阐明识解。选择维度描写识解者观察、理解外部世界时选取哪些对象进行概念化处理,以及采取何种方式进行观察与理解,在选择维度下论述了辖域和详细度。突显维度主要描写在识解者概念化过程中在不同概念内容成分之间如何分配注意力,在突显维度下讨论了侧面关系中的射体-界标安排。视角维度用来描写识解者在认知外部世界时是如何组织观察的,视角维度下谈到了优势视点和识解的主客体关系。Langacker(2008)还只是将动态性置于视角维度下讨论,在这里他把动态性作为一个独立维度来描写。识解者在识解过程中会经常在心理层面采用动态处理方式,动态性是在心理扫描的作用下实现的。想象维度强调人对外部世界的认知本质上是心理层面的想象活动,我们在头脑中构建的外部世界实际上只是对外部世界的主观映像,并不是纯粹的客观世界,隐喻现象和语义概念合成也都是想象活动的产物。

总的来说,Langacker(2008)对其整个认知语法理论体系做了梳理与总结,其中关于识解的论述也是他迄今的著作中最为全面、翔实的。本书建立的篇章"功能-认知"分析模型中认知部分主要以 Langacker(2008)有关识解的论述为基础,由于该理论主要是在词与句子层面上进行分析论证,因此,研究工作对所创建的分析模型在认知部分的个别分析维度和标准进行了适当调整,以使该模型更适用于看图写作篇章分析。当然,将识解分析拓展到篇章层面本身就是一次应用创新的研究尝试。综合以上因素,本书将从选择、聚焦、突显和视角四个维度来对比分析汉德篇章背后透射出的认知特点。

在选择维度下主要讨论识解者处理概念时如何控制和选取详细度,对比实验受试对图画整体和局部的观察与描写的详略程度,分析篇章整体的句子或小句命题数量和图画内容各信息块所对应的篇章各部分的句子或小句命题数量。总体而言,句子命题数量越多,说明作者对该图画或局部信息块的概念处理力度就越大,语义的详细度也就越高。

在聚焦维度下主要讨论作者在看图描写过程中组织概念时所做的前景-背景安排。鉴于本研究在设计图画内容时安排了前景、中景和背景三个画面层次,处于同一层次的各信息成分组成一个信息块,即前景、中景和背景,对比分析汉德篇章在对这三个层次信息块进行描写时,是否存在聚焦安排上的差异,这一部分主要分析对象是篇章内部局部主题对应的句群或语段,在这里本研究受到了 Gee(2011: 129-130)所运用的节概念的启发,句子或小句所对应的信息单位为行,若干行可以构成一个更大的信息块——节,每一节都是一组关于在某一时间某一地点发生的一个重要事件、现象或形势，或者集中于一个具体的人物、主题、图像、话题或观点，即在同一局部主题统括下的各相邻句子或小句可以划分为一个节。节的划分比较灵活，其信息容量视篇章主题内容而定，节可以对应篇章中的句群或语段，若干节还可以组成一个宏观结构，宏观结构再向上组合，直至最后形成篇章。

在突显维度下主要讨论语义概念的侧面关系中射体-界标安排，如果一个语言表达的语义概念突显的侧面不是事物而是一种关系，那么关系的参与者之间突显程度也是有差别的，最为突显的参与者被定义为射体，是被突显的侧面关系的主要焦点，而其他被突显的参与者则是次要焦点，因此射体与界标都是处在识解过程要突显的侧面关系中。射体与界标同处于焦点中，既可以是具体事物，也可以表现抽象关系；既可以描写静态，也可以表达动态。射体与界标的安排取决于人的识解方式，体现于语言表达的结构形式。本研究分析汉德篇章在句子的命题概念层面对图画各信息成分的关注程度，通过重点分析句子主语来观察受试在看图写作过程中如何选取句义概念的主要焦点——射体。

在视角维度下分析时间视角、空间视角和优势视点。时间视角反映篇章作者在看图写作时，概念上如何安排篇章主题的时间维度，即作者在构建篇章的语义概念时，将篇章世界置于一个怎样的时间框架中。Klein(1994：3-5)将言语表达所涉及的时间概念分为场景时间(time of situation)、主题时间(topic time)和言语表达时间(time of utterance)。场景时间是指语义表达的概念内容在现实世界固有的时间值，在语言表达中往往是非限定的或隐含的。主题时间是表达者在篇章里表达该命题所设置的时间值。而言语表达时间是指言语行为发生的“当下”，时态所体现的“过去”“现在”和“将来”时间概念是基于主题时间与言语表达时间之间的定位关系来确定的。例如，汉语句子“2022 年他住在上海”，事实上他计划 2022 年至 2025 年在上海工作，这是场景或事件原本的时间，往往在语义概念中是非限定或不明确的，但说话人为表达这一命题所设定的时间是“2022 年”，这是主题时间，而说话时间，即言语表达时间是“2023 年”的某一天，因此该句会使用过去时态。Birkenhauer(2005：96-97)论述看图描写行为时也认为，看图描写涉及两个时间关联的活动：一是画面内容所展示的活动，二是看图描写活动本身，即图画所描绘的活动和图画描写活动本身。这两个活动是相互依存的，图画的设计和内容编排显然会对看图方式产生影响，而看图行为方式也会对图画的诠释形成反作用。Brinker(2010，2014)基于篇章主题的时间概念与篇章行为“当下”之间的定位关系对篇章主题的时间维度做了四种分类描写，即前置(vorzeitig)、同时(gleichzeitig)、后置(nachzeitig)以及无时间限制(zeitlos)。本书在此基础上对应引入前置、并置、后置和全置四种类型来描写篇章的时间视角。篇章时间视角既可以在篇章的主题内容上得以反映，也可以借助篇章时态体系来分析。例如，篇章主题是某个经历的特殊事件，时态上通常使用过去时态，则该事件的时间设置处于篇章行为发生之前，属于前置型时间视角；如果篇章主题是描述一件正在发生的事件，时态或时间概念上表现出实时特征，则篇章事件在时间维度上与篇章行为同步发生，属于并置视角；如果篇章主题描绘一个未来事件，时态上一般采用将来时态，则该事件的时间设置后于篇章行为，属于后置视角；如果篇章主题是描述一件经常发生的事件，则该事件的时间并不明确，可以是过去、现在和将来，时态上往往采用现在时态，属于全景视角。如图 2-19 所示。

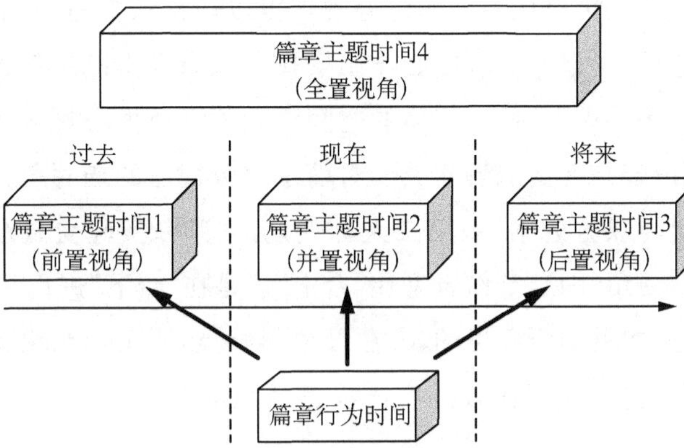

图 2-19 篇章时间视角类型

空间视角重点描写受试在看图理解过程中概念处理上如何安排图画内容各局部或各层次信息块的空间位次关系，主要分析汉德篇章表现出的对图画各局部或信息块的描写顺序，以此来观察受试在看图理解时所采用的视觉信息加工顺序。根据本研究所采用实验图画的内容设计与编排特点，将受试可能采用的空间视角大致分为四种类型（如图 2-20 所示）：

向心型——看图描写的顺序是从图画背景部分开始，再到中景部分，再到前景部分，视角运用整体上呈现由远及近，由后向前，从边缘到中心的特点。

离心型——看图描写的顺序是从图画前景部分开始，再到中景部分，再到背景部分，视角运用整体上呈现由近及远，由前向后，从中心到边缘的特点。

向心型 + 离心型——看图描写的顺序既表现出向心型特点也有离心型特点，视角上综合运用了由远及近和由近及远的观察方式。

钟摆型——这种看图视角呈现出一种比较不规律的特点，表现在受试看图描写过程中视点多次在画面不同层次或区域信息块之间来回切换，具有不稳定性。

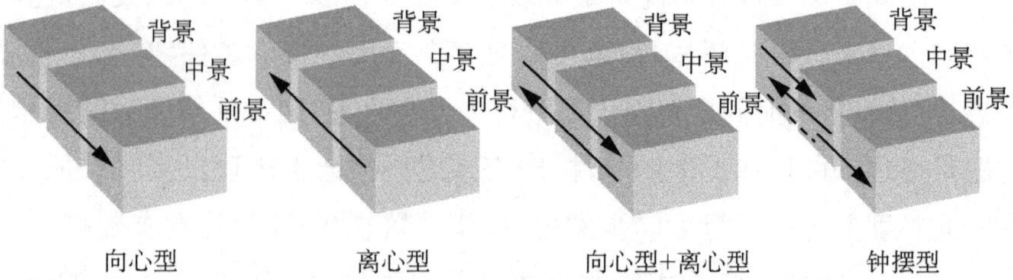

图 2-20　篇章空间视角类型

优势视点是指在默认状态下识解者通常基于实际所处的空间位置而采用的观察视角。同一客观场景可以从不同的优势视点得以观察和描写，有时候出于特定的交际目的，优势视点还可以在心理层面作出安排。本研究借助优势视点主要描写受试在看图理解时基于心理上对主、客体的空间位置关系所做心理安排而采用的识解方式，可分为主观识解与客观识解两类。对篇章优势视点的描写可以借助分析篇章中是否出现指代交际双方的第一、第二人称代词，来判断实验受试在生产篇章时心理上所采用的观察视角，即篇章作者是在“台上”还是在“台下”进行看图理解。

综上所述，根据本书的研究目的、方法及语料特点，对 Langacker 的识解维度及分析方面略作取舍调整，便于比较并突出汉德两组篇章投射出的看图认知方式，如图 2-21 所示。

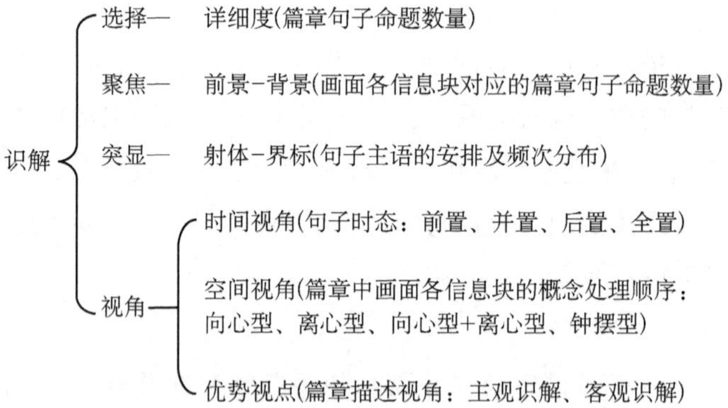

图 2-21　篇章功能-认知描写模型识解维度

2.3.4.3　篇章功能-认知描写模型——FKM

Schiffrin(1994)总结了六种语篇分析理论范式：言语行为理论(Speech act theory)、互动社会语言学(Interactional sociolinguistics)、交际文化学(Ethnography of communication)、语用学(Pragmatics)、会话分析(Conversation analysis)、变异分析(Variation analysis)。黄国文(2001)主张将系统功能语法语篇分析称为“功能

语篇分析”，作为一种独立的语篇分析理论范式，对 Schiffrin 的分类进行补充。值得注意的是，当前语言学研究的认知取向已日益明确，认知语言学将成为当代语言学未来发展的主要方向之一，已是学界不争的事实，可以说，认知语言学也为语篇研究提供了一种新的理论范式和研究视角，也将为语篇研究开拓一片新的领域。尽管认知语言学在过去近半个世纪，特别是近二十年取得丰硕的研究成果，但相较于语言学发展史上其他曾经“辉煌”过的理论体系而言，认知语言学目前总体上仍然处于探索发展阶段。在这样的语言研究大背景下，本书尝试将语言功能观与认知观结合起来，对比研究汉德篇章，既符合篇章功能研究向认知研究转向这一发展趋势，也拓宽了目前国内外汉德对比研究的视域与应用领域。在本研究所创建的“功能-认知”篇章描写模型中，篇章功能分析部分仍然是主体部分，其理论基础是篇章语言学交际-语用理论，总体上属于言语行为理论范式；而篇章认知分析部分的理论支撑来源于认知语法，是认知语言学理论在汉德对比研究领域的应用探索与创新。

在主要借鉴上述 2.1.2.2 小节引述的 Brinker 篇章分析模型与 Langacker 有关语言的识解维度描写的基础上，结合本研究的目的、方法和语料特点将二者整合到统一的篇章分析框架中创立篇章功能-认知描写模型（FKM，das functional-kognitive Modell）。需要指出的是，Brinker 建立的篇章分析模型是将篇章视为语言因素与非语言因素协同作用下的统一体，把篇章结构和篇章交际功能分别看作语言的内部和外部因素，因而在分析模型中将二者并列起来，并且把篇章主题置于篇章结构范畴下，即把语义描写放在语法框架中。而本书的篇章描写模型从篇章交际行为出发，在功能视角下探究篇章语言结构特征与语用特征，语言结构范畴下具体在微观层面主要分析篇章的词汇、句法结构所展现的语言风格或修辞特点，在宏观层面主要分析篇章主题内容及主题展开方式所体现的篇章语义内容结构特点。这样调整也是考虑到篇章语言学交际-语用理论主张篇章描写以功能分析为统领，整合语言结构与语用条件，而篇章语言结构往往对篇章功能的实现起到基础支撑作用，其特点最终也应在语用关照下在功能层面上得以阐释，这也是功能语言学的基本研究立场。Brinker（2010，2014）在有关篇章功能的专门论述中也表达了同样的分析思路。此外，需要特别说明的是，篇章行为的语境因素本应也是篇章功能分析的重要方面，例如很多具有社会机构特征的公文，其篇章行为往往直接反映甚至决定篇章功能，但本研究的语料是从通过实验的方法在现实环境中采集，为了考察实验语料与语言文化之间的因变关系，在实验实施阶段控制了语境这一变量，实验中汉德受试的交际框架条件，如受试的社会身份、交际者的社会关系、交际场景、交际方式都大体相同，实验目的、内容、任务也保持一致，因此，本书考虑将篇章行为的若干交际语用因素整体上视为一个常量，在篇章功能的实证分析中暂不做分析。而在篇章描写模型的认知部分结合看图写作篇章的语料特点，选取了详细度、前景-背景、射体-界标、时间视角、空间视角、优势视点等几个与看图识解方式关联密切的方面展开具体分析，便于突出重点，集中进行对比论证，从而较为清晰地勾勒出看图写作背后的主要认知特征。综上所述，本研究创建功能-认知描写模型，如图 2-22 所示。

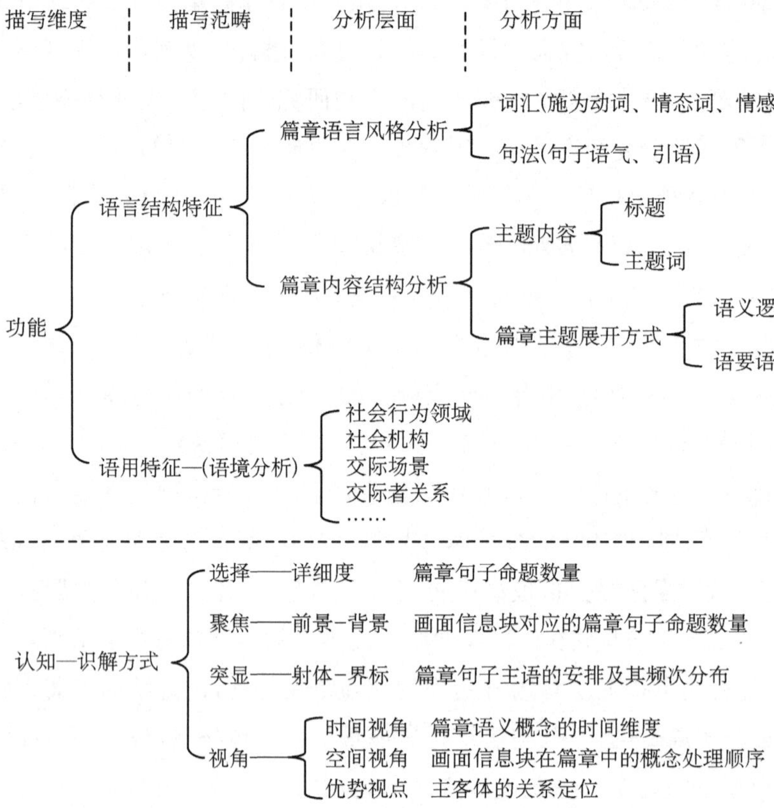

图 2-22　篇章功能-认知描写模型(FKM)

第三章 实验设计与实施

3.1 实验基本思路

本实验旨在对汉德两种民族语言使用的功能以及语言事实背后的认知因素进行对比研究，选取的分析语料是汉德看图写作篇章。这类篇章是图片观察理解和篇章写作两个过程的产物，前一过程涉及认知主体对图片的观察和意义构建，后一过程涉及意义转码和篇章生成。一方面，不同语言文化背景下对应社会群体之间对同一事物或关系的观察和理解方式既有相同也有差异，会呈现各自的特点。另一方面，民族语言特别是来自不同语系的语言之间，语法结构与语义表征方面存在较大差别，相应会影响到意义的构建过程和篇章的生产过程。因此，看图写作篇章不仅能直观表现语言本体的结构特征，还能映现其语言行为功能和背后认知方式的特点，相关结论还可以在社会文化层面得以适当解释，正如 Weidenmann（1988：62）在分析语言符号时指出，语言单位与其所指之间的关系构建是需要特别研究的问题，在特定文化里符号的语义所指也是一个文化单位，也就是说，符号的所指不是机械地反映现实，从文化视角看，它也是文化的产物。因此，语言符号在不同的文化里其语义所指会打上各自的文化“烙印”。

3.2 实验设计

3.2.1 实验目的

通常来讲，语言研究实验的主要任务是收集研究所需语料。许余龙（2010：37）认为，就一项具体的语言对比研究而言，选择什么样的语言材料进行对比分析需要考虑三个方面的因素:(1)对比研究的性质和目的,例如是基础理论研究还是理论应用研究;(2)对比研究的理论框架;(3)对比研究的分析内容,涉及语言使用、描写层面和范畴对象。这三个方面的因素是互相联系、相互影响的。

结合以上因素本研究致力于汉德语言对比研究领域的理论应用探索,所运用的理论框架,如功能语言学和认知语言学都主张将现实经验中的语言行为或语言事实作为研究对象,描写分析的主要内容是汉德篇章结构,如词汇、句法、语义、语用等层面,在功能与认知上表现出的异同和呈现的规律性。因此,从这些研究基本面出发,本书明确了研究社会现实生活中的语言现象这一基本思路,并通过实验的方法收集研究所需语料——汉德看图写作篇章。

3.2.2 实验图画

实验图片对实验实施以及整个语言对比研究至关重要。图片作为一种像似符号(icon),是对外部世界的描绘,它不仅呈现了客观现实,而且还承载并传递一定的主观意义。确定图片的来源或如何选取图片是实验设计阶段要重点考虑的问题。通常情况下,图片的来源有两个基本途径:选取现有图片或自行设计图片。基于实验对图片的基本要求,即画面在形式上既要具备丰富的图像元素,在思想上又要具有一定的社会现实意义,而且画面内容对于中德大学生受试双方而言应该保持一定的社会文化中立性,不能让其中一组受试产生过多的熟悉感或陌生感。鉴于此,本实验分别尝试过以上两种方法。第一种方法是从大量的新闻、广告、摄影以及绘画图集中挑选出一组基本符合要求的图片,然后研究小组进行了讨论,确定其中两幅图片,再邀请了几位中德国大学生进行预实验测试,测试的主要内容是先让他们现场阅读这两幅图片,然后针对图片的内容与意义进行书面描写。从测试的情况看,实验效果并不理想,中德两组大学生受试对图画主题表现出显著不同的熟悉度,从而影响到语言表达与看图认知的因变关系,两组语篇结构没有呈现出预期的结果。第二种方法是自行设计图片,再请专业人士将图片的立意与内容通过绘画表现出来。这种方法后来通过预实验证明是行之有效的,受邀参与预实验的中德大学生的看图写作整体上表现出一些篇章功能与认知上的异同和规律性。

图片内容应该对于中德大学生受试而言具有大致同等的熟悉程度。因此本研究选取了“信息化时代的人际关系”这一主题。数字技术与信息化是当代人类社会共同面临的时代特征,能集中反映当前中德两国共有的社会环境特点,而信息时代的人际关系处理也是中德两国共同面临的一个普遍社会问题,如 2015 年 7 月 14 日出版的德国《时代周刊》(*Die Zeit*)的封面主题为“Schalt. Mich. Aus.”就是针对这一社会问题的集中评论，而中国有关这一问题的报道更是屡见不鲜。另外，图片的描绘对象应具有多样性，画面内容有人物、动物、景物等成分，能够让看图者自主运用不同方式进行多样化观察。此外，画面内容的布局还要能体现远景、中景、近景的不同层次，动静搭配，虚实结合，等等，这样的安排使得看图者在看图理解和写作过程中能够更好地表现出在选择、聚焦、突显、视角等识解维度上的特点。画面内容的主要成分及层次布局设计是：图画前景部分有男士 1、女士 1、小狗 1、小狗 2、手机、狗绳、长凳等；图画中景部分有男士 2、女士 2、男孩 1、男孩 2、女孩 1、女孩 2、手机、书籍、风筝、草地、步道等；图画背景部分有亭子、树木、灌木、天空等，如图 3-1 所示。

图 3-1 实验图画

3.2.3 实验受试

实验受试的选择也是实验设计的关键因素，直接关系到实验所收集的语料数据的可靠性和有效性。实验受试的选定主要取决于三个因素：研究对语料的要求、实验变量控制、实验的现实条件。首先，本实验所要收集的语料是汉德看图写作篇章，因此，邀请中德受试参与实验是实验的框架条件之一。其次，对实验变量的合理控制是保证实验科学性和数据有效性的前提之一，为此，本实验设计了一个自变量和一个因变量。

由于本研究旨在对中德看图写作篇章进行对比研究,因而中德语言文化差异自然成为本研究的主要自变量,而因变量则是两组篇章在篇章功能及看图认知上表现出的异同和特点。因此,控制其他有可能对看图写作篇章也产生影响的因素尤为重要,这也直接关系到研究对象是否具有对比性的共同基础。鉴于此,研究者在试验设计阶段就对实验变量控制做了充分考虑,决定邀请社会身份对等的中德大学生参与本实验,此外,还考虑了两组受试在专业背景、年龄、性别、年级、对对方文化的了解程度以及以对方母语作为外语的语言能力等因素,争取实验受试双方在这些方面大致匹配,排除它们对篇章生产带来的额外干扰。当然,看图写作过程本质上是心理活动,其影响因素是多方面的,其中有些因素是临时的不稳定的,有些因素与个体特有的社会经历有关,因此对影响因素进行全面严格的控制显然是不实际的,而且某些偶然因素对个别语篇所产生的影响会在集体的观察分析中得以减弱,从而对实验整体产生的影响较小,对研究结论的合理性和科学性也不会产生较大的影响。

实验条件是关系到实验能否顺利开展的重要因素。由于研究团队教师是深圳高校在职教师,收集与实验相关的汉语语料相对容易,因而实验语料收集的难点和重点在于德语语料,而中德民族在思维、文化和行为上存在的差异很可能会阻碍实验在德语受试中顺利开展,这样德语语料的收集工作面临很大的不确定性,研究团队在研究选题阶段就充分地考虑到这一问题,决定语料的收集先从德语语料入手,首先需要明确参与写作实验的德语受试,邀请他们参与看图写作实验,再以实际参加实验写作且符合实验要求的德国大学生作为德语受试参照,然后邀请在专业背景、年龄、性别、年级以及外语能力方面大致匹配的深圳高校在读中国学生参与实验。

实验在 2020 年 10 月至 2021 年 8 月期间开展,参与实验的德语受试主要来自在此期间参加波鸿—鲁尔大学语言学院(LSI)汉语课程的德国大学生,他们作为汉语初学者在这里参加为期 2～4 周的汉语基础课程学习,整体上对中国语言和文化知识都掌握得很少。实验后期研究者还对深圳技术大学的德国大学交流生开展补充语料实验。经过前期对德国大学生的基本信息和参与实验的意愿程度的了解,并对所提交的看图写作进行初步筛选,最终确定 40 名受试,他们主要是来自德国高校物流与经济管理专业和师范专业①的在校大学生。实验通过电子邮件向受试发出实验邀请信、任务说明书和写作图画,建议受试在 30 分钟内完成看图写作,对语篇形式与内

① 参与实验的来自罗斯托克大学的师范专业大学生未来将在德国文理中学任教,按照罗斯托克大学所在的梅克伦堡-前波莫瑞州教育部的相关规定,未来在文理中学任教的师范专业学生需要接受 10 个学期,即 5 学年的专业方向和教育学理论学习,然后参加第一次国家考试;在第二阶段参加为期 18 个月的学校教学实践,之后参加第二次国家考试。从以上学制规定看,这些大学生的毕业文凭和学位可以与中国的师范类专业硕士研究生对应。

容不做任何限定。受试完成实验任务后在约定期限内通过电子邮件将实验语篇发回。出于对实验受试的个人隐私保护和信息安全考虑，本研究对所有参与实验受试的写作篇章按照语料收集的顺序进行了编号，德语篇章以“D”标记，汉语篇章以“C”标记，隐去姓名，德语受试基本信息列表如下：

表 3-1 德语受试基本信息表

编号	年龄	性别	教育程度	专业	年级	汉语知识
D1	24	男	大学本科	物流管理	大四	无或很少
D2	25	男	大学本科	物流管理	大四	无或很少
D3	22	男	大学本科	企业经济学	大四	无或很少
D4	21	男	大学本科	企业经济学	大四	无或很少
D5	25	女	大学本科	物流管理	大四	无或很少
D6	25	男	大学本科	物流管理	大四	无或很少
D7	29	女	大学(师范)	英语及语言交际	大五	无或很少
D8	21	男	大学本科	物流管理	大四	无或很少
D9	25	男	大学本科	经济工程	大四	无或很少
D10	24	男	大学(师范)	化学与宗教	大五	无或很少
D11	23	男	大学本科	经济工程	大四	无或很少
D12	25	女	大学(师范)	日耳曼学及语言交际	大五	无或很少
D13	24	男	大学本科	物流管理	大四	无或很少
D14	23	男	大学本科	物流管理	大四	无或很少
D15	24	女	大学本科	企业经济学	大四	无或很少
D16	22	男	大学本科	物流管理	大四	无或很少
D17	26	女	大学(师范)	德语、哲学与历史	大五	无或很少
D18	25	男	大学(师范)	历史与经济	大五	无或很少
D19	27	男	大学(师范)	体育与历史	大五	无或很少
D20	25	男	大学(师范)	英语与历史	大五	无或很少
D21	29	女	大学(师范)	德语与英语	大五	无或很少
D22	24	女	大学(师范)	化学与宗教	大五	无或很少
D23	23	女	大学(师范)	教育学	大五	无或很少
D24	23	男	大学本科	物流管理	大四	无或很少

（续表）

编号	年龄	性别	教育程度	专业	年级	汉语知识
D25	28	男	大学本科	物流管理	大四	无或很少
D26	26	男	大学本科	企业经济学	大四	无或很少
D27	23	女	大学本科	经济工程	大四	无或很少
D28	25	男	大学本科	经济工程	大四	无或很少
D29	28	男	大学(师范)	教育学	大五	无或很少
D30	26	男	大学本科	物流管理	大四	无或很少
D31	24	男	大学本科	物流管理	大四	无或很少
D32	27	男	大学(师范)	德语与历史	大五	无或很少
D33	25	女	大学(师范)	德语与历史	大五	无或很少
D34	24	男	大学本科	企业经济学	大四	无或很少
D35	27	女	大学(师范)	日耳曼学与英语	大五	无或很少
D36	26	男	大学(师范)	德语与哲学	大五	无或很少
D37	24	男	大学本科	经济工程	大四	无或很少
D38	23	男	大学本科	经济工程	大四	无或很少
D39	23	女	大学本科	企业经济学	大四	无或很少
D40	25	女	大学(师范)	历史与体育	大五	无或很少

综合以上德语受试的基本信息，40 位德语受试中男生 27 名，女生 13 名，年龄分布在 21 岁至 29 岁之间，都具有德国大学教育背景。从学科门类来看，有 24 人来自经管类专业，都是大学四年级学生；有 16 人是来自文史类师范专业，从德国师范专业的学制规定来看，这类大学生可以对应中国高校师范专业的硕士研究生。根据这些德语受试的基本信息来选择汉语受试，经过对汉语语料的初步分析筛选，最终确定 40 名来自深圳大学的大学生，基本信息列表如下：

表 3-2　汉语受试基本信息表

编号	年龄	性别	教育程度	专业	年级	德语知识
C1	22	男	大学本科	物流管理	大四	无或很少
C2	23	女	大学本科	物流管理	大四	无或很少
C3	22	男	大学本科	物流管理	大四	无或很少
C4	22	女	大学本科	物流管理	大四	无或很少

（续表）

编号	年龄	性别	教育程度	专业	年级	德语知识
C5	21	女	大学本科	物流管理	大四	无或很少
C6	25	男	硕士研究生	英语教育	研一	无或很少
C7	26	男	硕士研究生	英语教育	研一	无或很少
C8	22	男	大学本科	物流管理	大四	无或很少
C9	22	女	大学本科	物流管理	大四	无或很少
C10	22	男	大学本科	物流管理	大四	无或很少
C11	21	女	大学本科	物流管理	大四	无或很少
C12	26	女	硕士研究生	英语教育	研一	无或很少
C13	26	女	硕士研究生	英语教育	研一	无或很少
C14	30	男	硕士研究生	英语教育	研一	无或很少
C15	28	男	硕士研究生	英语教育	研一	无或很少
C16	27	男	硕士研究生	英语教育	研一	无或很少
C17	21	男	大学本科	经济学	大四	无或很少
C18	22	男	大学本科	经济学	大四	无或很少
C19	22	男	大学本科	经济学	大四	无或很少
C20	22	女	大学本科	经济学	大四	无或很少
C21	21	女	大学本科	物流管理	大四	无或很少
C22	23	男	大学本科	物流管理	大四	无或很少
C23	22	女	大学本科	物流管理	大四	无或很少
C24	23	男	大学本科	经济学	大四	无或很少
C25	30	女	硕士研究生	英语教育	研一	无或很少
C26	23	男	大学本科	物流管理	大四	无或很少
C27	22	男	大学本科	物流管理	大四	无或很少
C28	22	男	大学本科	经济学	大四	无或很少
C29	24	女	硕士研究生	英语教育	研一	无或很少
C30	26	女	硕士研究生	英语教育	研一	无或很少
C31	22	女	大学本科	经济学	大四	无或很少
C32	21	女	大学本科	经济学	大四	无或很少
C33	22	男	大学本科	物流管理	大四	无或很少
C34	28	男	硕士研究生	英语教育	研一	无或很少

(续表)

编号	年龄	性别	教育程度	专业	年级	德语知识
C35	23	女	大学本科	物流管理	大四	无或很少
C36	22	女	大学本科	物流管理	大四	无或很少
C37	29	男	硕士研究生	英语教育	研一	无或很少
C38	27	男	硕士研究生	英语教育	研一	无或很少
C39	21	女	大学本科	物流管理	大四	无或很少
C40	23	男	大学本科	物流管理	大四	无或很少

综合以上汉语受试的基本信息，40 名中国大学生中男生 22 名，女生 18 名，年龄分布在 21 岁至 30 岁之间，都具有中国大学教育背景。从所学专业的学科门类来看，有 27 人来自经管类专业，是深圳大学经济学院四年级学生；有 13 人来自文史类专业，是深圳大学师范学院英语师范专业一年级在读硕士生。中德两组受试的基本信息大致匹配。

3.2.4 实验任务

本研究的实验任务对应实验实施的三个组成部分：预实验、正式实验和补充实验。预实验的主要任务是模拟研究实验进行小规模语料采集，测试实验方法，初步验证研究预设和实验的可操作性，论证该研究的可行性；正式实验阶段的主要任务是采集研究所需正式语料；补充实验是在对正式实验所采集到的语料数据进行初步分析、整理的基础上，针对已有语料的不足进行补充与完善。在研究实验的三个阶段，参与者都需要按照实验说明与相关要求（见实验任务说明附录），围绕实验图画写一篇看图理解作文。

3.3 实验实施

3.3.1 预实验

预实验于 2020 年 6 月至 7 月在深圳技术大学德国交流学生和深圳大学本科在校大学生之间进行，实验各邀请 8 位中德大学生参与，两组受试在学历、年龄方面大致相当。实验通过面谈与电子邮件的方式开展。受试在了解了实验要求和任务后，根据自己对图片的观察和理解自由地创作一篇看图作文。写作实验除了建议受试在 30 分钟内完成写作外，对篇章的形式与内容不作任何规定。受试完成后在约定期限内通过电子邮件将文本发回。在对回收的16份汉德篇章进行大致分析的基础上对本实验研究的可行性做了初步论证。

3.3.2　正式实验

正式实验总体上分两个阶段进行。第一个阶段明确德语受试，采集德语语料；第二个阶段根据德语受试的基本信息选定汉语受试，采集汉语语料。实验实施过程先是在研究团队老师的协助下，通过电子邮件向德国大学生发出实验邀请函、实验任务说明和写作图片，参与者要在约定时间内将看图写作篇章通过电子邮件发回。为了鼓励受试参与实验，事先还准备了信息保护承诺书、感谢信、礼品和参与实验的志愿者证明。

第一阶段德语语料的收集工作遇到一些困难，尽管事先为邀请德国大学生参与实验做了较为充分的准备，但前期的实施情况并非预期中的顺利。2020年10月至12月实施第一轮德语语料收集工作，邀请18位德国交换生参与写作实验。2021年3月至5月在波鸿—鲁尔大学语言中心汉语教师Anke Pieper博士的帮助下，又邀请到19名大学生参与实验。这一阶段共收集到35篇德语看图写作篇章。

第二阶段汉语语料的收集工作相对顺利一些，根据第一阶段所确定的德语受试基本信息于2021年6月至7月在深圳大学经济学院和师范学院选择对应的中国大学生受试组，邀请了48名在校大学生参与实验。实验实施过程与收集德语语料方式一样，最后收集到43份汉语看图写作篇章。

3.3.3　补充实验

由于实验是在受邀请者自愿参加的前提下实施的，无法事先对参与正式实验的大学生基本条件作出筛选，因此，实际参与实验的德国大学生在人员结构上，如专业背景、年龄、性别等方面出现局部不平衡的情况，而且个别德国大学生反馈的个人基本信息不全或是所完成的看图写作不符合实验基本要求。为此，研究者针对实验正式阶段德语受试结构上存在的不足于2021年7月至8月又在深圳技术大学的德国大学交流生中间开展了补充实验，邀请10名德国大学生参与实验，补充收集到10篇德语语料。

3.4　实验数据收集与整理

对所收集到的汉德篇章语料的初步整理工作主要从两方面进行：一是实验参与

者要满足实验受试组的整体框架条件，如受试的专业、年龄、性别、外语水平等等；二是对看图写作篇章进行初步筛选，例如在字数、内容、写作动机和写作态度上进行考量，对明显背离其他篇章的“例外”弃选。此外，出于对实验受试的隐私及信息数据保护，同时也为了便于对篇章进行引用和分析，本研究对篇章进行了匿名编号处理，德语篇章以“D”标记，汉语篇章以“C”标记。

经过比对正式实验和补充实验的汉德参与者的基本信息和初步分析、筛选所收集的汉德看图写作，最终确定了参加研究实验的 40 名德语受试和 40 名汉语受试，对应采集到的汉德篇章形成了本研究的语料库。

第四章 汉德篇章对比分析

本研究选取了通过实验收集到的汉德看图写作篇章各40篇作为研究的分析语料，借助前面第二章所建立的篇章“功能-认知”描写模型对汉德篇章展开实证分析和对比描写。本章分四节，第一节对汉语篇章进行功能与认知分析描写；第二节对德语篇章进行功能与认知分析描写；第三节将汉德篇章的分析数据进行综合，对比分析两组篇章在功能与认知方面所存在异同；第四节整理对比分析结果，找出规律性，形成实验研究结论。

4.1 汉语篇章实证分析

汉语篇章的分析描写在功能与认知两个维度上展开，其中功能维度又围绕篇章语言结构和篇章语用两个范畴来描写。这里需要再次说明，正如2.3.4.3小节所述，在实验设计阶段，考虑到实验变量控制和分析语料的可对比性，汉德受试参与实验的交际框架条件大体一致，影响其篇章行为的语境因素，如社会行为领域、社会机构、交际场景、交际者关系等基本相同，因此在篇章行为对比分析中暂可视为常量，在语言风格分析时略有论及，不做集中分析描写。认知维度分别从选择、聚焦、突显和视角几个方面进行描写，在选择下主要分析篇章语义概念表达的详细度；在聚焦下重点分析篇章概念内容的前景-背景安排；在突显下着重分析篇章概念内容的主要焦点设置；在视角下关注组织篇章概念时的时间视角、空间视角和优势视点。

4.1.1 汉语篇章功能分析

汉语篇章功能主要在篇章语言结构上进行分析描写，而篇章语言结构特征又从篇章语言风格和篇章语义内容两个层面，即语言结构系统的微观与宏观方面展开具体分析。语言风格重点分析语法结构中的词和句子单位，如词汇层面的施为动词、情态词、情感词和评价词，句子层面有语气、引语。施为动词通常能直接体现篇章生产者的交际意图和篇章交际功能。情态词反映作者对所表达命题内容的客观性所持的主观态度，如肯定、可能、推测或怀疑等。情感词直接表现作者处理篇章主题的感情色彩，对篇章风格和功能也会产生一定影响，例如，通常情况下在以信息功能、解释功能和声明功能为主的篇章中情感词的使用会相对少一些，而在以呼吁功能、联系功能和娱乐功能为主的篇章中情感词的使用会相对多一些。评价词也是一类值得关注和分析的词语，篇章中评价词的总体使用情况往往也能在某种程度上反映篇章类型和篇章功能，对篇章风格也会产生一定影响，评价词多见于以呼吁功能、联系功能为主的篇章中。

篇章语言结构特征的另外一个主要描写层面是篇章语义内容。篇章语义内容的宏观结构也与篇章功能关联密切，在篇章行为的社会交际规约下二者通常具有一致性。M. Heinemann & W. Heinemann（2002）、Gansel & Jürgens（2007）、Habscheid（2009）分别在篇章模式下讨论了交际情景指导篇章行为的语言单位在宏观结构上的程式化安排；Hausendorf（2008）提出组篇结构，论述篇章在宏观语义上如何实现概念内容的结构统一体；Gansel（2011）、Heringer（2011，2015）在探讨篇章宏观结构时提及篇章模板和篇章构件概念，这种具有模块化特征的篇章宏观结构对篇章生产和功能实现具有框架性指导作用；Brinker（2010，2014）主要通过对篇章主题及其展开方式进行宏观语义分析，观察篇章各组成部分的语义内容如何围绕篇章主题在概念组织上铺排展开。篇章内容结构又可在篇章主题内容和主题展开方式两个方面展开具体分析。篇章主题是对篇章语义内容最高的提炼和概括，而篇章内容又是在篇章交际目的和功能的直接指导下构建的。篇章主题内容可以借助篇章标题、主题词和篇章主要内容成分等进行实证分析。主题词与词汇复指现象关联密切，可以借用词频分析软件找出篇章中高频次出现的实词，如名词、动词、形容词等，由此明确篇章语义内容涉及的主要概念对象。篇章标题和篇章主要内容成分则直接构建并反映篇章主题内容。篇章主题的展开方式往往体现在篇章主题统罩下各主要内容成分之间的逻辑关联，也是篇章语义内容宏观结构的直接体现。尽管在篇章行为实践中篇章功能与主题展开方式并非处于严格的一一对应关系，但它们之间也呈现出大致对应的趋势，如实施信息功能的篇章通常采用描写型和解释型主题展开类型，实施呼吁功能和联系功能的篇章大多采用议论型主题展开类型，而实施娱乐或美学功能的篇章往往采用叙事型主题展开类型。篇章主题展开类型可以通过句子和语段单位进行分析描写。例如，宏观语义的逻辑关系是篇章生产者在语义上将篇章各组成部分构建为一个有机整体的重要手段，而小句之间的逻辑关系表达直接体现在复合句的逻辑连词上。由于汉语使用逻辑关联的语用手段明显不同于西方语言,因此在逻辑连词缺省的情况下,还要重点分析汉语语料的句子或小句之间的语义关联来间接判断逻辑关系的存在。此外,还可以通过分析语段或篇章局部的主题展开方式来观察篇章整体的主题是如何构建的,篇章主题的实现总是以局部的次级主题的实现为前提,二者是整体与部分的辩证关系。

4.1.1.1 篇章语言风格分析

篇章语言风格是通过观察篇章结构的语法特征,主要在词与句子单位层面具体分析篇章为实现相应功能选取了怎样的词汇和句法手段。本书共选取了 40 篇汉语看图写作作为汉语分析语料,通过分析篇章中施为动词、情态词、情感词、评价词和句子语气及引语的使用来实证分析交际功能指导下的汉语篇章语言风格。

在具体分析之前,需要对在篇章分析过程中所涉及的基本语言单位,即词、句子概念,做一个界定。Lewandowski(1990: 1247)对词做出定义:作为一种语言及语言习得的基本单位,词是一种具有形式与意义且能被人自然运用的单位,是句子的构件和句法的原子。Schippan(1984: 77)定义词是从言语或篇章中析出的基本单位,具有词类划分和构词变化特点,有着命名、指称和表达意义的功能。Gauger(1970: 45)把词看成是语言与意识相关联的基本成分。Gauger 对词的定义解释了词不仅仅是语言的基本单位,也是思维意识活动的基本单位。Lewandowski(1990: 887)对句子所做定义:在语法、语音、语义上根据一定的规则能够横向组合或纵向聚合的基本语言单位,是用来实施表达、解释或呼吁等交际功能的基本语言手段。Brinker(2001: 22)从形式上对句子作出界定:是通过标点,如句号、问号、感叹号所标记的且与紧随其后的语言单位各自相对独立的篇章成分。Brinker(2001: 23)还从配价语法角度定义句子,即作为语法中心的动词和一组与之形成依赖关系的其他句子成分,如主语、宾语、状语等。Brinker(2001: 25-26)还补充论述,从配价语法来判断句子主要是以语法表达结构为导向来确定其单位,而借助句子标点来划分句子则主要是考虑语义所表达的事件——命题,命题概念对于从语法上和主题上分析篇章结构起到基础性作用。鉴于汉语的语言单位在语法结构上与西方语言并不完全对应一致,本书所采用的词、句子定义主要依据在语义概念上具有相对独立性的基本单位,这一点在后面的相关部分还会做出说明。

施为动词经常在篇章行为实施过程中发挥重要作用,是体现篇章类型和篇章功能的重要标记,尤其是在特定的社会功能领域,特定社会机构的篇章行为往往会频繁使用特定的施为动词来明确具体的交际功能,提高交际效率,强化社会机构的身份定位。因此,分析篇章中施为动词的使用也是有效分析篇章功能的一个“窗口”。

本书根据 Searle(1979)对言外行为所做划分，即断言类、指令类、承诺类、表情类和声明类，对汉语篇章中施为动词运用进行统计分析。

在 40 篇汉语篇章中共有 10 篇使用了施为动词，其中 8 篇使用了断言类施为动词，如 C18 句 2 使用了“判断”，C21 句 10 使用了“认为”等，仅 2 篇使用了指令类施为动词，如 C16 句 38 和 C26 句 23 使用了“建议”，起到了明确标记篇章呼吁功能的作用，而其他汉语篇章均没有明确使用施为动词。

例 1　篇章 C21

按理说，既然他坐在地上控制风筝，风筝应该处于一个比较稳定可控的状态，一起放风筝的人是不需要奔跑的。因此我认为旁边两个看起来在奔跑的孩子应该跟放风筝的人不是一起的，应该是恰好路过而已。除非他是不小心摔倒在地上的。

例 2　篇章 C16

除此之外，我还特别喜欢深圳的绿道，特别是位于山林中的绿道，此乃吾等天然氧吧也！因此，特别建议各位，休息之时，放下包袱，来一场和自然的约会吧！

由此可见，汉语篇章仅有个别使用了指令类施为动词，言语行为的呼吁功能在词汇层面体现较弱。整体上汉语篇章使用施为动词的比例也较低，篇章行为在词汇层面体现的人际互动和交际色彩不强。

情态(Modalität)主要是在语义范畴内讨论，体现作者关于表达内容的可能性与必然性，即对所言命题的现实可靠性或真实性所持的主观态度。情态既可以通过一般动词的曲折变化也可以借助情态词汇或句法手段来实现。由于汉语是孤立语，没有词形上的曲折变化，因此，为统一标准方便比较，本书选取了情态词汇为分析对象来对比汉德篇章的情态特征。

在分析汉语篇章情态词的使用情况时，根据情态词在篇章中出现的频次进行统计分析。为方便量化统计，分析时将情态词使用频次的分布情况大致分为三类：“多处使用情态词”“个别处使用情态词”和“没有使用情态词”。考虑到实验图画主题具有较强的写实性，且语料的平均篇幅不大，统计时将篇章中有 4 处及以上使用了情态词的篇章归为“多处使用情态词”，有 1～3 处使用情态词的篇章归到“个别处使用情态词”，如果篇章没有使用情态词则归入“未使用情态词”。后面的语言单位频次统计，如果没有做特别说明，均采用此方法。汉语篇章中集中出现的情态词有“似乎”“或许”“好像”“应该”等，情态词具体使用的频次分布情况是：14 篇多处使用了情态词，如 C5、C27、C33 等；14 篇个别处使用了情态词；还有 12 篇没有使用情态词。

例 3　C5

该图片描述了在公园里人们休闲娱乐享受生活的场景。

在公园里，泛着些微风，树枝被吹得些许倾斜，发出簌簌的响声。远处公园亭周围有四个孩子，扎着两只小辫子的女孩小步地追着短发女孩，两人正在追逐嬉戏。旁边两个男孩似乎在专心致志地研究该如何把风筝越放越高，坐在地上的男孩悠悠地有节奏地拽着风筝线，另外一个男孩则目不转睛地盯着越飞越高的风筝，十分兴奋又有些许害怕风筝随时会掉下。

图片左边有一男一女，男生正在打电话，无心欣赏公园的美景，坐在附近草坪上地女孩正看着书，似乎此时正被书中情节所深深吸引，并不受任何影响旁边男生打电话的影响。近处有一对男女，他们微微保持距离地坐在公园长椅上，一人牵着一条宠物狗。两条宠物狗早已打闹一起，女孩似乎是正在看着嬉闹中的宠物狗，却似乎在想着其他事情，脸上浮现出娇羞的笑容；一旁的男孩则坐在一旁微微皱着眉头，表情有些许凝重，手里紧紧地握着手机，似乎有什么心事，或许是这对青年男女早已是暗生情愫，女孩正在害羞地等着男生开口，而男生正在琢磨着怎么找到个话题跟女孩聊天吧。

整体上看，汉语篇章的情态词使用情况大致分布均衡，使用情态词的汉语篇章占到总数的 70%，从这一统计数据看，汉语受试总体上倾向于借助情态词对自己的主观猜测进行标记，对表达内容的客观性做出适当限制。但是值得注意的是，在 14 篇有多处使用情态词的篇章中，有 1 篇在其他地方也表达了脱离画面内容或并非基于画面信息的纯主观猜测，却未使用情态词，即 C13 句 3 和句 8 在篇章中分别描写了“白云”和“桂花”，而画面内容本身并没有明确出现这些信息提示，是作者自身的想象或推测；而在 14 篇有个别处使用了情态词的篇章中，全都在其他地方表达了同样的纯主观猜测，也未使用情态词进行标记，如 C2 描写了“白云”，C15 描写了“丹桂飘香”“菊花争奇斗艳”，C18 提到“男士 2 正在给心上人打电话”。

例 4　篇章 C15

金秋十月，丹桂飘香，公园里菊花正在争奇斗艳，花团锦簇，好不热闹。大家都趁着这个秋高气爽的时节，三五成群地出来散步游玩，去感受大自然的清秀，同时感受季节更迭的天然美。尤其到了周末，有了闲暇，公园里的人，渐渐多了起来。

在 12 篇没有使用情态词的篇章中也有 6 篇表达了纯主观猜测，也未使用情态词，如 C16 以一个纯虚构的叙事背景开场，C20 详细描写了黑白图画中的草木颜色和树荫下的斑驳阳光，C35 提到了公园四周都市的喧嚣。以上统计数据表明，

40 篇汉语篇章中共有 22 篇出现了没有使用情态词标记的纯主观表达，占到总篇数的 55%，说明汉语受试在看图理解组织篇章信息时总体上还是呈现出较强的主观性。

表 4-1 汉语篇章情态词使用情况统计表

情态词使用情况 / 汉语篇章总数	多处使用		个别处使用		未使用		主观表达未标记	
	篇数	占比	篇数	占比	篇数	占比	篇数	占比
40	14	35%	14	35%	12	30%	22	55%

篇章中情感词是一类最能直观反映受试在看图写作过程中情感运用情况的词汇，也最能直接体现篇章的情感色彩。在分析统计汉语篇章情感词的使用情况时，采用与分析情态词一致的方法，对情感词在篇章中出现的频次进行统计分析，大致分为三类："多处使用情感词""个别处使用情感词"和"未使用情感词"。汉语篇章中集中出现的情感词有"愉快""高兴""开心""害羞""兴奋""喜欢"等。

例 5 篇章 C14

草长莺飞的季节，一片生机勃勃，处处透露着春草与泥土的气息，鼻尖充斥着春的味道。

看，公园里的一幕幕，恬适的，惬意的，悠然的，快乐的，每一个沐浴在这个生机盎然的季节的人们，多么地有活力，多么地令人向往。奔跑在草地上的是 4 个孩童，互相追逐的，放着风筝的，尽情地展现着童年的欢乐与无忧无虑，想来他们的父母一定是满怀爱的教育，在孩童时期，尽可能地让他们享受他们该有的时光，而不是一味地让孩子充斥在各种培训班中。公园长椅上坐着的想必是年轻的夫妻，那慵懒闲适的状态无一不透露着生活的美好，二人可以有闲暇在公园沐浴春光，而不用奔波于各种工作场所，工作的时候好好对待工作，而也不吝抽出闲暇来体验生活中的惬意时光，没有沉溺于恋爱的甜腻，也没有老夫老妻的恬淡，只在这刚刚舒适的状态中流转温情，逗遛逗遛撒欢的狗狗，体验体验奔流的岁月，一切是那么温馨。还有那三三两两穿走过的，停留过的人们，也许工作日中会有许多疲累，但在这一刻，哪怕偷得那一时的静谧时光，他们也是愉悦至极的吧。

这些情感词频次分布情况是：22 篇多处使用了情感词，如语料 C14、C39 等大量地使用了表达心情和情绪的词汇，抒发对美好休闲生活的向往，占总篇数的 55%；11 篇个别处使用了情感词，占总篇数的 27.5%；还有 7 篇没有使用情感词，占总篇数的 17.5%，如表 4-2 所示。

表 4-2　汉语篇章情感词使用情况统计表

情感词使用情况 / 汉语篇章总数	多处使用		个别处使用		未使用	
	篇数	占比	篇数	占比	篇数	占比
40	22	55%	11	27.5%	7	17.5%

从以上统计数据来看，使用了情感词的汉语篇章共 33 篇，占到汉语篇章总数的 82.5%，其中超过半数的汉语篇章多处使用了情感词。以上数据反映了汉语篇章的主观情感色彩较重，绝大部分受试都使用了表达主观情绪或心理状态的情感词语。

评价性词语通常也是体现和实施篇章交际功能的一类重要词汇手段。本书分析的评价性词语是指篇章作者基于特定的价值标准并且运用一定的逻辑推理来表达对人物、事物或事件的主观态度和判断的词汇，分析的词类主要涉及具有评价功能的动词、名词、形容词及副词。采用分类统计的方法，依据评价性词语在篇章中出现的频次进行归类统计。汉语篇章中集中出现的评价词有“美好”“幸福”“珍贵”“和谐”“自由”等。统计的结果是，40 篇汉语篇章中有 14 篇在多处使用了评价性词语，如 C15 句 44“一切简单美好”，句 48“平凡的生活蕴藏了很多了不起的感动”，句 53“忍不住要感恩生活”，句 55“感恩所拥有的一切简单的美好”。

例 6　篇章 C15

男主人在看着手机，时不时地跟女主人交谈两句，时光好像静止了一样，一切简单美好，空气弥漫的都是花草的香气。

偶尔漫步公园，遇到这种平常而又温馨的景象，总会禁不住感动，平凡的生活中蕴藏了很多了不起的感动。孩子们嘴角挂着的灿烂微笑，大人们嘴边微微扬起的微笑，空气中花草的清香，天空中飞翔的纸鸢，忍不住要感恩生活，感恩所拥有的一切简单的美好。

有 14 篇在个别处使用了评价性词语，如 C2 句 30“总之，给我们展现的是一幅和谐、生机勃勃的春景图。”还有 12 篇未使用评价性词语，如 C1 通篇仅对图画内容做了客观描写，C22 作者根据画面内容叙述了一段虚构的公园散步经历，C30 作者联想到自己的童年往事。总体上看，28 篇汉语篇章使用了评价词，占总数的 70%；12 篇未使用评价词，占总数的 30%，统计数据列表如表 4-3 所示。

表 4-3　汉语篇章评价词使用情况统计表

评价词使用情况 / 汉语篇章总数	多处使用		个别处使用		未使用	
	篇数	占比	篇数	占比	篇数	占比
40	14	35%	14	35%	12	30%

另外,需要指出的是,汉语篇章中集中出现的评价性词语基本上都是具有积极的评价意义,通过对使用了评价词的汉语篇章做进一步的语义分析也证实了这一点。28篇使用了评价词的汉语篇章中仅有5篇,即C11、C17、C24、C32、C37,将画面信息联系现实情况,从正反两方面来评价当今人们的业余生活方式,赞扬了孩子们自由欢快的人际交往,批判了成年人在工作之余仍受缚于通讯技术,沉溺于网络虚拟世界,忽视现实中的人际关系。

例7 篇章C24

初春时节,万物复苏,大树小草都绿了起来,还有和煦的微风,正是外出休闲散心的好时机。在公园的一角,正有几个人在享受这种美好的时光。其中,最开心的当属孩童了,两个孩童正在追逐打闹,另外的两个则开心地放着风筝。一个女孩正坐在草地上,静静地看着书,似乎被书中的情节深深地吸引,并没有在意不远处小孩的嬉闹声。一个男子,边在草地上走着,边打着电话,好不容易能够有一点休息时间,却仍被工作上的事情所纠缠,半点也不得清闲。一对男女牵着狗坐在公园的长凳上,女的正望着小狗们玩耍,男的则拿着手机,翻看着什么,估计平日里手机也是几乎不离手,各自干着各自的事情。

本应该是美好的休闲时光,但真正能享受的似乎也只有孩童了,大人们总是有这样或那样的事情要忙,自己想要休息,但却身不由己。

其他23个篇章都是赞美了图画所展示的公园休闲的美好生活,认同不同年龄段的人群各自选择合适的休闲方式。因此,尽管汉语篇章整体上使用评价词的比例较高,也不乏议论色彩,但思辨色彩不强,批判性不足。

语气(Modus)属于语法范畴,西方语言主要根据动词的曲折变化来区分语气。语气集中体现了作者对表达内容的主观态度,在交际中可以直接对人际关系产生影响。语气与情态有一定的关联,都涉及作者对语言表达内容的态度,但各有侧重。情态侧重于体现作者对表达内容发生的可靠性或真实性的态度,即可能性或必然性的预期程度;而语气则主要反映作者对表达内容的现实性和非现实性的态度。此外,从语言功能观来看,语气与语言行为交际功能直接相关,表明作者在实施特定言语行为时采用何种方式来实现其交际功能。一般来讲,直陈语气在交际中主要传达信息,偏向中性;祈使语气则直接提出要求或建议,对交际伙伴实施呼吁功能;而虚拟语气则让表达方式在人际关系方面显得间接委婉。

语言学对语气研究已有很多,目前学界就语气的分类还未完全达成一致,主要原因在于个体自然语言的语气系统并不高度一致,存在较多差异。Glück(2010:

437)指出,语气一词出自拉丁语“modulus”,原指准绳、标准、方式,在拉丁文法描写中是指动词的不同形态变化,既可以指动词的主动与被动形式,也可以指动词的直陈式、虚拟式、命令式、祈愿式、不定式等,在对自然语言的描写中语气往往与动词的曲折变化形式相关联。在现代语言学研究中,语气往往体现语言表达者对所表达内容的现实性与非现实性的主观态度,既是必然的,还是可能的,抑或是祈愿的。总的来说,迄今基于对不同自然语言的归纳式研究所总结的语气系统仍然是不完善的,需要联系其他相关联理论和概念进行综合研究。

当前功能语言学的主流观点认为,语气大致可分为:直陈语气、祈使语气和虚拟语气。Richards(2010：375)定义语气是指一般借助动词的形态变化来表达作者对所言或所写内容的态度。语气通常分为直陈语气(indicative mood)、祈使语气(imperative mood)和虚拟语气(subjunctive mood)三种。直陈语气一般用于陈述和疑问句中,祈使语气用于祈使句,而虚拟语气往往用来表达不确定和愿望。虚拟式在用法上与直陈式相对,常用来表达非现实或假设的情景。Frawley(2003：81)强调,语气表明作者在特定话语情景下表达某一命题的行为方式,可分为祈使语气、条件语气、虚拟语气和直陈语气。语气既可以借助词形的曲折变化,也可以通过助词和小品词来实现。Bußmann(2008：448)对语气做了较为详细的论述,语气也指表达方式,是有关动词的一类语法范畴,借此表明作者对所表达事件的主观态度。大多数语言在语气上都可以分为:具有中性色彩的直陈语气、表达非现实事件的虚拟语气和提出要求的祈使语气。有些语言的语气系统还可以继续划分,如法语还有表达现实可能性的条件语气,希腊语、土耳其语和芬兰语中还有表达可能实现的愿望的祈愿语气等。语气态度的表达既可以通过动词形态的变化、也可以借助词汇手段实现,如情态动词 wollen、können,或者是副词 vermutlich、vielleicht 等。

本书从功能视角来观察汉德篇章对语气系统的运用情况,由于陈述式与疑问式在语用功能上有所不同,前者用于传达信息,而后者用于获取信息,因此在分析篇章的直陈语气时又区分了陈述语气与疑问语气,从陈述、疑问、祈使、感叹及虚拟 5 种语气来具体分析。陈述语气主要实施传递信息功能,疑问语气主要实施信息获取功能,祈使语气主要实施直接向交际伙伴传达指令的功能,感叹语气则主要表达作者的情感或心理状态,而虚拟语气则体现作者对表达内容的非现实性考量。需要指出的是,由于汉语没有词汇形态的变化,句子的语序变化也较少,因此,对汉语篇章的语气分析主要在语义层面分析句子的语义,并结合句法结构和词汇手段作出判断。因为尽管汉语在语法范畴里没有虚拟式,但在语义上是完全可以分析虚拟式的,最为明显的论据是,德语中表达非现实情景的第二虚拟式在汉语中都可以在语义上对应表达出来，而汉语实现非现实表达的常用手段之一是使用特定词汇或词组，如“假如”“如果”“仿佛”“好像”“要是……就”等，并不是仅仅通过语义分析来判断。史吉娜(2010：20-22)在总结汉语虚拟式表现形式时也指出，汉语虚拟式与德语虚拟式的表现形态不同，德语虚拟式主要是一种语法范畴，主要通过动词曲折变化实现，汉语的虚拟式也有常见的句法结构，如使用某些特定连词，但主要是语义范畴。因此，对汉语非现实虚拟表达的判断主要从语义出发并结合语境进行分析。

从汉语篇章的语气系统使用情况看，40 篇篇章全部以陈述语气为主，其中有 21 篇只使用了陈述语气，有 6 篇兼用了疑问语气，有 10 篇兼用了祈使语气，有 11 篇兼用了感叹语气，还有 21 篇兼用了虚拟语气。统计数据列表如表 4-4 所示。

表 4-4　汉语篇章语气使用情况统计表

语气 汉语篇章总数	陈述语气		疑问语气		祈使语气		感叹语气		虚拟语气	
	篇数	占比	篇数	占比	篇数	占比	篇数	占比	篇数	占比
40	40	100%	6	15%	10	25%	11	27.5%	21	52.5%

从上表不难看出，尽管 40 篇汉语篇章全部采用了陈述语气作为主要语气，体现了以信息传达为主的交际功能。但是有 21 篇汉语篇章还使用了虚拟语气表达脱离现实的概念内容，从语义上分析都是篇章作者关于图画的纯主观想象，如 C9 句 12“草坪在阳光下仿佛一块绿色的翡翠”，句 28、句 29“笑声，掌声，还有那专属于孩子的尖叫声，似乎是一支歌谣，在这寂静得仿佛时间已经静止的午后，被浅浅地吟唱着”。

例 8　篇章 C9

笑声，掌声，还有那专属于孩子的尖叫声，似乎是一支歌谣，在这寂静得仿佛时间已经静止的午后，被浅浅地吟唱着，歌词这么唱着：阳光明媚，岁月静好，忙碌的人们请停下脚步呀，趁现在享受这，午后美好的时光。

C12 句 10“漫天的风筝，像是一个个小精灵在空中飞舞，那是多么有趣的场景呀”，句 35“在我心里，我就是那个风筝”，句 36“而家人，始终是拽着我的那根线”，C15 句 19“其中两位小朋友像欢快的蝴蝶一样追逐着”；有 11 篇汉语篇章运用了感叹语气来表达作者由看图所触发的情感或引发的心理状态，如 C3 的句 29 和句 30“每当看到这样一副悠然自得的场景，便会感叹道生命是多么的多姿多彩。”有 10 篇汉语篇章使用了祈使语气来对读者直接提出要求或倡议，如 C9 句 33 和句 34“忙碌的人们请停下脚步呀，趁现在享受这午后美好的时光。”明确实施了呼吁功能；还有 6 篇汉语篇章运用了疑问语气来直接从读者那里获取信息，如 C7 句 17、句 18 和句

19“女孩专注好奇的样子让人不禁好奇她正在读的是什么书，是在仔细地温习着课本？或是看一本精美的文摘？”一定程度上也增强了篇章的交际互动色彩，强化了篇章的信息功能。

引语也是句法上重要的组篇手段，尤其是直接引语的运用不仅仅能影响篇章风格，还能在篇章语用或功能方面发挥重要作用。Vogt（1990：151）详细论述了直接引语在文学篇章中，特别是在叙事篇章中的作用，直接引用能在读者那里搭建跨接所述事件与阅读“当下”的时空桥梁，在实现篇章交际功能方面其主要作用是：作者可以中止自己置身事外的叙述流（Erzählfluss），而将读者置于事内人物的对话中，产生“身临其境”的交际效果；叙事者能够暂时隐于篇章而退居到事件人物背后，从而跳出了常规的叙事框架；让读者在时空上与所叙述事件保持同步，增加篇章叙事的生动性；还原事件的“原貌”，叙述者通常不能对直接引语的内容进行随意增减，也不会加入个人评论，可以让读者更好地进入事件人物的思想世界（Gedankenwelt）。

40 篇汉语篇章中有 6 篇运用了直接引语，对篇章的交际功能产生了直接影响，如 C19 作者在篇尾有两处使用了直接引语，句 23 至句 25“杨亮看到信息嘟囔了一句：‘这个晓媚怎么能这样欺瞒我？’便转身离去。”，句 26 至句 29“而杨亮身旁那个佯装读书的女人也满意地合上了书，心想‘还好我也请的是我的朋友来，现在的人都太不真诚了。’”。

例 9　篇章 C19

杨亮看到信息嘟囔了一句：“这个晓媚怎么能这样欺骗我？”便转身离去。而杨亮身旁那个佯装读书的女人也满意地合上了书，心想“还好我也请的是我的朋友来，现在的人都太不真诚了。”

作者在这里变换了之前的叙事方式，叙述视角从旁观者切换到事件的主要亲历者，借用直接引语将他们各自的思想原貌呈现给读者，使得篇章的交际方式发生了变化，由此前作者在“事外”向读者讲述事件过渡到亲历者本人在“事内”向读者倾诉内心世界，产生“对话”效果，而这一篇尾部分是事件情节发展的戏剧性高潮，作者这样处理无疑较之使用间接引语在篇章功能上能起到更好的娱乐交际效果。因此，使用了直接引语的叙事型篇章相比其他未使用直接引语的篇章而言，能够更加突显篇章的娱乐功能。另外，还有两个篇章 C6 和 C25 也大篇幅运用了直接引语，使得篇章叙事视角多次从事件观察者切换到事件亲历者，而 C25 更是直接使用第一人称“我”，完全从事件经历者的视角进行叙述，从而实现了与其他叙事篇章不一样的交际效果，从日常的交际篇章类型转变为微型小说式的文学篇章类型。正如 Riesel

(1975)从篇章风格上对篇章功能进行分类描写，提出了公共谈话风格、科学风格、媒体与出版风格、日常会话风格、美学风格，大量运用直接引语的篇章显然在篇章美学风格上要比其他篇章更加突出一些。

例 10 篇章 C25

台风过后，秋意渐浓。朦胧中，感觉晨光格外亮，睁开双眼转头一看，儿子正对着我笑呢："太阳公公出来了，出去玩。"小家伙比我醒得还早，这几日的连绵阴雨，给他也闷坏了。趁着早晨清爽，于是迅速地起床洗漱，出门遛娃去。

出门，走不多几分钟，就到了龙华广场，虽然是周日的清早，广场上已经热闹起来，不少晨练的老人聚在一起打太极，做操。健身的年轻人步履轻快地从身边跑过。放风筝的孩子们哈哈笑着，扯着长长的线，来回地奔跑，试图让风筝飞得更高。小情侣带着狗，慵懒地坐在长凳上，阳光从树叶的缝隙中落下斑驳的影子，一切都是那么美好。

"狗狗，我要和狗狗玩！"儿子欢快地跑过去，蹲在小狗旁边，拔根草就往小狗嘴巴里面送，女孩眼睛里面含着笑："小狗不吃草哦，宝宝。"

"狗狗要啃肉骨头哦。"我告诉他。儿子好像想起了什么，摇头晃脑地对着小狗念起来："一只哈巴狗，站在大门口，眼睛黑黝黝，想吃 you(肉)骨头。"一脸的认真相逗得我们都哈哈大笑起来。

多么美好的早晨！

还需要指出的是，这几篇汉语叙事篇章无论从形式上还是内容上都无法让读者联想到这是一篇看图写作篇章。也就是说，受试在写作过程中处理概念时搁置了看图写作这一实验基本条件，在篇章创作形式上充分发挥想象力，表现出明显的主观色彩。此外，40 篇汉语篇章有 16 篇采用了叙事型或以叙事型为主的主题展开方式，其中有 6 篇运用了直接引语，占叙事型篇章的 37.5%。直接引语的运用能让读者产生直接"聆听"事件人物的交际效果，特别是大量直接引语的运用，使读者"置身"于篇章世界，从而某种程度上淡化了叙事篇章的信息功能，更加突显了篇章的文学色彩和娱乐功能。

4.1.1.2 篇章内容结构分析

篇章内容结构分析主要从语义上对篇章内容的宏观结构进行分析描写。根据本书所建立的分析模型，篇章内容结构描写主要在篇章主题内容和篇章主题展开两个方面进行。

篇章主题内容主要分析篇章主题词和标题。本书对汉语篇章主题词的分析主要是借用中文词频分析软件 Rost WordParser 针对篇章中的词汇复指现象进行统计分析，对在词形上完全重复或部分重复的且具有较高出现频次的实词进行统计，并辅以人工分析，以便考虑到语义或语法上有同指或代指关系的情况。研究所采用的划分实词的标准是依据 Gee（2011：121）对实词与虚词所作的定义区分，实词（content words）构成言语的主要部分，包括：名词、动词和形容词。这些词类被称作“开放类”，因为每一类都有许多成员，而且语言随时都会通过从其他语言中借用或者创造新词的方法来给这些词类添加新成员。虚词（function words）包括介词、连词、小品词等，属于较小的类别，被称作“封闭类”，因为每一类虚词的成员数量都相对较小，而且语言能抵制从其他语言中借用或创造这样的新词。另外，还需要说明的是，本部分的分析并非只是借助词频分析软件将排位居前的高频实词找出来进行排列，还要在语义上进行归类整理，大致分为图画信息与非图画信息，前者包括篇章语义概念与图画的信息成分直接相关的实词，分为人物、事物、景物及动作过程或状态四类；后者是指在语义上脱离图画信息内容或只与图画内容间接相关，体现作者在看图理解过程中围绕预设的篇章主题在概念处理上呈现的联想特点和发散性。

通过运用中文词频分析软件 Rost WordParser 并辅助人工语义分析，对 40 篇汉语篇章中排位居前的高频实词①进行了统计分析，其分析结果是：40 篇汉语篇章中有 30 篇的高频实词集中在对图画中人物、事物、景物及相关动作状态的描写或评述，如“人(们)”“男子/士”“女子/士”“青年”“孩子”“男孩”“女孩”“玩耍”“看”“穿着”“有”“公园”“图片/画”“手机”“草地”“长椅”“狗”“风筝”等。但也有 10 篇汉语篇章的高频实词出现部分脱离图画的直观内容或与画面信息成分并不直接相关的情况，而是作者在处理概念时运用了联想或是基于画面信息做出的主观推测，如 C9 有 5 处使用了“午后”；C11 有 6 处使用了“工作”；C14 有 4 处使用了“工作”，有 4 处使用了“时光”；C17 有 4 处使用了“春天”；C31 有 4 处使用了“初秋”。因此，出现高频实词部分脱离画面信息或与图画内容并不直观联系的汉语篇章有 10 篇，占到汉语篇章总数的 25%。

例 11　篇章 C11

本应是家庭出游，放松身心，联络感情的时间，却被工作上或者私人的事情占据，这在现今是很常见的现象。工作和生活本应是分开的，然而手机的出现使得上

① 这里统计出现频次排在前 5 位的实词，因为在对篇章语料进行初步分析的基础上发现，统计到前 5 位高频实词大致可以客观反映篇章较为频繁使用的实词情况，往后统计到的实词大多呈现出明显的分散特点。

班和下班之间的界限越来越模糊，而真正的工作与纯粹为了不让人闲下来而安排的不必要的工作之间，同样难以区分。

手机是为了方便人与人之间的交往交流而被发明出来的，但现在手机占据了一部分人的大部分空闲时间，让空闲变得不再空闲。甚至现在很多的工作都要依靠手机来进行，人与人的交往也渐渐被冷冰冰的文字代替。

对手机的依赖使我们渐渐失去和别人打交道的热情和能力，并且手机模糊了工作与休闲的界限，让人无法适时地得到应有的休息。

篇章标题往往是语义上对篇章内容的最高概括，也是篇章主题内容最为直观的体现。在篇章标题使用方面汉语篇章的总体情况是：仅有 11 篇使用了标题，其中只有 3 篇在标题中指明了“图画”，其余 8 篇标题都没有涉及“图画”，还有 29 篇未使用标题。尽管绝大部分篇章的主题内容都是关于公园场景描写或公园游玩叙事，部分篇章还进行了相关评论，只有 1 篇(C11)的主题内容是评论手机与现代生活，但多数篇章标题并未体现“图画”。此外，在结合实验任务进一步分析篇章主题词时还发现，实验的任务是完成一篇看图作文，图画作为受试组织篇章语义概念的主要信息来源应是篇章主题内容的重要组成部分，或者说“图画”一词在篇章中应该成为高频实词之一。然而，在 40 篇汉语篇章中只有 1 篇(C8)的高频实词中出现了 6 次“图片”或“照片”，此外还有 16 篇在个别地方提及了“图画”或“图片”，而其余 23 篇均未提到有关“图画”，如 C23。

例 12 篇章 C23

大概是一个风和日丽的初秋午后，公园里的人们格外惬意，仿佛享受着大自然带来的美好。其中一个小男孩坐在草地上放着风筝，他的小伙伴在一旁仰头看着风筝，似乎想要随着风筝一起荡漾在自由广阔的天空里。可爱的两个小女孩也在草地上追逐嬉戏。郁郁葱葱的树林和孩子们的打闹声为这个微凉的初秋增添了一些活力。公园草地上的另一侧一位女子静静地在草地上看书，她背对着公园里的人们，像是在寻找一份属于自己的宁静，或许已经沉浸在书本里无法自拔了呢。在阅读的女子旁还有一位男子，在这个舒服的天气里，想要动动身体舒展一下筋骨。在公园的台阶上，坐着一对情侣，他们牵着一对小狗，男子则玩着手机不顾小狗们在一旁相互嬉戏打闹，女子看着这可爱的两只小狗，脸上洋溢着幸福，嘴角微微地上扬，微笑着，仿佛世界再美好不过如此了。公园的不远处还有一座凉亭，此时虽无人问津，但是刚刚离去的那个盛夏里，也曾有人在凉亭下遮阴，也曾有人在这里躲避风雨吧，或许还有更多的故事呢。

尽管从语义上看这些篇章基本上都是围绕图画内容展开的描写、叙事和评论，但却很难让读者意识到这是一篇看图写作，篇章主题内容是来自一幅图画。

表 4-5　汉语篇章"图画"词频分布情况统计表

"图画"词频 / 汉语篇章总数	高频使用		个别使用		未使用	
	篇数	占比	篇数	占比	篇数	占比
40	1	2.5%	16	40%	23	57.5%

通过以上对汉语篇章的主题词与标题分析可以看出，汉语受试在处理看图写作的篇章主题时，主要围绕画面内容做了场景描写和事件叙述，但是多数汉语受试在组织篇章概念时发挥了较大的能动性，语言上回避或忽略了图画概念本身，淡化了篇章主题内容与图画之间应有的形式联系，从而进一步体现了汉语受试在写作态度和篇章内容上的主观性或主体能动性。

篇章主题是在篇章层面对篇章概念内容的最高提炼。篇章主题展开体现了在篇章主题的统括下篇章各组成部分的整合关系及过程，这一过程可以通过观察篇章逻辑关系和主要内容成分得以描写。

鉴于本书分析的篇章逻辑关系主要着眼于受试在篇章生产时句义概念所呈现的推理论证关联。因此，在分析汉德篇章的句子逻辑关系时，重点对句子结构表现出的偏正类语义逻辑关系，即因果、条件、转折、让步、目的等语义逻辑关系进行统计，而暂不考虑并列、连贯、递进、选择等联合类语义逻辑关系。考虑到汉语语用上运用逻辑关系的方式与西方语言存在较大差异，汉语表达逻辑关系时往往并不运用关系连词，逻辑关联并不体现于句法结构而是存在于语义概念中。因此，研究除了统计关系连词外，还重点对篇章句子进行了语义分析，句法形式分析和语义内容分析相结合。为便于分类统计，也将篇章的逻辑关系运用频次分为三类：多处运用逻辑关系、个别处运用逻辑关系和未运用逻辑关系。从统计的结果看，40 篇汉语篇章中只有 5 篇多处运用了逻辑关系表达，如 C11 句 18 至句 20"对手机的依赖使我们渐渐失去和别人打交道的热情和能力，并且手机模糊了工作与休闲的界限，让人无法适时地得到应有的休息"。尽管这里并未运用逻辑关联词，但从语义上分析作者实际运用因果逻辑关系论述了手机对当下人们的日常生活所产生的负面影响，句 18、句 19 与句 20 之间存在语义概念的因果关系；C21 句 21 至句 24"从画面上看，两个人没有在交谈，而他们的重心都在向彼此的反方向靠拢，意味着对彼此不熟悉，因此他们应该是陌生人"。这里作者借助画面中的直观信息，根据日常生活中人际互动的一般规律来推断男士 1 与女士 1 的关系，展现了一个由现象到性质的逻辑推导过程。

例 13　篇章 C21

而公园的长椅上，一男一女正在休息。他们各自牵了一条狗，两条狗正在玩闹。从画面上看，两个人没有在交谈，而他们的重心都在向彼此的反方向靠拢，意味着对彼此不熟悉，因此他们应该是陌生人。

有 16 篇汉语篇章在个别处运用了逻辑关系，如 C18 句 2 至句 5“牵狗的女士披着外套但穿着短裤可以判断，此时的天气应该有些微凉，但旁边玩手机的男士仍穿着短袖短裤，说明气温还是在二十多度的样子”。这里句 2 与句 3 之间以及句 4 与句 5 之间语义上存在由果及因的逻辑推导关系。另外还有 19 篇汉语篇章在句子语义层面并没有体现出逻辑关联，如 C25 作者根据图画内容描写了一个纯主观臆想的事件，篇章仅对事件的发展经过做了客观记录式描写，没有展开议论和说明，也没有运用论证式推导和逻辑关系推理。有关汉语篇章使用逻辑关系的统计数据列表如表 4-6 所示。

表 4-6　汉语篇章逻辑关系运用情况统计表

句子逻辑关系 / 汉语篇章总数	多处使用		个别处使用		未使用	
	篇数	占比	篇数	占比	篇数	占比
40	5	12.5%	16	40%	19	47.5%

从以上统计数据可看出，整体上汉语受试的看图写作句子层面运用逻辑关系表达的比重不大，仅有 12.5%的篇章多处使用了逻辑关系表达，40%的篇章个别处使用了逻辑关系表达，还有 47.5%的汉语篇章没有使用逻辑关系表达。总体而言，篇章内容的逻辑关联特征不明显。

篇章主题展开类型的分析是针对篇章内容的宏观结构描写，主要在局部语段和篇章整体两个层面上进行。如前所述，Brinker(2005：61；2010：54；2014：57)认为篇章主题展开就是指作者对篇章主题的构思安排，即篇章运用何种宏观组织方式来处理主题，主要受到篇章交际行为与情境因素的制约。Brinker 还提出了分析篇章主题展开的两个主要步骤：首先分析篇章的句子单位所表达的命题或复合命题，并将语义上涉及相同主题的命题归入同一篇章局部，这些前后邻近且主题上关联的命题构建一个局部主题；其次分析局部主题与篇章主题之间的逻辑关系，在此基础上进行分类描写，概括出篇章主题的构建模式，即篇章主题展开类型。

本书在具体分析篇章主题展开类型时先在语义上将篇章内容划分为几个主要组成部分，即篇章语段单位。Lewandowski(1990：1161)将篇章组成部分称为篇章单位(Texteinheit)，它要从篇章整体出发才能得以确定，是篇章结构上具有句法、语义以及主题复杂性的组成部分，也是篇章系统下的相对独立的子系统。Brinker(2010：61；2014：57)将篇章部分(Textteil)视为是围绕某个篇章局部主题(Teilthema)的标题、段落或句群。语段既可以从篇章形式结构，也可以从语义概念上划分，如描写类篇章主要分为整体描写与局部描写，外部特征描写与内在属性描写等；叙事类篇章通常可分为事件背景或框架，事件过程及事件意义；解释类篇章往往按照解释工具与被解释对象之间属性关联的不同方面来划分语段；议论类篇章一般可分为论题、论据、论点几个主要组成部分。每个语段对应一个局部主题，再借助语段内部句子命题之间的逻辑关系分析篇章局部主题的展开方式，最后综合分析篇章各局部与篇章整体在主题上的逻辑关联。当然，篇章主题展开类型是在宏观层面对篇章语义概念内容的组织模式进行概括性描写，也必然要在篇章的微观层面上得到支持和体现，如描写类篇章的句子时态主要以现在时为主，语气主要是陈述语气；而叙事类篇章的句子时态以过去时为主，语气也以陈述语气为主，篇章的概念对象通常是特定事件或系列事件，事件之间的时间顺次关系明确；解释类篇章通常使用现在时态和祈使语气，句式上多采用无主语人称的非限定式句子结构，语态上也会表现出明显的被动态特征；议论类篇章往往会较多地运用逻辑关系连词，大量使用评价性词语和情态词语。因此篇章主题的展开类型和前面所分析的篇章词汇和句法特征有着密切关系。

由于实验受试的任务是创作一篇看图写作，40 篇汉语篇章基本上都是围绕实验图画内容安排主题内容。从前面篇章主题的分析情况看，汉语篇章的主题内容大致可以分为两类，即公园场景描述与事件叙述。从实验语料的整体情况看，描述场景的篇章主要内容大体可分为：图画整体描写，图画局部描写，图画艺术创作说明或解释和图画内容评论几个部分；叙述事件的篇章主要内容大体可分为：事件背景、事件过程、事件意义几个部分。

通过对篇章主要内容成分及结构进行统计分析，并权衡各主要成分所占篇幅比重，对 40 篇汉语篇章的主题展开方式进行描写。从统计的数据看，40 篇汉语篇章中有 11 篇采用了单一的描写型主题展开，篇章主要内容成分仅涉及对画面整体与局部的描写，如 C10 篇章语义内容围绕图画信息分为三个主要部分，首先描写了图画背景部分，有“草坪”“树木”和“亭子”，然后受试将目光移向图画中景部分，重点描写了“追逐的女孩”“放风筝的男孩”“看书的小女孩”和“打电话的男子”，最后作者描写了图画前景部分的内容“坐在长椅上的男女”“打闹的小狗”。作者通篇都在围绕图画内容进行客观描写，既没有对人物关系进行推测和说明，也没有联系社会现实对画面内容进行评论，只是向读者传递来自画面的直观信息。

例 14 篇章 C10

这是一片广阔的草坪，似乎是在某个公园的角落。草坪被茂密的树林环绕着，树的种类很多，灌木与大树错落生长，高低不一，在草坪的远处，还有一角别致的亭子，想来不少行人选择在那里休息。

在草坪上，不少人正在进行户外运动，2 个小女孩在互相追逐打闹，在她们的旁边，有 2 个小男孩正放着风筝，看着风筝扶摇直上，风筝在万里晴空中飞翔，可以想见这天的天气一定很不错。在距离他们稍远的地方，似乎是专门避开吵闹的人群，还有一个特别的小女孩，她手捧图书，跪坐着对着树林，专注于书中的世界。旁边还有一个打着电话的男子，比划着手向树林走去。

在草坪外面是一条走道，在走道边缘紧靠草坪的地方有一把椅子，一对各自牵着小狗的男女坐在椅子上，小狗们自顾自地打闹着，女子安静地看着小狗打闹，而男子则看着手机，似乎公园的景色、玩闹的游人、嬉戏的小狗并不能吸引他的注意，男女间并没有交流，而是专注于自己的事情，他们应该是公园的常客，经常相约带着小狗到草坪散步吧。

有 8 个篇章采用了单一的叙事型主题展开，篇章主要内容仅从事件背景、发展过程和结局几个方面叙述了图画事件。如 C6 作者叙述了一个纯粹虚构的事件，作者根据图画内容讲述了一对年轻人网络约会的故事，篇章甚至没有介绍事件背景及情景框架，直接以主人公的对话开场，使用了大量的直接引语来讲述事件的发展经过和结局，也没有对事件做出任何评论。此外，还有 21 篇采用了混合型主题展开，从主要内容成分的篇幅比重看，其中 8 篇的主题展开以描写型为主，解释或议论型为辅。这些篇章在对画面内容做了重点描写的同时，还对画面人物关系做了解释说明，或联系现实进行了评论。如 C21 作者围绕看图描写这一主题首先对画面整体进行了概括性描写，然后依次对图画背景、中景、前景部分的内容进行了局部描写，并且对各个部分出现的人物之间的关系做了逻辑推断和解释说明，篇章主题展开类型呈现出以描写型为主，解释型为辅的混合特征。

例 15 篇章 C21

这张图片展示了公园中的一景。看得出来，这是一个环境优美，绿树成荫的公园，在画面的远处还有一个十分雅致的小亭子。草地上，看起来有几个小朋友在放着风筝，其中拿着风筝手柄的人坐在了地上。按理说，既然他坐在地上控制风筝，风筝应该处于一个比较稳定可控的状态，一起放风筝的人是不需要奔跑的。因此我认为旁边两个看起来在奔跑的孩子应该跟放风筝的人不是一起的，应该是恰好路过而已。除非他是不小心摔倒在地上的。草地上一个女孩席地而坐看着书，还有一个男子在打电话，也许他们是父女关系。而公园的长椅上，一男一女正在休息。他们各自牵了一条狗，两条狗正在玩闹。从画面上看，两个人没有在交谈，而他们的重心都在向彼此的反方向靠拢，意味着对彼此不熟悉，因此他们应该是陌生人。男子的手上拿着手机，身体微微前倾。他的手机和脸不在同一个角度，看起来视线对准了他的狗，可是拿着手机的手臂又存在不自然的弯曲，因此他应该是处于刚看完手机或者即将看手机的状态。

10篇的主题展开以叙事型为主，描写、解释或议论型为辅，这类篇章主要描写了一个事件经过，局部安排了情景描写、现象解释或观点论述。如C8作者联系画面内容，叙述了一个虚构人物“小明”周末在公园游玩拍照的经历，在叙事框架下篇章局部兼有对公园场景的描写和人物行为的评价，叙事中夹有描写和评论。

例16 篇章C8

小明是一名摄影爱好者，平时总喜欢拿着他最爱的那台单反照相机到处拍照，企图留住每一个美好的瞬间。今天的个阳光明媚的周末，小明来到了他经常来的一个公园处准备拍照，因为他觉得这里是亲情、友情、爱情气氛最浓重的地方。这张图片是他拍到的最为喜欢的照片之一。照片中是一个被树木环绕的小草坡。在照片里面，四个小孩子在经过一周沉重的学习后约在一起在公园里放风筝，在这一刻他们似乎忘记了家庭作业带来的烦恼，眼里只有那只在天空中看似自由飞翔的风筝。在小孩子旁边，一个热爱学习的小女孩在尽情地看书，她之所以在公园里看书，是因为公园这里是一个大城市里空气最为清新的地方，这里的空气、环境能让她看书事半功倍。而在这时一个表情焦虑都市白领正在接着一个客户的电话，估计这么美好的一个周末就被这一个电话给搅黄了。还有一对情侣们各自牵着自个儿最喜爱的狗狗在公园里遛狗，累了就坐在公园里的凳子上歇一会，那个女孩在愉快地看着两个狗狗在一起戏耍，而那个男孩却不解风情地玩手机，典型的低头族。小明拍完这张照片后有些心满意足地走了准备拍下一张照片。

还有3篇的主题展开以议论型为主，描写型为辅。如C14作者首先对图画内容做了整体描写，然后分别对画面各局部仅做了简要概述，省略了很多明显的信息，随之展开了较为详细的论述，阐明了生活的惬意与美好，在篇章最后部分总结并强调了该论点。篇章无论从写作目的还是篇幅上都是主要通过议论方式表达“珍惜美好生活”这一主题思想。

例 17 篇章 C14

草长莺飞的季节，一片生机勃勃，处处透露着春草与泥土的气息，鼻尖充斥着春的味道。

看，公园里的一幕幕，恬适的，惬意的，悠然的，快乐的，每一个沐浴在这个生机盎然的季节的人们，多么地有活力，多么地令人向往。奔跑在草地上的是 4 个孩童，互相追逐的，放着风筝的，尽情地展现着童年的欢乐与无忧无虑，想来他们的父母一定是满怀爱的教育，在孩童时期，尽可能地让他们享受他们该有的时光，而不是一味地让孩子充斥在各种培训班中。公园长椅上坐着的想必是年轻的夫妻，那慵懒闲适的状态无一不透露着生活的美好，二人可以有闲暇在公园沐浴春光，而不用奔波于各种工作场所，工作的时候好好对待工作，而也不吝抽出闲暇来体验生活中的惬意时光，没有沉溺于恋爱的甜腻，也没有老夫老妻的恬淡，只在这刚刚舒适的状态中流转温情，逗遛逗遛撒欢的狗狗，体验体验奔流的岁月，一切是那么温馨。还有那三三两两穿走过的，停留过的人们，也许工作日中会有许多疲累，但在这一刻，哪怕偷得那一时的静谧时光，他们也是愉悦至极的吧。

我们大多数人在繁忙的工作与琐碎的生活当中，已无暇顾及身边流转的时光，岁月如梭，匆匆而过的不仅仅是我们的岁月，还有我们的青春年华，还有生活中的许多美丽，可惜逝者如斯，流走的便不再回来，所以，能握住的需要珍惜，抓住我们身边的一切美好，不负韶华。

综合以上分析数据，有关汉语篇章主题展开类型的统计列表情况如表 4-7 所示。

表 4-7 汉语篇章主题展开类型统计表

篇章主题展开类型 / 汉语篇章总数	单一描写类型		单一叙事类型		单一解释类型		单一议论类型		混合类型	
	篇数	占比	篇数	占比	篇数	占比	篇数	占比	篇数	占比
25	11	27.5%	8	20%	0	0%	0	0%	21	52.5%

21 篇混合型汉语篇章中有 8 篇以描写型为主，10 篇以叙事型为主，3 篇以议论型为主，且篇章局部的主题展开方式也呈现出组合多样性。在采用以描写型为主的 8 篇混合型篇章中，兼议论型的篇章有 6 篇，兼解释型的篇章有 2 篇；在采用以叙事型为主的 10 篇混合型篇章中，兼议论型的篇章有 5 篇，兼描写型的篇章有 3 篇，兼解释型的篇章有 2 篇；在采用以议论型为主的 3 篇混合型篇章中，都兼用了描写型篇章主题展开方式。统计结果如表 4-8 所示。

表 4-8　汉语篇章混合型主题展开统计表

混合型主题展开 / 汉语篇章总数	描写型为主		叙事型为主			议论型为主
	兼议论型	兼解释型	兼议论型	兼描写型	兼解释型	兼描写型
21	6	2	5	3	2	3

综上所述，40 篇汉语篇章中有 19 篇采用了单一的主题展开类型，占到总数的 47.5%，其中描写型 11 篇，叙事型 8 篇；有 21 篇采用了混合型主题展开，占到总数的 52.5%，其中描写型为主 8 篇，叙事型为主 10 篇，议论型为主 3 篇。运用单一型与混合型主题展开的汉语篇章大约各占一半。从篇章主题展开类型的具体运用及分布情况看，19 篇采用了单一描写型或以描写型为主的篇章主题展开类型，占总数的 47.5%；有 18 篇采用了单一叙事型或以叙事型为主的篇章主题展开类型，占总数的 45%；还有 3 篇采用了以议论型为主的篇章主题展开类型，占总数的 7.5%。列表统计如表 4-9 所示。

表 4-9　汉语篇章主要主题展开类型统计表

篇章主要主题展开类型 / 汉语篇章总数	描写(为主)型		叙事(为主)型		议论(为主)型	
	篇数	占比	篇数	占比	篇数	占比
40	19	47.5%	18	45%	3	7.5%

还值得强调的是，汉语受试内部在运用具体的篇章主题展开类型方面也呈现出较大差异。40 篇汉语篇章有 27 篇不同程度地运用了描写型主题展开，占总数的 67.5%；有 22 篇不同程度地运用了叙事型主题展开，占到 55%；有 14 篇不同程度地运用了议论型主题展开，占到 35%；只有 3 篇运用了解释型主题展开，仅占 7.5%。列表统计如表 4-10 所示。

表 4-10　汉语篇章运用各类主题展开类型统计表

篇章主题展开类型 / 汉语篇章总数	描写型		叙事型		议论型		解释型	
	篇数	占比	篇数	占比	篇数	占比	篇数	占比
40	27	67.5%	14	55%	14	35%	3	7.5%

此外，还需要说明的是，有 1 篇汉语篇章(C12)运用了叙事型为主、议论型与描写型为辅的篇章主题展开策略。该作者开篇对图画内容进行了简略描写，然后详细回叙了自己儿时在父亲陪伴下在公园放风筝的情形，在篇章最后部分论述了亲情的珍贵，是唯一综合运用了 3 种主题展开类型的篇章。所有的汉语篇章都没有出现对

图画艺术创作进行解释和说明的内容成分。

例 18 篇章 C12

每次周末到公园散步，总能看到小朋友们在爸爸妈妈的陪伴下，在大草坪上放风筝。而忙碌的爸爸妈妈们，也得以利用这样难得的空闲之际，坐在一旁看看书，遛遛狗。这温馨的场景，让我想起了我的小时候。我也曾经这样，拉着爸爸的手，到公园的大草坪放风筝。漫天的风筝，像是一个个小精灵在空中飞舞，那是多么有趣的场景呀。各种各样形状的风筝，有老鹰形状，有蝴蝶形状，有卡通形状。一阵微风出来，风筝越飞越高，爸爸不停地控制着线的方向，而我则是在一旁目不转睛地盯着风筝，时不时发出惊叹声。风筝飞得越高，线越容易断。尽管如此，每一次放风筝，我还是希望爸爸可以把转轴上的白线都用完。当我长大一些，爸爸开始给我讲解放风筝的要领，我就按照爸爸教的方法，慢慢练习。从风筝很快调到地上，到风筝跟别人的风筝缠到了一起，到终于有一天，我成功地把我的风筝送上蓝天。那一刻，我的心里别提有多激动了！

如今，我长大了，而爸爸在慢慢变老。闲暇之际，我还是会陪着他，到处走一走，看一看风景，也会在秋天这样舒适的季节。陪着他，带着小侄子，到公园里放放风筝。在我心里，我就是那个风筝，而家人，始终是拽着我的那根线。不管悲伤还是快乐，不管我在哪里工作，家人始终陪伴着我，让我不会迷失方向。让我在每次难过之时，有一个依靠的港湾。让我在每次开心之时，有分享的地方。我跟我的家人，始终就这样，不离不弃地互相陪伴。也许，这就是亲情，血浓于水的亲情，平淡却又是那么弥足珍贵！我不知道未来会是怎么样，但我知道，过去，现在，未来，他们都会是我最珍贵的人！

4.1.2 汉语篇章认知分析

篇章本质上是人类的一种心理活动表象，是人类在认知外部世界过程中，将构建的意义或概念借助语言符号表达出来，进行传播、交流，旨在实现特定的社会交际目的的言语行为方式。篇章本身既是意义的载体，也是意义构建方式的体现。正如Langacker(2008：55)所言，一个语言表达的意义不仅仅是其所引发的概念内容，同样重要的还有该内容是如何被识解的。因此单纯对篇章进行语义分析还不够，它只是部分解决了篇章语义概念内容“是什么”的问题；而结合篇章语法结构透过篇章语义分析去挖掘其背后的概念内容构建方式则是篇章认知分析的主要目的，它可以较好地解决篇章语义概念内容“为什么”的问题。本书的篇章认知分析主要基于

Langacker(2008)认知语法的识解理论。在 Langacker 看来，识解既是人类基于视觉观察认识外部世界的基本认知能力，也是一种特定的认知方式，它主要涉及人选择什么作为观察对象、观察的仔细程度、注意力分配和观察视角的选择。由于人在与客观世界的互动过程中接收的外部信息主要来自视觉信息，人的概念化过程也主要是通过大脑对视觉信息的加工处理完成的，因此，通过语法结构分析篇章语义所表征的概念内容的构建方式，可以合理地反映出篇章背后作者观察外部世界的认知或识解特点。Langacker(2008)将识解划分为详细度、突显、聚焦、视角四个维度，并从语法结构上全面阐释了语言现象背后的识解维度。Langacker(2016)又对其识解理论注入了新的认识，将详细度置于选择维度下论述。

4.1.2.1　选择分析

Langacker(2016：7)认为，语言表达的意义既取决于其概念内容，还取决于对概念对象的识解方式，而概念内容是表达者在辖域和详细度方面所做的选择。鉴于研究目的与语料特点，本研究在选择维度下主要分析篇章认知的详细度特点。

详细度主要描写识解者在观察外部对象时，对其进行概念处理的仔细程度。任何语言表达单位所表征的概念内容都对应一定的范畴，该范畴内所包括的成员越多，则语义概念越抽象，反之则越具体。Stutterheim & Nüse(2003)在研究语言生产中的概念化过程时，主要基于篇章所体现的视角选择与对事件的概念处理详细程度，对比分析了来自不同语言文化背景的受试对同一场景的认知差异。研究实验选择了分别以英语和德语为母语的两组受试，让他们观看同一部默片，然后根据记忆将默片内容通过口语表达复述给记录员，记录员再将口语篇章转写成书面语篇章，并通过对比分析两组篇章的句子命题数量，来反映两组受试在观看默片时概念处理的详细程度。本书也借鉴了该研究的分析方法，先在语义上划分篇章句子或小句所表达的命题，并对各命题进行编号。由于汉语的句子结构不像西方语言那样在句法上比较工整，句子的某些成分，如主语往往缺省。因此，在划分汉语句子命题时除了参考句子标点符号(句号和逗号)外，更多是依据语义的相对独立性进行切分。一般情况下，句子命题的划定与句子标点的划界相一致，但在少数情况下也会将形式上由一个标点符号标记的句子在命题上划为两个或多个命题，如 C18 句 17“小女孩们叽叽喳喳的笑着开始在草坪上奔跑打闹”。在语义上标记为两个命题，因为作者这里对小女孩做了两次概念处理，一是注意到她们的声音与面部表情，二是关注到他们的肢体动作；有时也会将形式上由多个标点符号标记的小句划定为一个命题，如 C11 句 12“而真正的工作与纯粹为了不让人闲下来而安排的不必要的工作之间，同样难以区分”。在语义上标记为一个命题，第一个逗号的使用是为了避免该句过于冗长不便阅读而做的停顿标记，实际上受试在这里使用的两个小句只表达了一个相对完整的语义命题。最后通过统计篇章的句子命题数量来反映篇章作者在看图写作过程中对图片内容的概念处理详细度。

从统计的数据整体情况看，40 篇汉语篇章之间的句子命题数量也有较大差异，最长的篇幅 C15 有 54 个句子命题，最短的篇幅 C17 仅有 23 个句子命题。

例 19 篇章 C17

看来应该是春天，公园里又一次迎来了生的气息，既是自然的万紫千红，也有游人的各色欢乐。在这小小的公园的些许空间里，树、花草与亭，这些景物依旧维持着一直以来都有的春的姿态，静静地感受着也暗示着季节的变更。而变了的是人对于春天的感受与反应。画面中所展示的变化似乎还不完全与现实一致，孩子们依然会高高仰望随风浮动的风筝，抑或依旧无忧地在绿草之上追逐着，跳跃着，隔着画面也已能感受到他们的欢声笑语。只是镜头前的大人似乎心不在焉，注视着手机里的另一个天地。孩童们的玩耍与小狗们的打闹，想来已不会进入他的眼界。他对于春天，可能已是一个局外人。但实际是，面对春夏秋冬带来的各色景象，假使给我们这样的一方空间以驻足，今天又会有多少人会走进去好好感受自然的馈赠呢？或许我们多数会选择留下一张数码照片以供他人鉴赏，因为我们都早已成为了局外人。今天的人类给自己提供的娱乐方式实在太多了，城市里的人们也好似变得愈发孤独，以至于过多留恋于不能和他人分享的景色，都成了一种浪费。

从篇章句子命题数量的分布区间来看，40 篇汉语篇章中有 13 篇句子命题数量在 20～29 句区间，有 19 篇句子命题数量在 30～39 句区间，有 3 篇句子命题数量在 40～49 句区间，有 5 篇句子命题数量在 50～59 句区间，80%的汉语篇章句子命题数量在 20～39 句区间。汉语篇章的平均句子命题数量是 33.6 句。

表 4-11 汉语篇章句子命题数量统计表

篇章句子命题数量 / 汉语篇章总数	20～29 句		30～39 句		40～49 句		50～59 句	
	篇数	占比	篇数	占比	篇数	占比	篇数	占比
25	13	32.5%	19	47.5%	3	7.5%	5	12.5%

结合篇章的主题展开类型进一步对汉语篇章的句子命题数量进行归类统计。单一描写型或以描写型为主的汉语篇章共 19 篇，其中 6 篇的句子命题数量位于 20～29 句区间，13 篇的句子命题数量位于 30～39 句区间，平均每篇的句子命题数量为 29.8 句。单一叙事型或以叙事型为主的汉语篇章 18 篇，其中 5 篇的句子命题数

量在20～29句区间，5篇的句子命题数量在30～39句区间，3篇的句子命题数量在40～49句区间，5篇的句子命题数量在50～59句区间，平均每篇的句子命题数量为38句。单一议论型或以议论型为主的汉语篇章3篇，其中2篇的句子命题数量位于20～29句区间，1篇的句子命题数量位于30～39句区间，平均每篇的句子命题数量为30.5句。

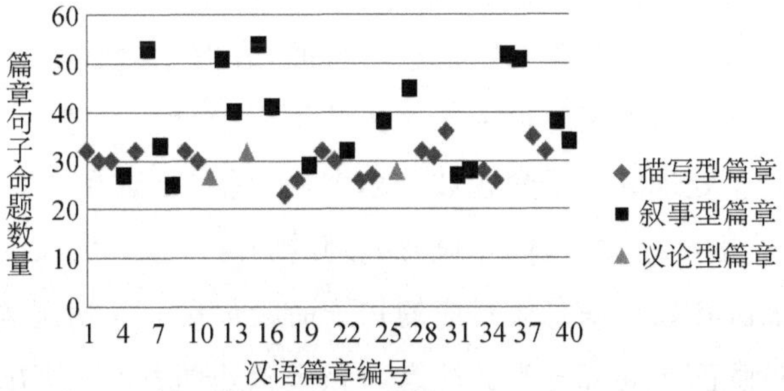

图4-1 各主要主题展开类型的汉语篇章句子命题数量

从图4-1不难发现，各类型汉语篇章的句子命题数量集中在20～40句区间，叙事型篇章的句子命题数量整体上高于描写型与议论型篇章，其中有5篇（C6、C12、C15、C36、C37）作者进行了联想式的详细叙述，句子命题数量在50～60句区间，明显高于其他汉语篇章。此外，叙事型汉语篇章的句子命题数量整体较多，其主要原因在于汉语受试倾向于使用完整的叙事框架，借助想象补充了事件的背景信息和结局。

4.1.2.2 聚焦分析

聚焦也是一个反映识解方式及其特点的基本维度，即识解者在认知外部世界时对概念内容的选取及其在概念认知域中进行“前景”与“背景”安排。通俗地说，聚焦维度主要描写人在观察外部世界时注意力在场景各局部之间不同程度的分配。

本书实验的主要任务是完成一篇看图写作。汉德受试在看图过程中对画面各局部的注意力分配方式会呈现出集体性特点。正如第三章“实验设计”部分所述，实验图画在设计阶段就考虑到了画面前景、中景和背景三个层次。在概念命题上描写同一画面层次的句子所对应的信息单位——行，组成更高一级的信息单位——节，对应画面各层次信息块。通过统计受试对画面局部各信息块进行概念化处理时所使用的句子命题数量，来反映受试在看图时对画面各信息块的注意力分配以及概念处理力度。在具体统计时，凡是围绕画面某一具体对象或信息成分进行的描写、议论、解释或说明都会归入相应的层次信息块，而对画面整体进行的概括性描写或围绕图画主题展开的一般性论述，由于概念上不能明确归属某一层次信息块，则不计入统计的句子命题数量。如C23句1和句2“大概是一个风和日丽的初秋午后，公园里的人们格外惬意，仿佛享受着大自然带来的美好”，对图画的内容做了整体描写；C11句7至句9“本应是家庭出游，放松身心，联络感情的时间，却被工作上或者私人的事情占据，这在现今是很常见的现象”，则是围绕画面主题展开的一般性议论，因而这类句子也不会被统计。另外，关于画面场景的季节、天气的描写部分，由于可以借助画面各层次的人物衣着与景物特征进行推断，在概念处理上也存在难以明确其信息块归属的问题，因此，本书对这类句子也暂不做统计。一般情况下，篇章中对画面某信息块进行概念处理的句子命题数量越多，则说明受试在看图写作时对该局部的关注度越高，分配的注意力就越多，概念处理的力度也就越大。

从统计到的图画各层次信息块对应的句子命题数量分布情况来看，40名汉语受试尽管个体之间对画面各局部分配的注意力和概念处理力度表现出较大差别，如C6有24个句子命题在概念上围绕图画前景部分，而C12只有2个句子命题对图画前景部分做了概念处理；C15有25个句子命题概念上针对图画中景部分，而C25仅有4个句子命题概念上处理了图画中景；但是汉语受试宏观上也呈现出一些共性，总体上围绕图画背景安排的句子命题最少。将汉语篇章围绕图画各层次信息块进行概念处理的句子命题数量进行统计，如图4-2所示。

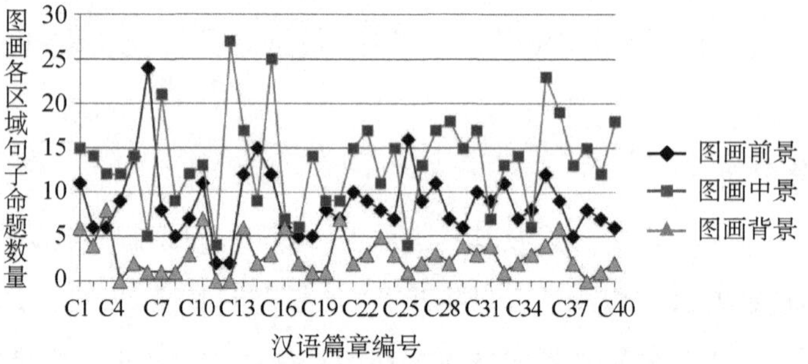

图4-2 汉语篇章各信息块的句子命题数量

例20 篇章C15

金秋十月，丹桂飘香，公园里菊花正在争奇斗艳，花团锦簇，好不热闹。大家都趁着这个秋高气爽的时节，三五成群地出来散步游玩，去感受大自然的清秀，同时感受季节更迭的天然美。尤其到了周末，有了闲暇，公园里的人，渐渐多了起来。

微风送来了花草清香，在一群苍翠的大树中间，有一片绿地。有一对年轻的情侣，惬意地坐在草地上，女孩子在看一本自己喜爱的书，明眸皓齿而又安静美好。旁边的男朋友先是跟她低声交谈书里有意思的情节，他们俩嘴角同时洋溢着会心的微笑。一会电话响起，男朋友起身离开接电话，暂留她在看书。

目光流转，不远处，一群天真可爱的孩童在嬉戏玩耍，银铃般的笑声一阵阵传来。其中两位小朋友像欢快的蝴蝶一样追逐着，他们在玩着警察抓小偷的游戏，时不时地兴奋大叫；旁边的小伙伴，在奋力奔跑，想方设法让自己手中的风筝高飞，奔跑中，风在他们耳边簌簌叫着，他们却完全顾不上，心里眼里就只有天空中那只将要振翅高飞的风筝。风筝迎风飞扬，越飞越高。这也许就是无忧无虑的童年，嘴角眉梢荡漾的都是无尽的快乐和开心。

在这块绿地边上，长椅上坐着一对夫妇模样的一对男女。他们每人手中各牵了一只狗，瞧这两只狗，他们正在相互娇憨地打滚熊抱，你把我推倒，我再用鼻子把你拱倒，各种摔，各种抱……两个小家伙玩得超级开心。女主人看着，也是不由得笑起来。男主人在看着手机，时不时地跟女主人交谈两句，时光好像静止了一样，一切简单美好，空气弥漫的都是花草的香气。

偶尔漫步公园，遇到这种平常而又温馨的景象，总会禁不住感动，平凡的生活中蕴藏了很多了不起的感动。孩子们嘴角挂着的灿烂微笑，大人们嘴边微微扬起的微笑，空气中花草的清香，天空中飞翔的纸鸢，忍不住要感恩生活，感恩所拥有的一切简单的美好。

从图 4-2 可以看出，汉语受试在看图理解过程中总体上对图画的中景部分关注最多，其次是图画的前景部分，而对图画的背景部分关注最少。结合具体的统计数据看，40 篇汉语篇章中有 34 篇的中景部分句子命题数量大于前景和背景部分，占总数的 85%，1 篇的中景部分句子命题数量与前景部分相等，只有 5 篇的中景部分句子命题数量少于前景部分，占总数的 12.5%；而所有汉语篇章语义涉及画面中景和前景部分的句子命题数量都远多于背景部分。由此可以得出结论：整体上汉语受试在看图写作时围绕图画中景部分安排的句子命题数量最多，说明看图理解的聚焦信息块落在图画中景部分，因而对图画中景部分的概念处理力度最大，其次是图画前景部分，而对图画背景部分的概念处理力度最小。

4.1.2.3　突显分析

作为识解的另一个重要描写维度，突显维度与详细度维度和聚焦维度密切相关，是对认知方式在概念处理上的进一步描写。如果说聚焦维度主要是描写识解者对所选取的概念内容在认知加工区域的“前景”与“背景”安排，那么突显则是进一步描写识解者对已经进入到认知域“前景”区域的各细节如何再设置注意力焦点。换句话说，当进入概念加工区域“前景”部分的对象是一种关系过程时，参与该过程的不同参与者尽管在概念表征上都处于被突显的位置，但突显的程度仍然是有区别的，处在首要位置的是主要焦点，而处在相对次要位置的是次要焦点。认知语法认为，这种认知方式在语法中也有相应的体现，在句子或小句层面主语往往是语义表征的概念内容要突显的主要焦点——射体，而宾语则是次要焦点——界标。一个句子通常只有一个主语，但常常有多个宾语，那么不同宾语之间在概念上的突显程度仍有区别。

本书对篇章所体现的受试在看图理解过程中突显维度的分析，主要在句法上分析篇章各句子或小句主语所表征的概念对象分别对应画面中哪一个信息成分，即具体的人或物，通过分别统计画面中各种人或物作为句子主语的次数，得出篇章中频次最高的概念射体所对应的信息成分，从而反映出受试看图写作时将哪个信息成分最频繁地置于概念突显的首要位置作主要焦点，在书中称之为篇章第一主要焦点。

从实验统计数据看，40 篇汉语篇章中有 13 篇将画面前景部分的男士 1 作为第一主要焦点，占到总数的 32.5%，11 篇选择了画面前景部分的女士 1 作为第一主要焦点，占到总数的 27.5%，8 篇选择了中景部分的男孩 2，占 20%，6 篇分别选择了中景部分的男士 2 和男孩 1，各占 15%，还有 5 篇分别选择了中景部分的女孩 1 和女孩 2，各占 12.5%，其余各有 2 篇选择了画面中的女士 2、手机和亭子。另外，还有 6 篇以画外的人或物作为第一主要焦点，如 C8（参见例 16）叙事情节中虚构的主人公——画外人物“小明”，C12（参见例 18）中作者由画面内容联想到自己儿时的“爸爸”。为了方便与德语篇章进行对比，这里图 4-3 所示汉语篇章第一主要焦点的所对应的画面具体成分的分布情况①。

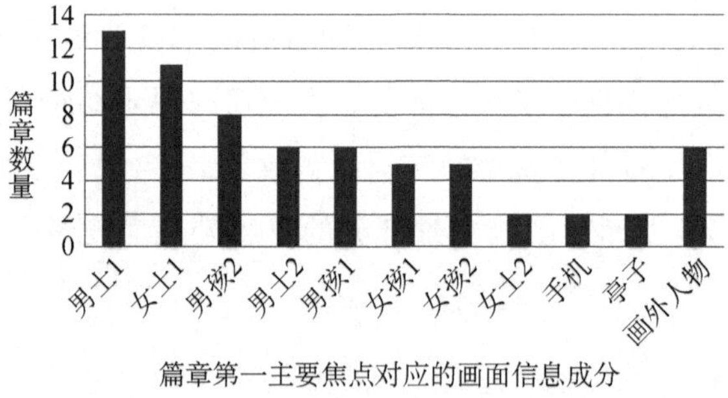

图 4-3　汉语篇章第一主要焦点的分布情况

从上图可以看出，整体上汉语受试在看图写作中选择第一主要焦点时以画面前景中的男士 1 和女士 1 为主，其次是画面中景部分的人物，如男士 2、男孩 1、男孩 2、

① 部分汉语篇章出现同时选取多个第一主要焦点的情况。

女孩1、女孩2等，背景部分的信息成分相对最少。但是，总体上汉语篇章的第一主要焦点所对应的画面信息成分分布较为分散。另外，相关统计数据也可以佐证以上结论，即40篇汉语篇章中21篇以前景部分的人或物作为篇章第一主要焦点，18篇以中景部分的人或物作为篇章第一主要焦点，仅有1篇以背景部分的景物作为篇章第一主要焦点。因此，总的来说，汉语篇章的第一主要焦点分布于图画前景与中景部分。还需要指明的是，这里对汉语篇章第一主要焦点的统计分析结果看似与前面对汉语篇章的聚焦信息块的分析结论相矛盾，其实不然，这种看似的“背离”实际上是因为统计的方法和考察的侧重不同。对篇章聚焦信息块的分析主要依据画面信息块所对应的句子命题数量，而对篇章第一主要焦点的分析主要依据各信息块中具体信息成分做句子主语的频次，由于图画中景部分的信息成分多于前景部分，因而有可能出现篇章中描写中景信息块的句子命题数量虽多于前景信息块，但中景部分的具体信息成分做主语的频次却小于前景信息块的具体成分的现象。

此外，从汉语篇章个体的第一主要焦点所对应的画面信息成分的分布情况看，有8篇同时将画面前景和中景部分的信息成分选作了第一主要焦点。另外还有6篇汉语篇章以画外的人或物作为第一主要焦点，这也进一步说明小部分汉语受试在看图理解组织概念时注意力较为分散，思维活动呈现出较为明显的发散性或联想性特点。

4.1.2.4　视角分析

如前所述，本书所运用的“功能-认知”篇章分析模型，是从时间视角、空间视角和优势视点三个方面来描写实验篇章的视角运用。

时间视角主要依据篇章句子的时态运用，并结合篇章主题的概念内容来分析时间维度上篇章世界相对于篇章行为之间的定位关系，可以大致划分为前置、并置、后置和全置四种类型。具体方法是，如果作者在主题上叙述了一件自己经历的或知道的事件，篇章中出现具体时间和具体人物以及事件发展的经过，则篇章时间视角属于前置视角。即便受试在看图写作时做了时空的移位处理，将自己置于所述事件发生的当时，并使用了现在时态和进行体，时间视角仍然属于前置视角，因为概念上该事件的时间定位仍先于看图写作行为。如果篇章中明确出现了有关看图行为的表述，如“图画展示了一个公园场景”“在画面上我看到了……”之类的表达，让读者明确意识到作者是在对一幅图画进行看图理解与写作，则说明篇章世界的构建与篇章行为本身是同步进行的，则是并置视角。如果篇章世界描写的是一个想象中的未来事件或场景，篇章世界所处的时间定位在篇章行为之后，则篇章的时间视角属于后置视角。如果篇章主题是描述图画内容的场景，或是泛泛描述一个日常生活情景，没有具体人物和事件时间，也没有出现指明看图行为的表达，篇章所使用的模糊时间表达也只是为画面内容或场景提供简略的背景信息，议论部分也是围绕图画主题内容的一般讨论，则是全置视角。还需要说明的是，由于汉语不同于西方语言，没有词形上的曲折变化，句子时态无法通过分析谓语动词的形态变化来判断。因此，分析汉语篇章的时态运用主要借助篇章中一些重要的时间副词和对篇章主题内容的语义分析。从统计到的数据看，40 篇汉语篇章中有 16 篇采用了前置时间视角，从主要的时间副词看，这些篇章主要运用了过去时态，如 C3 句 1“那是风和日丽的一天……”，C19 句 1“一个明媚的春日……”，C36 句 2“上个周末……”。而篇章主题都是作者运用回述视角讲述一个事件，篇章世界出现了具体人物、时间框架和较为详细的事件发展经过，尽管部分篇章，如 C8、C22 仅从句子层面看主要运用了现在时态，但从篇章主题内容上分析，作者在视角上做了时空移位处理，将自己从看图写作的“当下”移置到事件发生的“当时”，展开实时叙述，从而增强叙事的生动性，而篇章世界所处的时间框架仍先于看图写作行为，属于过去已发生的事件范畴。

例 21 篇章 C8

小明是一名摄影爱好者，平时总喜欢拿着他最爱的那台单反照相机到处拍照，企图留住每一个美好的瞬间。今天是个阳光明媚的周末，小明来到了他经常来的一个公园处准备拍照，因为他觉得这里是亲情、友情、爱情气氛最浓重的地方。这张图片是他拍到的最为喜欢的照片之一。照片中是一个被树木环绕的小草坡。在照片里面，四个小孩子在经过一周沉重的学习后约在一起在公园里放风筝，在这一刻他们似乎忘记了家庭作业带来的烦恼，眼里只有那只在天空中看似自由飞翔的风筝。在小孩子旁边，一个热爱学习的小女孩在尽情地看书，她之所以在公园里看书，是因为公园这里是一个大城市里空气最为清新的地方，这里的空气、环境能让她看书事半功倍。而在这时一个表情焦虑都市白领正在接着一个客户的电话，估计这么美好的一个周末就被这一个电话给搅黄了。还有一对情侣们各自牵着自个儿最喜爱的狗狗在公园里遛狗，累了就坐在公园里的凳子上歇一会，那个女孩在愉快地看着两个狗狗在一起戏耍，而那个男孩不解风情地玩手机，典型的低头族。小明拍完这张照片后有些心满意足地走了，准备拍下一张照片。

8 篇汉语篇章采用了并置视角，这些篇章的时态运用表现出明显的实时特征，主题内容是围绕一幅图画的看图写作，篇章世界与看图写作行为处在同一个时间框架里，如 C5 句 1“该图描述了在公园里人们休闲娱乐享受生活的场景”，C21 句 21“从画面看上，两个人没有在交谈”。有 16 篇汉语篇章运用了全景时间视角，篇章主要运用了现在时态，主题内容是根据画面内容描述了一个日常生活中的公园场景或是展开一般性议论，篇章的概念内容并没有一个明确的时间框架，可以是过去、现在或者将来，时间维度是开放性的。没有汉语篇章采用后置时间视角。此外，值得一提的是，还有 3 篇汉语篇章在局部变换了时间视角，篇章整体上使用了复合型时间视角，如 C17（参见例 19）篇幅上主要运用了并置时间视角，但在篇章结尾部分作者将视线移出画面，概念上跳出图画内容而转到对一个社会普遍问题的一般性议论，局部运用了全置时间视角。

表 4-12 汉语篇章时间视角统计表

时间视角 / 汉语篇章数量	前置		并置		后置		全置	
	篇数	占比	篇数	占比	篇数	占比	篇数	占比
40	16	40%	8	20%	0	0%	16	40%

从表 4-12 可以看出，整体上汉语篇章在时间视角运用方面不太集中，前置和全置时间视角居多，并置时间视角运用相对较少，没有篇章运用后置视角。这说明汉语受试在看图写作时，时间概念处理上倾向于跳出看图行为的“当下”，对图画内容进行了联想加工，且采用复合时间视角的比例也很少。

空间视角主要描写实验受试在看图写作概念化过程中对图画内容各局部或各层次信息块所做的空间位次安排。具体来说，就是通过篇章语义分析来观察作者基于图画各局部的空间位置对画面各信息块进行概念处理的先后顺序。本研究在设计实验图画时就考虑了前景、中景、背景三个画面层次。因此，在分析篇章空间视角时也是依据画面层次来划分图画信息块。需要说明的是，这里所统计的实验受试对画面各信息块的概念处理顺序的信息，是指篇章语义上紧扣画面内容的具体成分而展开的描写、叙事、议论、解释或说明部分，而对图画内容整体的概括描写、议论及说明或脱离画面具体内容的联想部分则不纳入统计分析。

从对 40 篇汉语篇章的空间视角所统计的数据看，有 27 篇采用了向心型空间视角，即受试在看图写作时处理画面信息的顺序依次是图画背景、中景、前景，观察方式总体上呈现出由远及近的特点，如 C5（参见例 3）描绘了图画展现的一幅公园场景，在细节描写部分作者从远处的“树枝”“亭子”再到稍近一点“追逐的女孩”“放风筝的男孩”“打电话的男生”“看书的女生”最后到近处“牵着小狗的一对男女”，而 C8（参见例 16）作者叙述了一个摄影爱好者“小明”在公园拍摄的事件，在具体介绍照片内容时也是先从“树木”“草坡”开始，再到“放风筝的孩子”“看书的小女孩”“打电话的都市白领”，最后描写“一对遛狗的情侣”。仅有 2 篇汉语篇章如 C9 采用了离心型空间视角，该作者在篇章中描绘了午后某公园的一角，描绘的顺序从“在长椅上休息的青年男女”“嬉戏的爱犬”再到“阅读的少女”“打电话的年轻男子”“追逐打闹的孩子”，最后是“草坪”“树木”。从语义上分析，作者将画面信息的中景与背景部分做了融合处理，空间观察大致呈现出由前及后，由近及远的离心式特点。

例22 篇章C9

这大抵是一个美好的午后，公园的一角显示出一副祥和美好的画面。

长椅上两个年轻男女正在休息，看着各自的爱犬在眼前嬉戏，保持着礼貌的距离，时而交谈，但更多的是静默，女子专注地看着两只小狗在眼前打闹，而身旁的男子，百无聊赖地摆弄着手机。

长椅后面，是一块草坪，被树木包围其中，在阳光下仿佛一块绿色的翡翠。少女坐在树荫笼罩的草坪之上，静静地阅读着什么，神情专注。

树篱旁边的年轻男子，小声地打着电话，神色有些凝重，似乎是遇到了烦心的事，但还是压低了声音，怕自己打破了这午后的宁静。

远处孩子们的欢笑声，大概是这宁静午后的唯一点缀了。四个孩子在草坪上追着风筝打闹嬉笑，风筝飞得高，他们便拍手叫好，风筝低了些，就急着拉着线，更加努力地奔跑。

笑声，掌声，还有那专属于孩子的尖叫声，似乎是一支歌谣，在这寂静得仿佛时间已经静止的午后，被浅浅地吟唱着，歌词这么唱着：阳光明媚，岁月静好，忙碌的人们请停下脚步呀，趁现在享受这，午后美好的时光。

另外，还有11篇汉语篇章采用了向心型与离心型相结合的空间视角，即作者的看图方式既表现出由远及近，又表现出由近及远的特点，如C19作者叙述了一个虚构的网友约会事件，在篇首的事件场景描写部分，作者从“微风”“泥土”到“远处的孩子”再到“男人”“女人”和“狗”，表现出明确的由远及近的向心型观察方式；但在围绕画面信息叙述事件经过时，作者先提到画面前景中的男士1“郑波”和女士1“晓媚的朋友”，再提及画面中景部分的男士2“杨波”和女士2“晓媚”，局部又表现出由近及远的离心型观察方式。汉语篇章的空间视角数据统计列表如下：

表4-13 汉语篇章空间视角统计表

空间视角 / 汉语篇章数量	向心型		离心型		向心型+离心型	
	篇数	占比	篇数	占比	篇数	占比
25	27	67.5%	2	5%	11	27.5%

从表4-13可以看出，总体上汉语受试在看图写作选择空间视角时多数明显倾向于向心型空间视角，有少部分选择向心型与离心型相结合的空间视角，极个别选

择离心型空间视角。

优势视点主要反映了实验受试在看图理解时概念上如何安排作为主体的自身与作为客体的图画之间的定位关系。这种关系表现在识解方式中可大体分为主观识解和客观识解。前者指识解者在处理概念时将自己和交际对方共同置于篇章世界里,即在概念化过程中识解主体进入到客体范围里,如同在照片中观察自己,主客体并未截然分开,具体表现是篇章结构运用了第一、二人称代词。而后者则是识解者在处理概念时将自己和交际对方置于篇章世界之外,即在概念化过程中识解主体并未进入到客体范围里,主客体是分开的,具体表现在篇章结构中就是没有运用第一、二人称代词。

通过对 40 篇汉语篇章运用第一、二人称代词的情况统计,有 14 篇汉语篇章使用了第一人称代词"我"或"我们",其中 2 篇 C2 和 C29 使用了第人称代词"我们"和"你",采用了主观识解方式,占到总数的 35%;有 26 篇汉语篇章没有使用第一、二人称代词,采用了客观识解方式,占到总数的 65%。

例 23 篇章 C2

春回大地,万物复苏,在一个充满生机的早上,空气清新,太阳还没出来,团团白云像弹好的羊毛,慢慢地飘浮着,此时,树木新绿,鸟语花香的公园已经开始热闹起来。你看,公园的远处有一个供游客休息聊天的小亭子,在公园中央,小草们从土地里钻了上来,跳起了轻快的舞蹈,早起的四个小朋友正在草坪上愉快地玩耍,其中有一个小朋友坐着放风筝,旁边有一位小朋友高高兴兴地抬着头看着风筝在上空飘扬,另外两个小朋友像在追赶,又像在玩游戏,嘻嘻哈哈的,其乐融融;在不远处,有一对情侣坐在草坪上认真地看书学习,突然间,电话铃响了,男孩子拿着手机准备走到一个较远的地方接电话,生怕影响到女孩子学习,女孩子拿着书坐在草坪上默默地目送男孩子离开,然后静静地看着书,静静地等待着男孩子回来;在公园的角落里,有一位出来遛狗的妇女坐在公园公共座椅上跟一位出来遛狗的中年男子愉快地聊着天,他们或聊工作,或聊家常,两只可爱的小狗也愉快地玩起来,一起打闹。总之,给我们展现的是一幅和谐,生机勃勃的春景图。

整体上看,汉语受试在概念上定位主客体关系时多数采用了客观识解方式。但通过进一步的语义分析发现,采用了主观识解的 14 篇汉语篇章中有 5 篇在篇章的议论或解释型主题展开部分使用了第一人称,如 C12 有 24 处使用了第一人称"我",其中超过一半的篇幅是在议论社会亲情主题;C21 句 10 至句 12 是作者借助画面信息所做推理,对画中孩子们之间的关系做了说明。还有 9 篇是在描写或叙事型主题展开部分使用了第一人称，如 C25 以第一人称“我”的视角，结合画面内容回叙了一个虚构的家庭出游事件。而在 26 篇采用了客观识解的汉语篇章中仍然有 13 篇局部也运用了议论或解释，但并未使用第一、二人称代词，如 C15 最后一段作者议论了生活的态度，明确主张要珍惜平凡生活中的美好，感恩生活；C18 句 2 至句 5 是作者基于画面信息对图画场景的季节进行判断和说明。以上表明，尽管通过篇章结构的词汇分析，40 篇汉语篇章大部分都采用了客观识解的视角来组织篇章，从优势视点的安排来看表现出较高的客观性。但进一步结合语义分析发现，还有接近半数的汉语受试尽管在篇章中表达了自己的观点或进行了主观的推测，但多数并未使用第一人称代词，选择在句法上隐去作者本人，从而在语义概念上淡化识解主体的存在，避免观点或推理带有明显的个人主观色彩。

4.1.3 小结

以上分别从词汇、语法、语义及语用几个层面具体分析了汉语篇章的词、句子、语段及篇章等单位在功能与认知维度下所表现出的整体特征，总结如下。

施为动词能在词汇层面直观反映句子言外行为类别，也能直接体现篇章行为的社会交际功能。40 篇汉语篇章有 10 篇使用了施为动词，其中 8 篇使用了断言类施为动词，2 篇使用了指令类施为动词，说明汉语受试在完成看图写作实验任务时对包括交际目的和对象在内的交际情景因素并不十分明确，且篇章行为发生在实验条件下的现实场景，是受试的个体行为，不具有公文特点，不实施特定的社会机构功能，因此汉语篇章较少借助施为动词来展现人际互动和实施特定的交际功能。

篇章情态反映篇章作者对所表达命题内容的现实性或必然性的主观态度。本研究对篇章情态的分析主要基于篇章在句子层面使用情态词的频次情况。从统计的相关数据看，40 篇汉语篇章有 28 篇在多处或个别处使用了情态词，说明多数汉语受试在构建篇章内容时在表达主观推测时能运用情态词限定或标记所表达内容的主观性，整体上表现出较明显的客观色彩；但另一方面，仍然有 12 篇汉语篇章出现了在局部表达非画面内容或脱离画面信息的主观猜测而未使用情态词标记的情况，也反映了一部分汉语受试在组织和传达篇章信息时带有一定的主观性。

情感词在词汇层面能最直观地体现作者在篇章生产时所投入的情感程度和篇章行为的情感色彩。从 40 篇汉语篇章的情感词使用频次数据看，22 篇多处使用了情感词，11 篇个别处使用了情感词，仅 7 篇未使用情感词，使用了情感词的篇章比例高达 82.5%，多处使用情感词的篇章比例也达到 55%，证明汉语受试在处理看图写作内容时较为重视画面人物及自身的感情状态和心理特征，通过大量使用情感词汇使得汉语篇章在结构与内容上表现出较强的情感色彩。

评价词能直接反映受试基于一定的价值观对篇章世界的人物或事件所作的主观评判。一方面，从评价词的频次分布情况看，40 篇汉语篇章中有 29 篇使用了评价词，占到总数的 72.5%，其中 14 篇在多处使用了评价词，说明汉语篇章行为整体上对画面内容不乏的评价和议论色彩；另一方面，通过进一步分析篇章语义发现，使用了评价词的汉语篇章中仅有 5 篇对图画内容做了正反双向评述，而其余 24 篇都是对图画信息做了单向的积极评价，由此可见，尽管汉语受试的篇章行为表现出较显著的评论色彩，但批判性较弱，思辨性不强。

语气是篇章行为常用来处理人际信息的一种句法手段。不同的语气反映了言语者对所表达命题内容的不同态度和处理信息的不同方式。40 篇汉语篇章都运用了以陈述语气为主的语气系统，其中 21 篇兼用了虚拟语气，11 篇兼用了感叹语气，10 篇兼用了祈使语气，另外还有 6 篇兼用了疑问语气。语气运用方面汉语受试的篇章行为整体上表现出一定的灵活性和全面性。在信息功能方面，多数汉语受试通过篇章行为既传达了丰富的画面客观信息，也传递了不少有关个人情感和想象的主观信息；在人际功能方面，小部分汉语受试既运用了疑问语气来增强篇章行为的交际互动色彩，又运用了祈使语气来强化篇章的人际呼吁功能。

引语也是体现篇章风格实现篇章交际功能的一种重要句法手段，尤其在叙事类文学作品中，直接引语的语用与修辞功能更为突出。结合篇章的主题展开类型来分析，在主要运用了叙事类主题展开的 16 篇汉语篇章中有 6 篇运用了直接引语，其中 3 篇大篇幅地运用了直接引语，加强了篇章叙事情节的生动性与戏剧性，一定程度上展现出微型小说的美学色彩。由此可见，部分汉语受试的看图写作篇章行为在交际功能方面也表现出明确的娱乐功能取向。

篇章内容结构分析主要对篇章语义内容的宏观结构安排做出描写。本书从篇章主题内容及篇章主题展开两方面来分析篇章内容结构。从篇章主题词并结合篇章标题看篇章的主题内容。借助篇章使用的高频实词看篇章主题词，40 篇汉语篇章有 10 篇的个别高频实词语义概念脱离了图画内容成分或并非画面具体信息；在通过高频实词进一步观察与实验任务相关的“图画”主题词时还发现，仅 2 篇汉语篇章的高频实词出现了“图画”或其同义词，16 篇在个别地方使用了“图画”，其余 22 篇没有使用“图画”一词。且从 11 篇运用了篇章标题的汉语篇章看，8 篇的标题内容也没有涉及“图画”概念。尽管从宏观语义上分析，绝大多数汉语篇章的语义概念都是围绕图画主题和画面内容展开的，但仍有超过半数的汉语篇章的语义内容或语言表达并没有明确指明“图画”，表明多数汉语受试在安排篇章主题和使用主题词时形式上不太重视实验任务的框架条件，篇章内容回避了“图画”概念，从而在处理篇章主题和构建篇章内容时表现出较多的能动性，增强了篇章行为的主观色彩。

另外，从语义逻辑关系和篇章局部与整体的主题关联方式来分析篇章内容结构。40 篇汉语篇章仅 5 篇在句子层面多处运用了逻辑关系，16 篇个别处运用了逻辑关系，还有 19 篇没有在句子层面运用逻辑关系，说明汉语受试在构建篇章内容时尽管呈现出一定的逻辑关系特征，但整体特征不明显，运用程度不高。篇章主题展开方面，19 篇汉语篇章采用了以描写型为主的主题展开模式，18 篇采用了以叙事型为主的主题展开模式，3 篇采用了以议论型为主的主题展开模式，由此表明，汉语受试在围绕篇章主题安排篇章宏观内容结构时主要采用了描写型与叙事型组篇方式，个别采用了议论型组篇方式，说明了汉语受试在看图写作过程中处理篇章主题和内容时倾向于采用场景描写和事件叙述的组篇模式，篇章行为表现出明确的信息功能。

汉语篇章在语言认知上也表现出一些整体特征。选择维度下的详细度直观反映了受试在看图写作过程中概念处理的细致程度，详细度可由篇章的句子命题数量得以直观体现。从统计的相关数据看，40 篇汉语篇章的平均句子命题数为 33.6 句，有 32 篇的句子命题数量落在 20～39 句区间，8 篇落在 40～59 句区间。此外，结合篇章的主题展开类型来分析汉语篇章的句子命题数量发现，描写型篇章 19 篇，平均每篇的句子命题数量为 29.75 句；议论型篇章 3 篇，平均每篇的句子命题数量为 30.5 句；叙事型篇章 18 篇，平均每篇的句子命题数量为 38 句。以上数据表明，叙事型篇章的详细度整体上较高，明显高于描写型与议论型篇章，说明近一半的汉语受试在处理看图写作概念时选择了事件主题，且基于画面内容并借助想象力构建了事件的背景、框架、发展经过及结局等事件环节信息，但从篇章的语义内容分析看，整体上汉语受试直接对画面信息所做概念处理的详细度并不高。

聚焦维度描写了人在认知外部世界时在各个局部之间如何安排注意力和概念处理强度。从图画各层次信息块对应的篇章句子命题数量看，40 篇汉语篇章有 34 篇中景部分的句子命题数量最多，1 篇中景部分的句子命题数量等于前景部分，还有 5 篇中景部分的句子数量小于前景部分，所有汉语篇章的中景部分和前景部分的句子数量都远多于背景部分，说明绝大多数的汉语受试的篇章行为选择了图画中景作为篇章聚焦信息块，对图画中景部分的关注程度最高，概念处理的力度也最大，其次是图画前景部分，最后是图画背景部分。

突显维度是在聚焦维度基础上进一步描写已经进入认知域“前景”的各细节之间的注意力分配。句子主语在句法上体现了“前景”区域的主要焦点——射体，而宾语则体现了“前景”区域的次要焦点——界标。本研究将篇章中出现频次最高的句子主语定义为篇章第一主要焦点。从汉语篇章第一主要焦点对应的画面信息成分的分布情况看，多数汉语受试将第一主要焦点定位在画面前景部分，其次定位在画面中景部分的比例也比较高，极个别定位在画面背景部分，整体上汉语篇章的第一主要焦点较为分散地分布于画面前景和中景部分。此外，还有 6 篇汉语篇章选择了画外人与物作为第一主要焦点，也表明汉语受试在看图理解处理篇章概念时表现出一定的联想性和发散性。

视角维度着重描写识解者在理解外部世界时的观察方式。本书从时间视角、空间视角和优势视点三个方面来描写篇章概念表征的视角维度。时间视角主要描写受试如何在时间维度上安排篇章世界与篇章行为的定位关系，从 40 篇汉语篇章使用的时间副词与篇章语义分析看，16 篇运用了前置时间视角，篇章世界的时间定位先于篇章行为；8 篇运用了并置时间视角，时间上篇章世界的与篇章行为同步；16 篇运用了全置时间视角，篇章世界与篇章行为的定位关系不明确，篇章世界的时间设置是开放的。由此可见，整体上汉语受试的时间视角安排较为分散，相对倾向于采用前置和全置视角，说明多数汉语受试在处理篇章世界的时间概念时跳出了看图行为“当下”，篇章行为表现出较明显的主观能动性。空间视角主要描写受试基于画面内容的空间布局对各局部信息块进行概念处理的顺次特征。40 篇汉语篇章有 27 篇采用了向心型空间视角，11 篇采用了“向心型 + 离心型”空间视角，仅 2 篇采用了离心型空间视角，说明汉语受试看图理解时，明显呈现出从背景到中景再到前景的从后向前、由远及近的特点。优势视点主要描写识解者在认知活动中概念上如何定位主体与客体之间的位置关系。从篇章使用第一、二人称代词的情况看，14 篇汉语篇章呈现出主观识解特点，26 篇表现出客观识解特点，说明整体上汉语受试在处理篇章概念时篇章结构上将主体与客体做了分开定位；但是，通过进一步的语义分析发现，近一半的汉语篇章在局部都运用了议论和解释型主题展开来表达作者自己的观点和推断，但其中大多数并未使用第一人称，这表明汉语受试在篇章中表达个人观点和主观推测时倾向于在语义概念上隐现“自我”，避免篇章行为显得过于主观。

4.2 德语篇章实证分析

4.2.1 德语篇章功能分析

德语篇章功能也主要从篇章语言结构上进行分析描写，具体在篇章语言风格和篇章语义内容两个层面展开。

4.2.1.1 篇章语言风格分析

施为动词通常是言语行为所实施的交际功能直接的标识，也是实现交际目的的有效词汇手段。通过对40篇德语篇章的情况统计发现，共有11篇使用了施为动词，且全为断言类施为动词。如D3句1使用了Schluss ziehen，句36使用了feststellen，D11句27、句29使用了darauf schließen等。

例24 篇章D11

Da die Kinder unbeaufsichtigt sind, scheint es auch eine sichere Umgebung zu sein. Da die Gewächse Blätter Tragen, schließe ich darauf, dass es Frühjahr oder Sommer ist. Die Bekleidung der Personen lässt darauf schließen, dass es sich um einen angenehm warmen Tag handelt.

由此可见，德语受试整体上也较少使用施为动词，篇章行为的交际功能在词汇层面直接体现的程度不高。从施为动词的使用情况看，德语篇章主要实施了信息传递功能。

德语篇章的情态词使用情况分析也同样采用分析汉语篇章情态词的方法。根据篇章中情态词出现的频次将篇章大体上分为三类情况：多处使用情态词，个别处使用情态词和未使用情态词。分类标准也与汉语篇章保持一致，即篇章中有4处及以上使用了情态词则划为“多处使用情态词”，有1至3处使用情态词则归为“个别处使用情态词”，没有使用情态词则归入“未使用情态词”。从40篇德语篇章使用情态词的整体情况看，所使用的情态词集中在wahrscheinlich、vielleicht、wohl、möglich、anscheinend、vermutlich、oder等。此外，德语中的第二虚拟式往往也能起到表达情态的功能。从统计的情态词使用频次分布情况看，40篇德语篇章中有13篇多处使用了情态词，如D2。

例25 篇章D2

Der Mann im Hintergrund mit dem Mobilfunktelefon scheint beschäftigt zu sein, aber zur Abwechslung die gute Luft und die Ruhe des Parks zu genießen. Das wird wahrscheinlich allen so gehen. Der Mann im Vordergrund mit seinem Mobilfunktelefon könnte Nachrichten oder Emails lesen. Die Frau könnte nicht ohne Grund neben ihm sitzen. Vielleicht ist sie seine Freundin oder jemand wildfremdes, die Interesse an dem Mann hat. Es findet keine Konversation statt. Vielleicht gehört eins oder zwei der Kinder im Hintergrund zu ihnen.

有 24 篇个别处使用了情态词，只有 3 篇未使用情态词。在分析德语篇章是否也存在脱离画面内容或并非基于画面直观信息的纯主观判断或猜测但未使用情态词标记的情况时发现，40 篇德语篇章中有 3 篇出现了这种情况，如 D22 是作者基于图画内容纯粹想象出的一个事件，句 21 至句 30 在讲述放风筝的情节时，提到了两个放风筝的男孩一边放风筝一边彼此讲述关于风筝的趣事和奇遇，句 37 至句 39 提到男士 2 打电话谈公司出了问题的事情，显然这些信息都是作者基于画面信息主观上添加的故事细节，由于作者是将该事件当作自己经历的往事来叙述的，因此一些虚构的细节并未使用情态词或其他语法标记来限制该表达的客观性。

例 26　篇章 D22

Neben ihm stand noch ein kleiner Junge, sie blickten beide nach oben und erzählten sich Geschichten und Abenteuer über den Drache. Zwei Mädchen rannen um die Jungs herum und spielten fangen. Das eine Mädchen war aber sehr viel schnell als das andere.

Weiter hinten saß eine Frau im Gras mit einem Buch in der Hand, was sie wohl las? Vielleicht einen Roman oder doch ein Krimi? Neben ihr lief die ganze Zeit ein Mann auf und ab und unterhielt sich lautstark über sein Telefon. Man hörte etwas von Problemen in der Firma.

D23 句 32 和句 33 作者在猜测女士 2 正在读一本书，是关于德国秋天某个周日的故事，故事里的两个女青年在河边休憩，但篇章在此处也未使用情态词。在其他的 37 篇德语篇章中，受试在表达带有明确主观色彩的猜测时，或者使用了情态词，或者运用了虚拟式对表达的客观性做出语法标记和语义限制。如 D9 句 11 至句 15 在主观猜测男士 2 与女士 2 可能彼此相悦并在草地上野餐时写到"... die anderen als würden sie sich gefallen, das Pärchen hat zwei Hunde, die miteinander herumtollen, die anderen sehen aus, als würden sie zum Picknick oder so da sitzen."。D21 句 34 至句 39 作者主观猜测男士 2 可能在打电话或与坐在旁边灌木丛后面的某个人聊天时，写到"Es sieht so aus, als würde er telefonieren, es könnte aber auch sein, dass er sich mit jemandem unterhält, der hinter den Büschen sitzt und dadurch nicht sichtbar ist."。这里受试均运用了虚拟式来标记语义内容的非现实性。将德语篇章使用情态词的情况统计列表如表 4-14 所示。

表 4-14　德语篇章情态词使用情况统计表

情态词使用情况 德语篇章总数	多处使用		个别处使用		未使用		主观表达未标记	
	篇数	占比	篇数	占比	篇数	占比	篇数	占比
25	13	32.5%	24	60%	3	7.5%	3	7.5%

以上统计数据表明，德语篇章中使用了情态词的篇章占到篇章总数的 92.5%，其中多处使用情态词的篇章占到总数的 32.5%，个别处使用情态词的篇章占到总数的 60%，未使用情态词的篇章仅占到 7.5%，说明绝大多数德语受试在看图写作中对自己的主观性表达都做了词汇或语法标记，主动限制了表达内容的客观性，表现出一种较为客观的写作态度。此外，在从语义内容上分析德语篇章是否有表达纯主观猜测或想象但未使用情态词或其他语法手段标记的情况时发现，仅有 3 篇存在这种情况，由此进一步实证了德语受试在看图写作过程中写作态度和篇章信息总体上表现出较显著的客观性。

分析德语篇章情感词的使用情况也采用与分析汉语篇章情感词一致的方法，主要对情感词在篇章中出现的频次进行统计分析，将篇章中情感词的频次分布情况分为三类：多处使用情感词、个别处使用情感词和未使用情感词。在德语篇章中集中出现的情感词有 traurig、vergnügt、Spaß、ausgelassen、freuen 等等。德语篇章使用情感词的频次分布情况是：40 篇仅有 3 篇在多处使用了情感词，如 D9。

例 27　篇章 D9

Ich sehe einen Park! Wahrscheinlich im Herbst, da mehrere Kinder auf der Wiese einen Drachen steigen lassen. Es müsste aber früh im Herbst sein, da die meisten Personen noch kurze Hosen und T-Shirts tragen. Die Gruppierungen sind sehr unterteilt. Einmal ein Kreis von Kindern, die Spaß zu haben scheinen und zwei mal zwei ältere Menschen, jeweils Mann und Frau, die einen sehen aus wie ein Pärchen, die anderen als würden sie sich gefallen, das eine Pärchen hat zwei Hunde, die miteinander herumtollen, die anderen sehen aus, als würden sie zum Picknick oder so da sitzen. Die jeweiligen Männer sind beide mit einem Handy beschäftigt. Der eine telefoniert und der andere glotzt nur so drin rum. Dies soll wohl auf ein Gesellschaftliches Problem hinweisen, da die Frauen auch relativ melancholisch aus der Wäsche schauen. Dieses Problematik wird durch die spielenden Hunde verdeutlicht, da sie bereits einen guten Kontakt geknüpft haben, ihre Herrchen jedoch keine Form der Kommunikation aufbauen können, da die Handys im spiel sind und so auch kein Blickkontakt oder ein erstes Gespräch zustande kommen kann. Die jungen Kinder und die Tiere können frei spielen und sehen deutlich ausgelassen aus. Im Hintergrund ist ein Pavillon zu sehen, mir erschließt sich nicht, ob er einen Religiösen Hintergrund hat oder einfach nur gut in einen Park passt. Für mich hat er keinen Zusammenhang mit dem restlichen Geschehen, außer eventuell, dass falls er einen religiösen Hintergrund hat und keiner dort ist, um sich dem Glauben zu widmen. Der Park allgemein ist sehr leer, was heißen könnte, dass alle Arbeiten sind, oder es tatsächlich schon recht kalt ist im Jahr. Keiner nimmt sich mehr Zeit für schöne, zwischenmenschliche Aktivitäten.

21 篇仅在个别处使用了情感词;还有 16 篇没有使用情感词。从以上统计数据来看,使用了情感词的德语篇章共 24 篇,占到德语篇章总数的 60%,但其中只有 3 篇多处使用了情感词,仅占到了总数的 7.5%,而另外 16 篇并未使用情感词,占到总数的 40%。统计数据列表如表 4-15 所示。

表 4-15 德语篇章情感词使用情况统计表

情感词使用情况 / 德语篇章总数	多处使用		个别处使用		未使用	
	篇数	占比	篇数	占比	篇数	占比
40	3	7.5%	21	52.5%	16	40%

以上数据说明,尽管德语受试在看图写作时整体上也表现出一些的主观情感色彩,但多次使用情感词的比例很小,半数德语受试只是在个别地方使用了表达主观情绪或心理状态的情感词,仍有较高比例的德语受试在篇章中未使用情感词,因此,德语篇章的信息内容整体上表现出的情感色彩不强。

在评价词使用方面,德语篇章使用评价词的情况与汉语篇章差别不大。40 篇德语篇章有 19 篇多处使用了评价词,占总数的 47.5%,如 D20 句 20 使用了 glücklich,句 26 使用了 schön,句 30 使用了 Kritik、Abhängigkeit 等。

例 28 篇章 D20

Die beiden Hunde im Vordergrund sowie die Kinder im Hintergrund scheinen sehr glücklich und spielen miteinander. Im Gegensatz dazu scheinen die Erwachsenen in dem Bild nicht miteinander zu kommunizieren und sich allein zu beschäftigen. Auffällig ist hierbei, dass es jeweils die Männer sind, welche ihre Handys benutzen. Beide scheinen nicht wirklich ein Auge für die Natur oder das schöne Wetter zu haben, das sie umgibt. Auch für die Frauen in ihrer Nähe scheinen sie sich nicht zu interessieren.

Das Bild kann als Kritik an der zunehmenden Abhängigkeit von der Technik verstanden werden, symbolisiert durch die Smartphones der beiden Männer. Weiterhin impliziert das Bild, dass Frauen und Kinder weniger abhängig von der Technik sind.

有 11 篇在个别地方使用了评价词，占总数的 27.5%，如 D18 句 33 使用了 glücklich，句 39 使用了 emotionslos（冷漠的）。有 10 篇未使用评价词，占总数的 25%，如 D21 通篇只对图画内容进行客观描写，没有使用评价词对图画反映的现实生活或是人物的行为举止表明自己的主观态度或价值判断。统计数据列表如表 4-16 所示。

表 4-16　德语篇章评价词使用情况统计表

评价词使用情况 / 德语篇章总数	多处使用		个别处使用		未使用	
	篇数	占比	篇数	占比	篇数	占比
40	19	47.5%	11	27.5%	10	25%

表 4-16 说明，德语篇章使用评价词的比例较大，达到 30 篇，占总数的 75%。此外，值得注意的是，德语篇章中出现的评价性词语集中在 gut、frei、schön、angenehm、glücklich、stressig、abhängig、Problem、Kritik 等等。在 30 篇使用了评价性词语的德语篇章中仅有 6 篇，即 D1、D6、D13、D16、D28、D32，只是对画面场景或画中人物的行为举止做了情绪上正面或负面的评价性描写，并没有明确进行价值观上的评判，如 D16 中句 15、句 16“Im Gegensatz zu dem Mann wirkt die Frau eher entspannter und glücklicher, während der Mann eher konzentriert und stark fokussiert wirkt.”，在篇尾作者解释道“Als kurze Interpretation zum Abschluss lässt sich sagen, dass hier Rollenbild dargestellt wird, auf dem die Männer die Alleinverdiener sind, da sie im Gegensatz zu den Frauen, welche durchgehend mit langen Harren dargestellt werden, konzentriert mit ihren Handys arbeiten und telefonieren.”，在这里作者对画面中的男士沉溺于手机的行为做了情绪上的负面描写，但并没有予以批判，而是理解为他们作为家庭的唯一经济来源不得不在下班之后还要打电话忙工作，间接地表达了同情；而其余的 24 篇，如 D5 都把画面内容与现实生活联系起来，借助评价词从正反两方面评价了当前人们不同的业余休闲方式，赞同孩子们和小动物彼此自由亲切地相互交往，批评了成人在生活中过度依赖信息

技术，而忽略了现实生活中真实的人际交往。因此，德语篇章整体上不但使用评价词语的比例较高，而且呈现出较明显的思辨性和批判色彩。

例 29 篇章 D5

Ich persönlich finde es ziemlich schade dass kein Elternteil mit den Kindern spielt, denn es kann nicht sein dass so kleine Kinder zu so einem Park alleine gekommen sind. Wenn man schon draußen ist und die frische Luft und die Landschaft genießen kann, sollte man nicht an seinem Handy fest kleben. Ich weiß nicht ob das Mädchen, die ein Buch liest zu Kategorie Erwachsen oder Jugendliche gehört aber ich finde es lobenswert, dass sie wenigstens etwas Sinnvolles tut. Natürlich haben die Kinder auch Spaß, wenn sie ohne Erwachsene spielen, aber ich finde, dass es sehr gut für die Kinder wäre wenn ab und mal ein Erwachsener sich in ihre Spiele beteiligt. Der Park ist zwar ziemlich schön und groß aber ich finde es könnte besser ausgestattet werden für Kinder.

对德语篇章语气系统的分析描写也采用陈述、疑问、祈使、感叹、虚拟 5 种语气，其中对虚拟语气的统计主要针对句子运用的第二虚拟式，因为德语第二虚拟式直接体现作者对所表达内容的非现实性态度。在 40 篇德语篇章中全部都采用了以陈述语气为主的语气系统，有 5 篇使用了疑问语气，2 篇运用了祈使语气，2 篇采用了感叹语气，如 D3 在局部兼用了疑问语气、祈使语气和感叹语气，还有 24 篇运用了虚拟语气。

例 30 篇章 D3

Fangen wir doch mit dem Offensichtlichen an. Die zwei Hunde, die im Vordergrund miteinander spielen, spiegeln in Wirklichkeit die prekäre Gesamtsituation der Bevölkerung wieder: Der eine unterdrückt den anderen und lächelt dabei auch noch, während alle anderen Beteiligten voller Scham ihren Blick abwenden und nicht wahrhaben wollen, was vor ihren Augen passiert.

…

Auffallend ist außerdem der komplett wolkenlose Himmel, der zwar typisch für China, aber nicht typisch für eine Zeichnung dieser fantastischen Qualität ist. Was bedeutet es also, dass der Himmel wolkenfrei ist? Versucht der Künstler hier subtil Kritik an dem immerwährenden Smog in China auszuüben? Oder weiß er einfach nicht, wie Wolken gezeichnet werden. Man weiß es nicht. Die

Verwirrungstaktik des Künstlers geht hier voll auf. Touché!

需要说明的是，实验中的德语篇章与汉语篇章在虚拟语气用法上有较大差别，汉语篇章的虚拟语气主要用来表达作者纯主观的想象，往往是脱离现实的假设或虚构；而德语篇章中的虚拟语气所表达的命题通常并没有完全脱离现实，仍然具有一定的现实可能性，只是作者主观上对这种可能性把握不大，因而用第二虚拟式进行标记，以便与直陈式的客观现实性相区分。从这一点来讲，德语篇章的虚拟语气更多的是在情态方面发挥功能。在 24 篇运用了虚拟语气的篇章中只有 1 篇叙述了一个纯粹虚构的事件，其他篇章均是针对现实情况的不确定表达，而不是脱离现实的纯主观想象。德语篇章语气使用情况统计列表如表 4-17 所示。

表 4-17　德语篇章语气使用情况统计表

德语篇章总数 \ 语气	陈述语气		疑问语气		祈使语气		感叹语气		虚拟语气	
	篇数	占比	篇数	占比	篇数	占比	篇数	占比	篇数	占比
40	40	100%	5	12.5%	2	5%	2	5%	1	2.5%

从表 4-17 可以看出，德语篇章的语气系统中陈述语气占绝对主导地位；有 5 篇使用了疑问语气来加强篇章与读者的信息互动交流，增强了篇章人际功能，占 12.5%；而其他语气的运用所占比例很小，祈使语气和感叹语气分别都只有 2 篇，占总数的 5%，只有 1 篇运用了表达非现实的虚拟语气，这说明德语受试在看图理解与写作过程中不善于借助感叹语气来表达主观情感和心理状态，也不倾向于通过祈使语气向读者直接提出要求或发出呼吁，篇章行为主要是围绕图画内容并结合现实进行描写和评论，传达客观信息，很少涉及脱离客观实际的纯主观想象。

德语篇章使用引语的情况与汉语篇章明显不同。40 篇德语篇章没有一篇运用直接引语。结合篇章的主题展开类型来看，38 篇德语篇章采用了以描写型或议论型为主的篇章主题展开方式，只有 2 篇(D22 和 D35)采用了以叙事型为主的主题展开方式。例如，D22 主要使用了过去时态，以第一人称单数“ich”的视角叙述了一段某个周六的午后在公园散步的经历。篇章描述了事件主人公在公园的见闻，通篇没有运用直接引语，在几处涉及事件人物言语行为的地方，受试都是采用间接引语进行描述，如句 30“…, sie erzählten sich Geschichten und Abenteuer über den Drache.”，句 37 和句 38“Neben ihr lief die ganze Zeit ein Mann auf und ab und unterhielt sich lautstark über sein Telefon.”。这样一来，篇章所有信息都是通过“我”传达给读者，而没有运用直接引语让事件人物与读者直接“对话”，因而读者心理上也没有“身临其境”置身篇章世界的体验。另外，值得关注的是，D22 作者在描述在草地上读书的女士时，使用了两个问句句 35 和句 36，是关于这位女士在读什么发出的疑问，作者文中并没有使用引号，表明这不是“我”当时内心油然而生的想法，而是从一般观察者视角看到这一情景会自然产生的好奇与猜测，从而没有产生“我”与读者之间面对面的思想交流，而只是“我”站在普通读者的立场传达某些情景信息。因此，这样的叙事篇章仍然是以信息功能为主，而文学上的娱乐功能并不突显。从引语的使用情况可以看出，德语受试在处理篇章信息时都能扣住看图写作这一基本要求，篇章形式和内容上没有脱离看图理解这一实验框架条件，个别叙事篇章也不追求文学色彩和娱乐功能，而是强调传达画面信息，因而整体上较为忠实看图写作任务，表现出较强的客观性。

例 31　篇章 D22

Weiter hinten saß eine Frau im Gras mit einem Buch in der Hand, was sie wohl las? Vielleicht einen Roman oder doch ein Krimi? Neben ihr lief die ganze Zeit ein Mann auf und ab und unterhielt sich lautstark über sein Telefon.

4.2.1.2　篇章内容结构分析

德语篇章的内容结构分析也从篇章主题内容和主题展开两方面进行。篇章主题内容重点分析篇章主题词及标题。本书借助 AntConc 软件和词义分析对德语篇章中词频排序在前 5 位的高频实词进行统计分析。总体上德语篇章的高频实词集中在 Bild、Kind、Mann、Frau、Hund、sehen、Park、spielen、Person 等词，其中 5 篇的高频实词个别出现了脱离画面内容或与图画信息成分并非直接关联的情况，占篇章总数的 12.5%，即 D5 有 5 处使用了 finden，D6 有 5 处使用了 erkennen，D7 有 4 处使用了 lassen，D27 有 4 处使用了 arbeiten，D39 有 4 处使用了 Zeit。通过进一步分析词义发现，这些高频实词都与篇章作者表达观点或判断的行为有关，而并非超越画面信息的纯粹主观联想，这一点与汉语篇章也存在明显差异。

联系篇章标题看德语篇章的主题内容安排，40 篇德语篇章有 16 篇使用了标题，其中 15 篇的标题明确使用了 Bild（图画）或 Zeichnung（绘画），1 篇的标题是 Was sehe ich（我所见），其他 24 篇没有使用标题结构。通过语义分析，德语篇章在主题内容上基本都是围绕“图画”展开的描写、评论和说明。在分析篇章潜在的主题词 Bild 频次时发现，有 27 篇德语篇章的高频实词中出现了 Bild 或同义词，如 D13 使用了 8 次。

例 32　篇章 D13

Die schwarzweiße Zeichnung zeigt eine mögliche Alltagssituation in einem

Park oder einem Waldgebiet, auf der drei Personengruppen abgebildet sind. Ob es sich bei diesem Bild um einen Druck oder um ein Gemälde handelt, kann man als Laie nicht feststellen.

Im Vordergrund des Bildes sitzen zwei Personen(eine Frau und ein Mann) auf einer Parkbank ohne Lehne, welche jeweils einen Hund angeleint halten. Während der Mann abwesend auf sein Smartphone schaut, beobachtet die Frau mit einem verträumten Blick die beiden Hunde, welche miteinander spielen und ganz frei aussehen. Die Frau sitzt leicht abgewandt zu dem Mann mit übereinandergeschlagenen Beinen auf der Bank.

Die zweite Personengruppe befindet sich auf der linken Seites des Bildes ungefähr in der Mitte und zu sehen sind wiederum eine Frau und ein Mann. Der Mann steht mit dem Rücken zur Frau und telefoniert, während Sie auf dem Boden sitzt und ein Buch liest.

Im hinteren Teil des Bildes spielen vier Kinder gemeinsam mit einem Flugdrachen. Zu sehen sind zwei Mädchen und zwei Jungen. Die beiden Mädchen rennen und die beiden Jungen sitzen auf der Wiese und schauen hoch zu ihrem Drachen.

Abschließend etwas zur Umgebung in der sich die drei Personengruppen befinden. Das Ganze Szenario spielt wie bereits erwähnt in einem Park oder vielleicht auch einer Waldlichtung. Durch die Art der Darstellung des Bildes ist nicht zu sehen um welche Tageszeit es sich handelt oder welches Wetter gerade ist, da weder Wolken noch Sonnenstrahlen zu sehen sind. Ganz im hintersten Teil des Bildes befindet sich ein kleines Gebäude im chinesischen Stil, welches eine Sitzgruppe oder eine kleine Hütte sein könnte.

还有8篇只在个别地方使用了Bild,仅有5篇没有使用Bild一词。"图画"词频统计情况见下表。

表4-18 德语篇章"图画"词频分布情况统计表

"图画"词频 / 德语篇章总数	高频使用		个别使用		未使用	
	篇数	占比	篇数	占比	篇数	占比
40	27	67.5%	8	20%	5	12.5%

从表4-18的统计数据可以看出,绝大多数德语受试在看图写作过程中考虑了

实验任务的框架条件，篇章主题内容遵从图画内容，并在语言形式与内容上明确表达了“图画”概念。而且从篇章主题词的选取和标题运用情况看，绝大多数的德语篇章都能紧扣画面信息成分，表现出较为忠实的写作态度和较为客观的篇章内容。

德语篇章的主题展开方式也是从篇章语义逻辑关系和主要内容成分之间的语义关联两方面入手来描写篇章整体与篇章局部在主题上的关联。分析德语篇章的逻辑关系主要通过关系连词的运用并辅助句子语义分析，统计篇章中表现出因果、条件、转折、让步、目的等偏正式逻辑关系的句子数量，将统计情况分为三类：多处运用逻辑关系，个别处运用逻辑关系和未运用逻辑关系。统计结果是，40 篇德语篇章中多处运用逻辑关系及表达的篇章有 18 篇，如 D1 句 3 和句 4“Der Park scheint in China zu sein, da im Hintergrund eine Art chinesischer Pavillon zu sehen ist.”，句 15 和句 16“Es scheint Sommer zu sein, da beide Erwachsene sommerliche Kleidung tragen.”这两处都运用了关系连词“da”(因为)，尽管句 18 至句 30 语段并未直接运用关系连词，但语义内容上也体现了因果逻辑关系推理，前面几句是人物关系的推断结论，后面主要陈述推断的依据或缘由，此外，该段前后还运用了对比与转折。

例 33 篇章 D1

Auf dem Bild ist ein Park zu sehen, in welchem zwei Erwachsenen, sechs Kinder und zwei Hunde sitzen beziehungsweise spielen. Der Park scheint in China zu sein, da im Hintergrund eine Art chinesischer Pavillon zu sehen ist.

…

Es scheint Sommer zu sein da beide Erwachsene sommerliche Kleidung tragen und es nicht regnet.

Auf den ersten Blick sahen alle Personen auf dem Bild sehr glücklich aus, jedoch finde ich, dass bei genauerem Hinsehen eine Art Spannung zwischen den beiden Erwachsenen zu erkennen ist. Die Dame sitzt leicht abgewandt zum Mann und ihre Körperhaltung ist leicht in sich zusammen gesunken. Sie wirkt sehr nachdenklich und vielleicht auch ein wenig traurig. Der Mann sitzt genau wie die Frau auch leicht weggeneigt und wirft ihr unauffällig einen Blick zu. Ich denke, dass zwischen beiden irgendeine Art von unausgesprochenem Problem existiert. Ganz im Gegensatz zu den Hunden, welche total glücklich aussehen.

D8 句 37 至句 41“Die Kinder sind relativ jung und scheinen unbeaufsichtigt, spielen aber ausgelassen mit einander, was darauf schließen lässt, dass sie sich nicht alleingelassen fühlen.",尽管此处并未明确使用关系联系,但语义上仍然展现了由论据到论点的逻辑推理过程。有 18 篇在个别处运用了逻辑关系表达,如 D2 句 2 至句 7"Offenbar ist es Tag und es muss warm, aber windig sein. Warm deswegen, weil die Leute vorne kurze Kleidung tragen. Windig, weil die Kinder einen Drachen steigen lassen."有两处运用了 weil(因为)表达因果逻辑关系,作者首先阐明了自己的判断,即逻辑关系的原因,然后分别阐述了判断的依据,即逻辑关系的结果,运用了反向因果关系推理。另外还有 4 个篇章未运用句义逻辑关系表达,如 D18 只对图画内容做了描写与评论,没有运用表达逻辑关系的连词,语义内容上也不存在逻辑关联。德语篇章使用逻辑关系的情况统计列表如下。

表 4-19　德语篇章逻辑关系使用情况统计表

句子逻辑关系 / 德语篇章总数	多处运用		个别处运用		未运用	
	篇数	占比	篇数	占比	篇数	占比
40	18	45%	18	45%	4	10%

以上统计数据说明,整体上德语篇章内容运用逻辑关系的比重较大,有 36 篇,占篇章总数的 90%,其中 18 篇多处运用了逻辑关系,占到 45%,而未使用逻辑关系的篇章只有 4 篇,仅占 10%,篇章内容表现出较明显的逻辑关联特征。

从德语篇章的主要内容成分看篇章主题展开类型,分析方法与汉语篇章一致,先将表达同一主题的若干相邻句子划为一个篇章内容组成部分,即语段,再分析各语段的局部主题或次级主题展开方式,最后在宏观语义上分析各语段与篇章整体之间存在的逻辑关联,从而对篇章主题展开类型做出描写。统计的情况是,40 篇德语篇章中有 38 篇采用了复合型主题展开,如 D4 作者在篇章第一部分既对图画内容进行了整体描写,又对图画的艺术创作手法做了解释和说明,在重点描写图画前景部分时,还联系社会现实进行了评论,批判了当下很多人沉溺于手机世界而忽略现实人际交往这一社会问题,篇章结尾部分又对图画内容做了总结描写。

例 34　篇章 D4

Bildinterpretation

Auf dem Bild sieht man eine Parklandschaft mit Bäumen und einer Wiese in deren Mitte sich mehrere Personen befinden. Das Bild ist schwarz-weiß gehalten und besteht aus vielen feinen Linien. Es könnte sich daher um eine Bleistift oder Tuschezeichnung handeln. Der Stil ist einfach gehalten, wobei einzelne Details erkennbar sind. Im Vordergrund sitzen eine Frau und ein Mann auf einer Bank. Beide haben sommerliche Kleidung an. Die beiden halten Abstand voneinander, wahrscheinlich kennen Sie sich nicht, jedoch haben beide ihre Hunde dabei, welche vor ihnen mit einander spielen. Obwohl beide Hunde an der Leine gehalten werden, können diese frei spielen. Die Dame betrachtet dieses Treiben interessiert, während der Mann nur auf einen rechteckigen Gegenstand in seiner linken Hand schaut. Dieser Gegenstand könnte ein Spiegel sein, da sein Spiegelbild aber nicht erkennbar ist und Knöpfe angedeutet sind, ist es wohl eher ein Smartphone. Die beiden Personen sind nur über ihre Hunde verbunden, zwischen ihnen findet keine Interaktion statt. Vielleicht möchte der Künstler dieses Bildes ein in der heutigen Zeit viel beobachtetes Phänomen kritisieren. Viele Menschen schauen in der U-Bahn, auf der Straße oder eben auch draußen nur auf ihre Handys und vergessen dabei ihre Umgebung wahrzunehmen. Im Hintergrund sind 4 Kinder auf der Wiese zu sehen. Eines lenkt einen Drachen, der hoch in der Luft schwebt. Ein weiteres sitzt auf dem Boden, während zwei weitere Kinder rennen. Sie spielen vielleicht Fangen. Auf der linken Seite des Bildes sind noch zwei weitere Personen zu sehen, ein Mädchen, auf dem Boden sitzend, mit einem Buch in der Hand und ein Junge sich von ihr abwendend. Letzterer hält wahrscheinlich sein Handy an sein linkes Ohr und führt gerade ein Telefongespräch. Ganz hinten im Bild ist ein kleines Gebäude zu sehen, wie man sie in vielen asiatischen Gärten entdecken kann. Es sieht aus wie ein Pavillon, es könnte aber auch ein Brunnen sein. Insgesamt wirkt das Bild sehr beruhigend idyllisch, es ist eine einfache Alltagssituation die sich so oder ähnlich überall abspielen kann.

仅有 2 篇(D24、D37)采用了单一描写型。例如,D24 通篇围绕图画内容进行描写,首先对图画进行整体描写,然后分别描写画面各局部,依次从图画背景,到中景,再到前景,最后又对图画内容做了总结描写。篇章既没有对图画的艺术创作进行说明,也没有对图画内容的现实意义予以评论。

例 35　篇章 D24

Auf dem Bild sehe ich eine Art Park mit vielen Bäumen/Wald. Zwischen den Bäumen sieht man eine große Rasenfläche oder Wiese, auf der Kinder spielen.

Ganz hinten im Bild ist eine Art chinesischer Tempel zu sehen, mit einer typisch chinesischen Bauform. Ein Kind sitzt auf dem Rasen in der Bildmitte und hält eine Schnur, es lässt einen Drachen steigen. Das Kind, das ganz links steht, schaut den Drachen in der Luft an. Die beiden Kinder rechts rennen hintereinander her, es sieht so aus als würden sie Fangen spielen. Auf der linken Seite der Rasenfläche sind zwei weitere, eher junge, Menschen zu sehen: ein Mann und eine Frau. Der Mann/Jugendliche hält sich ein Handy an sein Ohr, er telefoniert wahrscheinlich oder hört sich eine Sprachnotiz an. Die Frau/Jugendliche sitzt auf dem Rasen und liest in einem Buch. Sie hat anscheinend eine Schleife oder etwas Ähnliches in den Haaren und einen Rock an. Auf der linken Bildseite ganz vorne sieht man einen großen Baum, der nicht gerade sondern schräg wächst. Unter ihm oder neben ihm wächst ein Busch. Vor dem Busch wachsen Gräser und andere Pflanzen. In der Bildmitte sitzen ein Mann und eine Frau auf einer Bank. Sie sitzen nicht direkt nebeneinander sondern ein Stück entfernt, sie scheinen sich also nicht zu kennen. Beide haben einen Hund an der Leine und die Hunde spielen anscheinend miteinander. Ein Hund hat den Kopf unten und er liegt auf dem Boden. Der andere Hund steht auf seinen Pfoten und hat eine Pfote auf dem liegenden Hund. Der Mann sitzt rechts neben der Frau und schaut nur auf sein Smartphone, er hat seine Hundeleine locker in der Hand. Er sieht nicht was die Hunde tun. Der Mann mit Hund hat kurze Hosen an und ein Hemd. Er schaut grimmig und nicht glücklich. Die Frau hat ihre Haare zu einem Zopf gebunden und schaut den Hunden zu. Sie hat einen Rock an und eine Bluse und sieht entspannt aus. Die spielenden Kinder haben lange Hosen an, bis auf ein Mädchen das einen Rock trägt. Das Bild wirkt insgesamt friedlich. Die Menschen sehen eher chinesisch/asiatisch als europäisch aus.

德语篇章主题开展的相关数据统计列表如表 4-20 所示。

表 4-20　德语篇章主题展开类型统计表

篇章主题展开类型 / 德语篇章总数	单一描写类型		单一叙事类型		单一解释类型		单一议论类型		混合类型	
	篇数	占比	篇数	占比	篇数	占比	篇数	占比	篇数	占比
40	2	5%	0	0%	0	0%	0	0%	38	95%

从以上数据不难看出，绝大多数德语受试都采用了混合型主题展开来安排篇章的宏观语义内容。在运用混合主题展开类型方面，德语篇章也呈现出一些集体特征。38 篇采用了混合型主题展开的篇章中有 30 篇采用了描写型为主，议论、解释型为辅的主题展开策略，如 D1(参见例 33)作者主要描写了图画的内容，但在描写图画前景部分时，还根据画面信息分析了男士 1 与女士 1 之间的关系，局部运用了解释型主题展开。有 6 篇采用了议论型为主，描写、解释型为辅的主题展开策略，如 D23 作者联系图画内容着重评述了中国人的工作、学习和休闲方式，论述了“中国人重视教育，勤于工作”的观点。还有 2 篇 D22、D38 采用了叙事型为主，议论型为辅的主题展开类型。例如 D22 受试根据图画内容叙述了“自己”在某个周六的午后在公园散步的经历，局部阐明了“业余生活不应受到工作打扰”的主张。统计结果列表如表 4-21 所示。

表 4-21　德语篇章混合型主题展开统计表

混合型主题展开 / 德语篇章总数	描写型为主			议论型为主		叙事型为主
	兼解释型	兼议论型	兼解释、议论型	兼描写型	兼描写、解释型	兼议论型
38	18	3	9	3	3	2

借助上表对德语篇章的主题展开类型进行小结：40 篇德语篇章中有 38 篇采用了混合型主题展开，占到总数的 95%，只有 2 篇采用了单一的描写型主题展开，仅占总数的 5%。而从德语受试对篇章主题展开类型的具体运用及分布情况来看，40 篇德语篇章中有 32 篇采用了单一描写型或以描写型为主的混合型主题展开策略，占到总数的 80%。6 篇采用了以议论型为主的混合型主题展开策略，占到 15%；还有 2 篇采用了以叙事型为主的混合型主题展开策略，占 5%。统计数据列表如表 4-22 所示。

表 4-22　德语篇章主要主题展开类型统计表

篇章主要主题展开类型 / 德语篇章总数	描写(为主)型		议论(为主)型		叙事(为主)型	
	篇数	占比	篇数	占比	篇数	占比
40	32	80%	6	16%	2	4%

另外，还需要指出的是，在运用具体篇章主题展开类型方面，40 篇德语篇章中有 38 篇不同程度地运用了描写型主题展开，占到总数的 95%；有 30 篇不同程度地运用了解释型主题展开，占到 75%；有 21 篇不同程度地运用了议论型主题展开，占到

52.5%;仅2篇运用了叙事型主题展开,只占5%。列表如表4-23所示。

表4-23 德语篇章运用各类主题展开类型统计表

篇章主题展开类型 / 德语篇章总数	描写型		解释型		议论型		叙事型	
	篇数	占比	篇数	占比	篇数	占比	篇数	占比
40	38	95%	30	75%	21	52.5%	2	5%

综上所述,在篇章主题展开方面,大多数德语篇章主要运用了描写型主题展开,半数篇章主要运用了议论型主题展开,个别篇章主要运用了叙事型主题展开。从篇章具体运用的主题展开方式看,绝大多数德语篇章不同程度地运用了描写型与解释型,多数还兼用了议论型,仅2篇运用了叙事型。此外,38篇德语篇章采用了复合型主题展开策略,占95%,其中12篇,如D4(参见例34)综合运用了3种主题展开类型,说明德语受试在组篇能力和运用主题展开策略方面也表现出较强的灵活性和全面性。此外,需要说明的是,40篇德语篇章有16篇的内容成分在局部对图画的艺术创作手法和风格做了阐明,如D3在开篇就对绘画的笔法及细节描绘做了简要说明与评论。

例36 篇章D3

In Anbetracht der filigranen Linienführung und der außerordentlichen Detailverliebtheit des Künstlers, kann man als aufmerksamer Betrachter nur einen sinnvollen Schluss ziehen: Das Bild ist toll...

4.2.2 德语篇章认知分析

4.2.2.1 选择分析

选择维度下主要分析德语篇章的详细度,即德语受试在看图写作时处理画面信息构建篇章概念的详细程度。由于德语的句法结构比较清晰、整齐,德语篇章的句子命题划分主要借助句法手段并结合语义分析。如D10句18至句20"Neben ihr läuft ein Mann, der mit seinem Handy telefoniert und dabei mit seinem freien Arm gestikuliert.",该句在句法结构上是一个复合句,包括一个主句和一个关系从句,而关系从句又是并列结构,从语义上分析还可划分为两个并置的小句,在概念内容上一个小句描述一只手拿着手机打电话的行为,另一个小句则描写另一只手做手势的肢体动作。因此,在划分句子或小句命题时,该句被划定为3个命题。

从统计的德语篇章句子命题数量情况看,40篇德语篇章之间的句子命题数量差别也较大,最长的篇幅D8有53个句子命题,最短的篇幅D10只有32个句子命题。

例 37　篇章 D10

Die Szenerie des zu beschreibenden Bildes zeigt einen Park bei scheinbar sonnigen Wetter. Die Personenmerkmale lassen darauf schließen, dass das Bild im asiatischen Raum zu verorten ist. Die Szenerie des Parks wird durch die Bäume, die die Wiese im Zentrum des Bildes umschließen, begrenzt. Im Vordergrund des Bildes sind eine junge Frau und ein etwas älterer Mann auf einer Parkbank sitzend zu sehen. Beide besitzen anscheinend junge Hunde, die vor ihnen auf einem Weg spielen. Beide sind an einer Leine befestigt und können nicht weglaufen. Die junge Frau blickt lächelnd zu den beiden Hunden, während der Mann neben ihr auf der Bank vollkommen auf sein Handy fixiert zu sein scheint. Die Frau trägt einen Rock und darüber einen längeren Mantel oder Pulli. Der Mann ist mit einer kurzen Hose sowie einem Polo-Shirt bekleidet. Hinter ihnen sitzt eine Frau im Gras und liest ein Buch. Sie ist mit einem Rock und einem T-Shirt bekleidet. Neben ihr läuft ein Mann, der mit seinem Handy telefoniert und dabei mit seinem freien Arm gestikuliert. Er trägt eine lange Hose sowie ein Polo-Shirt. Im Zentrum des Bildes befinden sich vier spielende Kinder. Ein auf dem Boden sitzender junge lässt an einer Schnur einen Drachen steigen, wobei ihm der neben ihm stehende junge zuschaut. Der Drache verfügt über drei Flatterbänder, die an seinem dreieckigen Rumpf befestigt sind. Rechts neben ihnen laufen zwei Mädchen spielend über die Wiese. Ganz im Hintergrund des Bildes ist ein kleiner auf Säulen gebauter Schrein oder Tempel erkennbar. Die kurze Treppe führt auf eine erhöhte Plattform in dessen Mitte ein Tisch oder Altar steht. Der Tempel ist zudem von einem Dach bedeckt, dessen Form asiatisch anmutend ist.

从句子命题数量的分布区间看，40 篇德语篇章中有 0 篇句子命题数量在 20～29 句区间，有 16 篇句子命题数量在 30～39 句区间，有 22 篇句子命题数量在 40～49 句区间，有 2 篇句子命题数量在 50～59 句区间，95%的德语篇章句子命题数量位于 30～49 句区间。德语篇章的平均句子命题数量是 40.6 句。相关数据统计列表如表 4-24 所示。

表 4-24　德语篇章句子命题数量统计表

篇章句子命题数量 / 德语篇章总数	20～29 句		30～39 句		40～49 句		50～59 句	
	篇数	占比	篇数	占比	篇数	占比	篇数	占比
40	0	0%	16	40%	22	55%	2	5%

结合篇章主题展开类型进一步分类统计德语篇章的句子命题数量得到以下数据。描写型或以描写型为主的篇章有32篇，其中13篇句子命题数量位于30～39句区间，18篇句子命题数量位于40～49句区间，2篇句子命题数量位于50～59句区间，平均每篇句子命题数量为40.7句。议论型或以议论型为主的篇章有6篇，其中3篇句子命题数量处于30～39句区间，3篇句子命题数量处在40～49句区间，平均每篇句子命题数量为39.5句。叙事型或以叙事型为主的篇章只有2篇，平均句子命题数量为44句。各主题展开类型的德语篇章句子命题数量大致分布均衡，如图4-4所示。

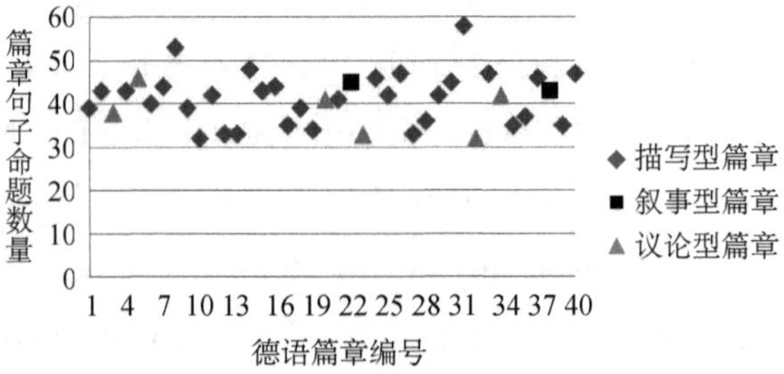

图4-4　各主要主题展开类型的德语篇章句子命题数量

由于各主要主题展开类型对应的德语篇章数量分布不均衡，82.5%的篇章采用了以描写型为主的主题展开类型，而以议论型或叙事型为主的德语篇章比例分别仅为15%和2.5%，因此，无法客观反映篇章主题展开类型与篇章句子命题数量之间的关联趋势。

4.2.2.2 聚焦分析

通过统计德语篇章中针对画面局部进行描写、议论、解释或说明的句子命题数量，来分析德语受试在画面各层次信息块之间如何分配注意力，进而反映受试对图画不同信息块的概念处理力度。一般情况下，某信息块对应篇章中的句子命题数量与受试对该信息块的关注程度以及概念处理力度成正相关。

统计的数据显示，个别德语篇章之间在对画面各信息块的注意力分布及概念处理力度上也存在较大差别。如D16针对图画前景部分的句子命题数量达到22句。

例38　篇章D16

Im Vordergrund ist eine Bank neben einem kleinen Weg zu sehen, auf der eine junge, schlanke Frau und ein etwas älter Herr zu sehen ist. Beide nutzen den Park um Ihre Hunde auszuführen. Im Gegensatz zu der Frau ist der Mann mit seinem Smartphone beschäftigt und fokussiert sich sehr wenig auf seine

Außenwelt. Während die Frau auf dem Zusammenspiel der beiden Hunde im Vordergrund achtet, nimmt der Mann kaum Notiz davon. Aus der gezeigten Szene im Vordergrund lässt sich nicht sicher schließen ob die Frau und der Mann (Ehe-)Partner sind oder sich einfach nur zufällig auf dieselbe Bank gesetzt haben. Dadurch dass beide einen Hund an der Leine halten und keine wirkliche Kommunikation – weder verbal noch nonverbal – zwischen den beiden zu herrschen scheint tippe ich persönlich auf die zweite Möglichkeit. Im Gegensatz zu dem Mann wirkt die Frau eher entspannter und glücklicher, während der Mann eher konzentriert und stark fokussierter wirkt.

…

Dadurch, dass einige Gesichter auf der Zeichnung Asiatische Züge sowie durchgehen schwarze Haare, haben liegt die Folgerung nahe, dass die Szene in im Asiatischen Raum spielt, durch den Smartphones, dass die Szenerie in einem Land wie China oder Japan entstanden ist.

Als kurze Interpretation zum Abschluss lässt sich sagen, dass hier Rollenbild dargestellt wird, auf dem die Männer die Alleinverdiener sind, da sie im Gegensatz zu den Frauen, welche durchgehend mit langen Haaren dargestellt werden, konzentriert mit ihren Handys arbeiten bzw. telefonieren.

而 D23 则主要围绕图画主题对中国人的日常生活做了一般性论述，紧扣图画前景部分的句子命题数量只有 1 句；D15 有 28 个句子命题概念涉及图画中景部分，而 D3 只有 4 句对图画中景部分做了概念处理。但是，和汉语受试一样，德语受试在安排聚焦信息块方面也呈现出一些共性特征。德语篇章各画面层次信息块所对应的句子命题数量统计列表如图 4-5 所示。

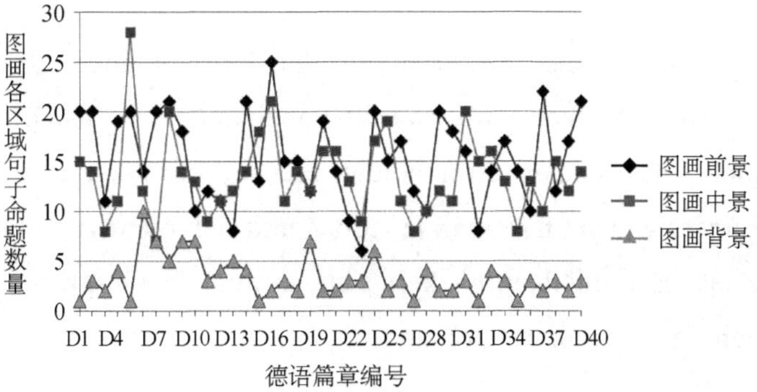

图 4-5　德语篇章各信息块的句子命题数量

从上图看到，德语受试在看图写作过程中整体上分配给图画前景的注意力最多，其次是图画中景，分配给图画背景的注意力最少。从统计的具体数据来看，40 篇德语篇章中有 24 篇前景部分的句子命题数量多于中景部分，占到总数的 60%；有 3 篇前景部分的句子命题数量与中景部分相等，占总数的 2.5%；还有 13 篇前景句子命题数量少于中景部分，占总数的 32.5%。由此说明，多数德语受试的看图写作围绕画面前景部分安排的句子命题数量最多，说明将看图理解的注意力主要分配给画面前景部分，对前景部分的概念处理力度相对最大，其次是画面中景部分，对画面背景的注意程度和概念处理力度最小。

4.2.2.3 突显分析

突显是在聚焦描写基础上对关注区域内的注意力分配所做的进一步描写。通过统计德语篇章句子主语的分布情况，即作为句义概念的射体的主要焦点。按照分析汉语篇章的方法，这里也统计德语篇章中出现频次最高的句子主语，即第一主要焦点所对应的画面具体信息成分。从统计数据看，个别德语篇章也出现了同一篇章存在多个第一主要焦点的情况。40 篇德语篇章中有 26 篇以图画前景中的男士 1 为第一主要焦点，如 D7 中男士 1 有 12 次作句子主语①。

例 39 篇章 D7

Auch wenn sich in dem Bild keine Sonne erkennen lässt, so lässt es erahnen, dass die Personen sich an einem schönen Sommer-oder Frühlingstag draußen im Park aufhalten. Zumindest scheint es warm zu sein, da kurze Hosen, Röcke und Shirts zu sehen sind. Im Hintergrund lassen Kinder einen Drachensteigen, daher scheint ein wenig Wind zu sein. Von der chinesischen Kultur wissen wir, dass viele das direkte Sonnenlicht meiden, daher könnte dies der Grund sein, dass keine Sonne sichtbar ist. Vielleicht ist sie versteckt hinter dem Smog größerer Städte.

Ob sich der Mann und die Frau auf der Bank kennen, lässt sich nicht erkennen. Sie sitzen ein wenig abgewandt voneinander, beobachten aber beide das gleiche Spiel – das Spielen ihrer beiden Hunde, die noch angeleint sind und dennoch ganz ungezwungen miteinander toben und sich nicht zurückhalten wie die beiden Menschen. Eventuell entwickelt sich daraus ein Gespräch zwischen den beiden Personen und sie nähern sich an.

---

① 句 42 与句 43 为并列句，共用主语“sie”。

Im Hintergrund ist neben den spielenden Kindern eine kleine Pagode zu sehen, jede Menge Bäume und zwei weitere Menschen, die aber nichts miteinander zu tun zu haben scheinen. Einer der beiden telefoniert (sieht aus wie ein Mann), die andere Person liest in einem Buch (sieht aus wie eine Frau), evtl. lernt sie für die Schule oder für das Studium.

Was sich nicht gut erkennen lässt, ist, worum es sich bei dem schmalen Streifen handelt, der den Vorder- vom Hintergrund trennt. Vielleicht ist es nur ein stilistisches Mittel, um einen Weg zu kennzeichnen bzw. die Trennung von z. B. Sand und der Rasenkante, vielleicht soll aber gerade dadurch eine Trennung erfolgen zwischen den Szenerien. Das Pärchen im Vordergrund ist in seiner eigenen Welt. Da beide zufrieden aussehen, finden sich die beiden vielleicht sympathisch und Zuneigung entsteht. Oder aber sie sind bereits ein Paar und dass sie voneinander abgerückt sitzen, zeigt, dass etwas nicht mehr stimmt mit ihnen. Sie unterhalten sich nicht, sondern beobachten schweigend die spielenden Hunde. Aber mir gefällt meine erste Version besser:-)

14 篇以图画前景中的女士 1 为第一主要焦点，如 D1 中女士 1 有 9 次作为句子主语；5 篇以图画中景部分的女士 2 为第一主要焦点；各有 3 篇分别选择了图画前景部分的小狗和中景部分的男士 2、男孩 1、男孩 2 作为第一主要焦点。此外，还各有 1 篇选择了中景部分的女孩 1、女孩 2 以及图画整体和画外人与物作为第一主要焦点。统计数据如图 4-6 所示。

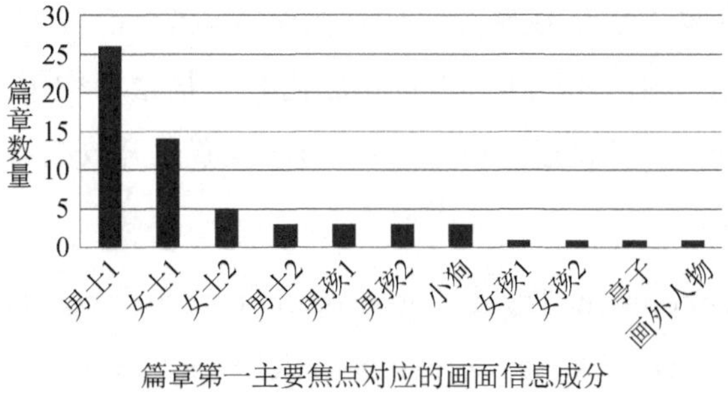

图 4-6 德语篇章第一主要焦点的分布情况

从上图可以看出，整体上德语篇章多数选取前景中的男士 1 与女士 1 作为句子主语频次最多的第一主要焦点，并且呈现出较为集中的特点。另外，从各篇章的第一主要焦点所对应的画面信息成分分布情况看，40 篇德语篇章有 32 篇以图画前景部分的信息成分作为篇章第一主要焦点，只有6篇选择了图画中景部分的信息成分，各有1篇选择了图画的全景信息和画外人与物。由此可见，德语篇章的第一主要焦点分布与聚焦信息块相吻合，都较为集中在画面前景部分。从单个篇章选取的第一主要焦点所对应的信息成分的画面层次分布情况看，只有1篇(D5)同时将画面前景和中景部分的信息成分选作了第一主要焦点，而其他篇章都只在一个画面层次信息块中选取第一主要焦点。这一点也反映了德语受试整体上在看图处理篇章概念时注意力较为集中于同一个画面信息区域，大多数选择了画面前景部分的信息，且第一主要焦点的选取较为一致，观察活动的分散性与思维活动的发散性特点并不明显。

4.2.2.4 视角分析

视角维度从时间视角、空间视角和优势视点三方面进行实证分析。由于德语句子的时、体特征不是完全借助谓语动词的曲折变化实现的，因此对德语篇章的时间视角描写，除了分析句子时态外，还要考虑篇章的语义概念。从统计的数据来看，德语篇章在时间视角的运用上表现出高度的一致性。40篇德语篇章有37篇在句子层面主要使用了现在时态，采用了并置时间视角，即篇章世界与篇章行为处于同一个时间框架内。换句话说，篇章的概念内容就是对看图理解行为的实时记录，二者在时间设置上是重合的。如D2句8“Im mittleren Teil des Bildes sehe ich einen telefonierenden jungen Mann und eine lesende Frau.”，D11句40至句42“Inzwischen fällt es mir schwer，weitere Gedanken zu dem Bild zu finden und ich möchte meine Beschreibung hierzu abschließen.”。仅有2篇(D22和D37)的句子时态主要使用了过去时，篇章的主题内容是作者根据图画内容叙述了一段自己在公园散步的经历，篇章事件发生在看图写作行为之前，属于前置时间视角。还有1篇(D23)句子时态主要使用了现在时，篇章主题内容是描绘了中国人日常在公园休憩的一个场景，并展开一般性论述，篇章世界的时间设置是开放的，属于全置时间视角。

例40 篇章D23

An einem angenehmen Tag im Spätsommer verbringen einige Menschen in China die Zeit im Park. Sie haben oftmals nicht viel Freizeit, da das Leben aus Hektik, Großstadt und Arbeit besteht. An diesem Sonntag allerdings können ein paar Naturliebhaber ihre Freizeit genießen und gehen in den Park. Er ähnelt ein wenig dem Central Park in New York; eine kleine Grünfläche in der großen Stadt, die zumindest für einen gewissen Zeitpunkt den Stress, die Meetings und die giftigen Abgase des Alltags vergessen lassen. Hier gibt es eine schöne große

Wiese, auf dem ein paar Kinder vergnügt einen Drachen steigen lassen. In der modernen Welt der Technik sind außerdem viele Menschen mit Smartphone zu entdecken. So ganz lässt einen die immer währende Erreichbarkeit nicht los. Im hinteren Teil der Wiese befindet sich ein überschaubarer chinesischer Tempel, der die naturfreundlichen Gäste zum Verweilen und Beten einlädt. Eine junge hübsche Frau lässt ihren kleinen Welpen mit dem Hund eines anderen Parkbesuchers spielen. Alles scheint nach einer perfekten Idylle; ein üblicher entspannter Sonntag im Park. Doch alle wissen: der stressige Alltag wird sowohl die Kinder als auch die erwachsenen Menschen innerhalb weniger Stunden wieder einholen. Chinesische Kinder lernen sehr viel und sehr schnell, das Volk ist gebildet und extrem arbeitswillig. Der entspannte schöne Tag gibt Kraft und Energie. Sie wirken losgelöst und zufrieden. Sie lachen oder erfreuen sich an den wärmenden Sonnenstrahlen und den Gerüchen von frischem Gras und den Bäumen. Am späten Nachmittag leert sich der Park; die Menschen treten in ihre gewohnte Welt ein und bereiten sich auf ihren stressigen Alltag vor. Die Kinder werden am nächsten Tag in ihr Eliteinternat zurück geschickt, die Eltern gehen zwölf oder auch vierzehn Stunden arbeiten. Eine Frau jedoch bleibt bei der Betrachtung des Parkaufenthaltes in Erinnerung zurück: eine junge Frau mit einem Buch, vertieft in die Welt einer unbekannten und weit entfernten Gesellschaft. Sie liest eine Geschichte über einen deutschen herbstlichen Sonntag, in der zwei junge Frauen einen ähnlichen Aufenthalt an einem Fluss genießen …

此外，还需要说明的是，在采用并置时间视角的37德语篇章中还有10篇在局部作者将视线移出画面，语义概念跳出画面内容，联系社会生活就相关论题展开了一般性论述，从并置时间视角切换到全置时间视角，从而使篇章的时间视角具有复合特征。德语篇章运用的主要时间视角统计如表4-25所示。

表4-25 德语篇章时间视角统计表

时间视角 / 德语篇章数量	前置		并置		后置		全置	
	篇数	占比	篇数	占比	篇数	占比	篇数	占比
40	2	5%	37	92.5%	0	0%	1	2.5%

从上表可以看出，德语篇章的时间视角整体上呈现出高度一致的特点，92.5%的篇章采用了并置时间视角，极个别采用前置和全置时间视角，说明德语受试在处

理看图写作的时间概念时倾向着眼于看图行为发生的"当下",表现出比较明显的"扣题"特点以及忠实于实验任务的写作态度。此外,也反映了德语篇章在时间视角的运用上缺乏一定的灵活度。

德语篇章的空间视角描写也是主要通过篇章语义分析来观察德语受试对图画各局部或层次信息块的概念处理顺序,分析方法与汉语篇章一致,即语义概念上明确涉及画面具体信息成分的表达才纳入统计分析框架,而针对图画内容整体或脱离画面具体信息成分的概念处理,则不作统计分析。

从统计数据看,40 篇德语篇章有 24 篇采用了离心型空间视角,明显呈现出由图画前景到中景再到背景的由近及远的特点,如 D4(参见例 34)作者描绘了图画所展示的一个公园场景,在开场部分作者对图画内容以及艺术创作手法做了整体描写,在图画细节描写部分作者首先从前景中的"坐在长凳上的男女"入手,如句 8"Im Vordergrund sitzen eine Frau und ein Mann auf einer Bank.",然后谈到中景部分"放风筝的孩子""看书的女孩"和"打电话的男青年",如句 27 至句 29"Im Hintergrund sind 4 Kinder auf der Wiese zu sehen. Eines lenkt einen Drachen, der hoch in der Luft schwebt.",句 34 至句 38"Auf der linken Seite des Bildes sind noch zwei weitere Personen zu sehen, ein Mädchen, auf dem Boden sitzend, mit einem Buch in der Hand und ein Junge sich von ihr abwesend. Letzterer hält wahrscheinlich sein Handy an sein linkes Ohr und führt gerade ein Telefongespräch.",最后描绘了图画背景中的"亭子",如句 39 和句 40"Ganz hinten im Bild ist ein kleines Gebäude zu sehen, wie man sie in vielen asiatischen Gärten entdecken kann."。仅有 1 篇(D14)采用了向心型空间视角,该作者同样也描绘了一副图画中的公园场景。篇章前半部分对图画内容进行描写,后半部分展开评论。开篇对画面信息做了整体描写,在随后的细节描写部分作者从图画背景中的"亭子""草地""树木"以及"灌木"着眼,然后将目光移到中景部分"追逐的女孩""放风筝的男孩""看书的女孩"和"打电话的男青年",最后目光转向图画前景部分"坐在长椅上牵着狗的男女"。在篇章后半部分,作者对画面内容进行了评价,评价对象先从中景部分的"孩子",再到"女士 2""男士 2",再到前景部分的"女士 1""男士 1",最后是"小狗",看图理解的顺序从背景到中景再到前景,空间视角的运动方向明显呈现出由远及近、从后向前的向心型特点。

例 41 篇章 D14

Auf dem Bild ist ein Park zu sehen, in dem sich einige Menschen aufhalten und auf unterschiedliche Weise dort ihre Zeit verbringen. Im Hintergrund weit entfernt sieht man einen kleinen chinesischen Schrein, ansonsten sieht man nur eine große Wiese umringt von Bäumen und Büschen. Auf der Wiese spielen vier Kinder. Die zwei Mädchen davon spielen fangen und die beiden Jungs die nicht weit entfernt davon sind lassen einen Drachen steigen und schauen diesem nach. Auf der linken Seite der Wiese sitzt ein jugendliches Mädchen mit einem Buch und liest. Ein paar Schritte weiter steht ein Junge/Mann und es sieht so aus als würde er telefonieren. Im vorderen Teil des Bildes endet die Wiese und geht über in einen Weg auf dem eine Bank steht. Auf dieser Bank sitzen eine Frau und ein Mann. Der Mann ist vertieft in sein Handy, während er mit seiner rechten Hand die Leine seines kleinen Hundes festhält. Der Hund spielt mit einem anderen Hund, der der Frau gehört, welche ebenfalls die Leine ihres Hundes festhält und dabei die zwei Hunde beim Spielen beobachtet. Der Mann und die Frau scheinen sich nicht zu kennen, da sie mit kleinen Abstand zueinander sitzen und sich nicht beachten oder sich miteinander unterhalten.

Mir fällt bei dem Bild auf, dass es drei verschiedene Generationen darstellt und deren unterschiedliche Art und Weise die Zeit im Park zu verbringen. Die Kinder sind sehr aktiv und rennen und spielen miteinander. Die Jugendlichen links im Bild verbringen den Moment alleine. Die Frau und der Mann auf der Bank sitzen nur auf der Bank und bewegen sich nicht anderweitig. Obwohl die beiden Hunde miteinander spielen, beachten sich die beiden nicht. obwohl dies eine Möglichkeit wäre, miteinander in Kontakt zu kommen und jemand neues kennenzulernen. Zusätzlich gibt es noch die beiden Hunde, die völlig frei miteinander spielen.

Ich denke das Bild soll etwas über das Zusammenleben zwischen zwei Individuen aussagen und wie sich dieses Verhalten beim Menschen mit zunehmendem Alter verändert. Vielleicht soll es zeigen, dass viele Leute beim älter werden distanzierter werden und nicht mehr so frei neue Kontakte knüpfen können wie zum Beispiel Kinder oder auch Hunde, die damit gar keine Probleme haben.

有 10 篇德语篇章采用了向心型与离心型相结合的空间视角，如 D25 一开始就对图画背景中的“树木”“亭子”做了仔细描写，句 1 和句 2“Das Bild zeigt eine große Wiese umringt von Bäumen und Sträuchern. Am Ende der Wiese befindet sich ein kleiner Pavillon im chinesischen Baustil.",接着作者描写了中景部分"放风筝的孩子",如句5至句7"In der Mitte der Wiese spielt ein Kind mit einem Drachen, ein anderes steht hinter ihm und beobachtet ihn dabei.",然后又描写了前景部分"坐在长椅上牵着狗的男女",如句16至句19"Auf der Bank sitzen eine Frau und ein Mann. Letzterer hält in einer Hand sein Smartphone und in der anderen Hand die Leine von seinem Hund. Die Frau hat ebenfalls einen Hund dabei.",这一部分作者运用向心型空间视角由远及近地描写了图画各局部。但作者的看图细节描写还未结束,在描写了前景部分之后,作者又接着描写中景部分"看书的女孩"和"打电话的男孩",如句29至句34"Im Hintergrund der Bank sitzt ein Mädchen auf der Wiese und liest ein Buch. Links daneben steht ein Junge, man kann nicht genau erkennen was er macht. Er macht aber den Eindruck, dass er am telefonieren ist bzw. sein Smartphone am Ohr hat.",这里又体现出由前景到中景,由近及远的离心型空间视角特点。另外,还有5篇德语篇章采用了钟摆型空间视角,即作者的看图视点多次在图画各层次信息块之间来回切换,空间视角呈现出不稳定性,如D2作者也描绘了图画场景,从分析篇章的语义概念看,作者看图观察的顺序表现出明显的往复性和不规律性,视线在画面不同信息块之间多次来回摆动,对图画局部信息的来回比对参照,看图具体顺序是:前景-中景-前景-背景-前景-中景-前景-中景-前景。

例42 篇章D2

Ich sehe einen chinesischen Park. Offenbar ist es Tag und es muss warm, aber windig sein. Warm deswegen, weil die Leute vorne kurze Kleidung tragen. Windig, weil die Kinder einen Drachen steigen lassen. Im mittleren Teil des Bildes sehe ich einen telefonieren Jungen Mann und eine lesende Frau die im Gras sitzt. Der Mann geht wahrscheinlich seines wegen über die Wiese. Ich sehe zwei spielende Hunde im Vordergrund die von der Frau entspannt beobachtet werden. Der Mann, dem einen der Hunde gehört, scheint vertieft zu sein in sein Mobilfunktelefon. Ich sehe, dass Wald rings um den Park ist. Im hintersten Teil sehe ich einen chinesischen Pavillon. Im Vordergrund sitzen die Menschen auf einer Parkbank am Rand eines Weges. Die Hunde scheinen sehr klein und jung zu sein und doch vergnügt. Zwei Kinder im Hintergrund rennen hintereinander her. Das muss also ein Wettlauf sein. Ein Junge lässt einen Drachen steigen und der andere feuert ihn an. Der Mann im Hintergrund mit dem Mobilfunktelefon scheint beschäftigt zu sein, aber zur Abwechslung die gute Luft und die Ruhe des

Parks zu genießen. Das wird wahrscheinlich allen so gehen. Der Mann im Vordergrund mit seinem Mobilfunktelefon könnte Nachrichten oder Emails lesen. Die Frau könnte nicht ohne Grund neben ihm sitzen. Vielleicht ist sie seine Freundin oder jemand wildfremdes, die Interesse an dem Mann hat. Es findet keine Konversation statt. Vielleicht gehört eins oder zwei der Kinder im Hintergrund zu ihnen. Die Frau mit dem Buch könnte eine Schülerin oder Studentin sein, die lernt oder einfach sich in ein gutes Buch vertieft hat. Die Frau im Vordergrund hat einen Zopf und offene Schuhe an. Der Mann trägt zu seinen Schuhen keine Socken. Das Shirt, welches er anhat, könnte ein Polohemd sein. Die Frau könnte darüber Nachdenken, ob sie die Hunde auseinander zerrt, falls es zu wild wird. Dem Mann scheint das nicht zu stören.

有关德语篇章空间视角的统计数据列表如表 4-26 所示。

表 4-26　德语篇章空间视角统计表

空间视角 / 德语篇章数量	离心型		向心型		向心型+离心型		钟摆型	
	篇数	占比	篇数	占比	篇数	占比	篇数	占比
40	24	60%	1	2.5%	10	25%	5	12.5%

从上表可以看出，德语受试多数倾向于采用离心型空间视角，小部分采用向心型与离心型相结合的空间视角，还有少数采用了钟摆型空间视角，极个别运用向心型空间视角。

篇章的优势视点主要分析受试在看图写作过程中如何在概念上定位识解主体与客体之间的相对关系。与分析汉语篇章的优势视点方法一致，对德语篇章的优势视点分析也主要基于篇章中第一、第二人称代词的使用情况。从统计数据看，40 篇德语篇章中有 27 篇采用了主观识解，占总数的 67.5%，如 D5 有 7 处使用了“ich”(我)。

例 43　篇章 D5

Auf dem ersten Blick ist das Bild sehr schön. Die Landschaft sieht sehr gut aus, die Bäume, die Wise auf der die Kinder spielen, es muss ein großer Park sein wo man seine Freizeit verbringen kann. Man erkennt Kinder die Drachen steigen lassen und sehr viel Spaß dabei haben. Man erkennt auch Erwachse, von denen ich vermute, dass es die Eltern der Kinder sind, die sie in den Park gebracht hat. Das traurige auf dem Bild ist, dass kein Erwachsener mit den Kindern spielt. Man kann sehen wie zwei von Ihnen mit Ihren Handy's beschäftigt sind. Die Hunde im Forderung des Bildes spielen auch miteinander, aber leider an der Leine. Die Hunde sollten in so einem großen Park frei rumlaufen und sich austoben können. Oder das vielleicht die Kinder mit den Hunden spielen könnten, das wäre auch eine gute Möglichkeit damit die Hunde und die Kinder sich austoben könnten. Ich persönlich finde es ziemlich schade dass kein Elternteil mit den Kindern spielt, denn es kann nicht sein dass so kleine Kinder zu so einem Park alleine gekommen sind. Wenn man schon draußen ist und die frische Luft und die Landschaft genießen kann, sollte man nicht an seinem Handy fest kleben. Ich weiß nicht ob das Mädchen, die ein Buch liest zu Kategorie Erwachsen oder Jugendliche gehört aber ich finde es lobenswert, dass sie wenigstens etwas Sinnvolles tut. Natürlich haben die Kinder auch Spaß, wenn sie ohne Erwachsene spielen, aber ich finde, dass es sehr gut für die Kinder wäre wenn ab und mal ein Erwachsener sich in ihre Spiele beteiligt. Der Park ist zwar ziemlich schön und groß aber ich finde es könnte besser ausgestattet werden für Kinder. Im Park fehlt z. B. eine Rutsche, eine Schaukel oder Bänke zum sitzen. Wie gesagt auf dem ersten Blick sieht das Bild sehr schön aus aber ich finde es traurig, dass sich die Erwachsenen mehr um sich und Ihre Handy's kümmer als um ihre Kinder.

还有 13 篇采用了客观识解,占总数的 32.5%。整体上多数德语受试倾向于使用主观识解,在处理篇章概念时识解主体也进入到篇章世界中,表现出较明显的主观色彩。但是通过进一步语义分析发现,27 篇采用主观识解的德语篇章中有 19 篇是在议论或解释型主题展开部分运用第一人称代词,如 D14 作者在最后一段"Ich denke, das Bild soll etwas über das Zusammenleben zwischen zwei Individuen aussagen und wie sich dieses Verhalten beim Menschen mit zunehmendem Alter verändert."评论了当代社会处于不同年龄段的个体之间人际交往方式,D8 句 27 至句 29"Es scheint mir ein sehr warmer Tag zu sein. Die beiden Personnen im Vordergrund tragen kurze Kleidung, was ich bis jetzt wirklich sehr selten in China gesehen hatte."显然也是作者基于画面信息对图中场景的天气进行解释和说明。而其他 8 篇是在描写或叙事型主题展开部分运用第一人称代词,如 D2 句 1"Ich sehe einen chinesischen Park.",D22 句 1 和句 2"In einem Samstagnachmittag ging ich durch den Park und setzte ich mich auf eine Parkbank."。另外 13 篇采用了客观识解的德语篇章虽然都在局部运用了议论或解释型主题展开,但并未使用第一、二人

称代词，如 D20 作者在篇章后半部分句 30 至句 36 重点论述了当今人们对通信技术过度依赖的问题，实际表达了个人的推断观点。

例 44　篇章 D20

Das Bild kann als Kritik an der zunehmenden Abhängigkeit von der Technik verstanden werden, symbolisiert durch die Smartphones der beiden Männer. Weiterhin impliziert das Bild, dass Frauen und Kinder weniger abhängig von der Technik sind. Das Bild lässt die Deutung zu, dass nur Kinder und Tiere in der Natur Spaß haben können und gerade Männer diese Fähigkeit im Laufe ihres Lebens verlieren.

D10 句 2 和句 3"Die Personenmerkmale lassen darauf schließen, dass das Bild im asiatischen Raum zu verorten ist."这里受试也依据画中人物的面部特征来推断画面场景的发生地点。以上分析说明，尽管德语受试在看图写作时大多采用了主观识解方式，但是多数是在篇章议论部分表达个人观点或在解释部分进行推理说明时使用第一人称代词，表明德语受试在篇章中表达个人思想或观点时，大多在句法上并不回避第一人称，概念处理上呈现出强调识解主体的特点。此外，需要指明的是，也有相当一部分德语受试尽管也在篇章中表述了自己的观点或逻辑判断，但并未使用第一人称，也说明仍有不少德语受试在看图写作时较为注重概念内容的客观性。

4.2.3　小结

以上分别从词汇、句法、语义及语用等层面具体分析了德语篇章的词、句子、语段及篇章等单位，观察描写了德语篇章在功能与认知层面所展现的整体特征，简要总结如下。

德语篇章运用施为动词的数量也较少。40 篇德语篇章中共有 11 篇运用了施为动词，使用比例不高，说明在实验交际条件下，德语受试对看图写作行为的语境因素也缺乏统一明确的认识，所实施的篇章行为是个体行为，不具有社会机构的特点，也不实施约定的社会机构职能与人际功能，因而篇章运用的施为动词较少。

在情态词使用方面，40 篇德语篇章中有 37 篇在多处或个别处使用了情态词来标记所表达命题内容的不确定性，主动对语义概念的现实性和必然性进行限制。这一点表明德语受试在构建篇章语义概念时表现出较显著的客观性；另一方面，仅有 3 篇德语篇章在局部表达了脱离画面内容的纯主观猜测或判断，却未使用情态词标记，也进一步证明，德语受试在看图写作处理篇章概念时整体主观性不强。

情感词是表现篇章行为的情感色彩和主观性的主要词汇手段。从德语篇章的情感词频次分布情况看,40 篇德语篇章中只有 3 篇在多处使用了情感词,21 篇在个别处使用了情感词,还有 16 篇未使用情感词。尽管半数以上的德语篇章使用了情感词,但较高频次使用情感词的篇章只有 3 篇,仅占总数的 7.5%,多数篇章只在个别处使用了情感词,而未使用情感词的篇章比例也达到了 40%,说明德语受试在看图理解和篇章写作过程中并没有太多关注画面人物及自身的感情状态和心理特征,整体上德语篇章行为的个人情感色彩并不显著。

在评价词使用方面,德语篇章呈现出较高比例。40 篇德语篇章中有 30 篇使用了评价词,占到总数的 75%,其中有 19 篇在多处使用了评价词,说明整体上德语篇章内容具有较强的议论性和评价性。此外,通过进一步分析篇章语义还发现,30 篇使用了评价词的德语篇章中只有 6 篇使用的评价词是对图画人物的行为从情绪或心理方面进行正面或负面的评论,而非价值评价,而其余 24 篇的评价词都是对画面内容所反映的社会现象进行了既肯定又否定的辩证评价,从而表现出较强的思辨色彩。因此,德语受试的看图写作篇章行为整体上既表现出较强的评价与议论色彩,又表现出较明显的批判性和思辨性。

在语气系统的运用方面,德语篇章整体上缺乏适度的灵活性和全面性。40 篇德语篇章都运用了以陈述语气为主的语气系统,其中 5 篇兼用疑问语气,另外各有 2 篇兼用了祈使、感叹语气,1 篇运用了表达非现实情况的虚拟语气。从语气的运用看德语篇章的功能可得出以下结论:在信息功能方面,德语受试通过篇章行为主要传达了基于画面内容的客观信息,传递个人主观情感信息或脱离现实的想象信息不多;在人际功能方面,小部分德语受试运用了疑问语气来强化篇章行为的人际信息功能,极个别运用祈使语气实施篇章的直接呼吁功能。

在引语方面,40 篇德语篇章中仅 2 篇主要采用了叙事型主题展开,且所有篇章都没有运用直接引语来增强篇章行为的文学色彩和娱乐功能,说明德语受试在看图写作过程中注重传达基于图画内容的客观信息,而不强调篇章的美学与娱乐功能。

分析德语篇章的内容结构,一方面通过篇章主题词、篇章标题并结合语义分析来观察篇章主题内容。从篇章使用的高频实词看篇章主题词,发现 40 篇德语篇章中只有 5 篇的个别高频实词脱离了画面内容或具体信息成分,语义概念上主要指向受试的看图与理解行为;结合高频实词进一步分析与实验任务相关的主题词发现,27 篇高频次使用了"图画",8 篇个别地方使用了"图画",仅有 5 篇未使用。另外,从运用了篇章标题的 16 篇德语篇章情况看,也有 15 篇在标题中明确使用了"图画",仅 1 篇没有提及。由此可见,大多数德语受试在处理篇章主题和选用主题词时强调了

“图画”概念，遵从实验任务的基本要求，尽管在处理篇章主题和构建主题概念上显得能动性不足，但增加了篇章行为的客观色彩。另一方面从篇章逻辑关系运用和篇章局部与整体的主题关联来描写篇章主题展开类型。40 篇德语篇章中有 18 篇在多处运用了句际逻辑关系，18 篇在个别处运用了逻辑关系，仅有 4 篇在句子层面未使用逻辑关系，说明德语受试在构建篇章语义概念时比较重视逻辑关系的运用，篇章语义结构呈现出较显著的逻辑推理特点。结合句义逻辑关系和篇章主要内容成分来分析德语篇章的主题展开方式，32 篇采用了以描写型为主的主题展开方式，6 篇以议论型主题展开方式为主，仅有 2 篇以叙事型主题展开方式为主；结合篇章局部主题展开看，绝大多数德语篇章都不同程度运用了描写型、解释型和议论型，极少数运用了叙事型，这一特征也与前面分析的德语篇章语义逻辑关系运用相印证。以上说明，德语受试在宏观组织篇章语义概念时倾向于综合运用描写、解释和议论型组篇模式，篇章行为表现出较为明确的信息传达和呼吁功能。

德语篇章在语言认知上也表现出一些整体特征。选择维度下的详细度主要描写识解者在感知外部世界时组织处理概念的仔细程度。通过统计篇章的句子命题数量来获取有关篇章概念详细度的数据。40 篇德语篇章中有 16 篇的句子命题数量位于 30～39 句之间，22 篇位于 40～49 句之间，2 篇处于 50～59 句之间，95%的篇章句子命题数量位于 30～49 句，德语篇章的平均句子命题数量是 40.6 句。结合篇章的主要主题展开类型进一步考察德语篇章的句子命题数量时发现，采用描写型或以描写型为主的篇章有 32 篇，平均每篇 40.7 句；采用议论型或以议论型为主的篇章有 6 篇，平均每篇 39.5 句；采用叙事型或以叙事型为主的篇章只有 2 篇，平均句子命题数量为 44 句。从现有数据看，各主题类型的德语篇章之间句子命题数量差别不大，但这一特点还有待今后扩大数据样本做进一步实证研究。大多数德语受试的篇章行为选择了情景主题，依据图画内容展开了较为详细的描写，从篇章的语义内容来看，整体上德语受试对图画信息的概念处理详细度较高。

聚焦维度反映受试在看图理解时在画面各局部之间的注意力分配和相应的概念处理力度。40 篇德语篇章中有 24 篇的语义概念涉及图画前景部分的句子命题数量最多，有 3 篇前景部分的句子数量等于中景部分，还有 13 篇前景部分的句子命题数量小于前景部分，所有德语篇章除 1 篇描写背景的句子与描写中景的句子数量一样外，其余 39 篇描写背景部分的句子命题数量最少。由此表明，多数德语受试的看图写作选择了图画前景部分作为篇章的聚焦信息块，整体上对图画前景部分的关注程度最高，其次是图画中景部分，最后是图画背景部分。

在突显维度方面，从 40 篇德语篇章的第一主要焦点对应的画面信息成分的分布情况看，32 篇选取了画面前景部分的信息成分作为第一主要焦点，6 篇选取了中景部分，各有 1 篇选取了背景部分和画外人与物。由此看出，德语受试在构建篇章概念时选取第一主要焦点的集中程度和一致程度较高，大多落在画面前景区域，说明注意力分配的专注程度也较高。此外仅有 1 篇选取画外人与物作为篇章第一主要焦点，也说明了德语受试在看图处理篇章概念时表现出的联想性和发散性特点比较弱。

本书从时间视角、空间视角和优势视点几个方面来描写德语篇章的视角维度。从句子的时态运用并结合语义分析看篇章的时间视角，40 篇德语篇章中有 37 篇主要运用了并置时间视角，篇章世界与篇章行为处在同一个时间框架里；2 篇主要运用了前置时间视角，时间维度上篇章世界先于篇章行为；1 篇主要运用了全置时间视角，篇章世界与篇章行为的时间定位关系不明确，时间概念是开放的。由此说明，德语受试在设置篇章世界的时间概念时表现出高度的一致性，绝大多数选择了并置时间视角，篇章世界的时间概念并未跳出看图行为“当下”，表明德语受试的篇章行为整体上“扣住”了看图写作这一实验基本要求，较为忠实于实验任务，表现出明显的任务导向性。空间视角主要描写受试对图画各局部信息块进行概念处理的先后顺序。从篇章语义分析看，40 篇德语篇章中有 24 篇采用了离心型空间视角，10 篇采用了离心型 + 向心型空间视角，仅 1 篇采用了向心型空间视角，另外还有 5 篇运用了钟摆型空间视角。因此，德语受试在安排篇章空间视角来理解画面内容时整体上呈现出由前景到中景再到背景，从前向后、由近及远的特点。另外，少部分德语受试还运用了钟摆型空间视角，看图方式上呈现出一定的往复性和无规律特点。优势视点主要描写受试在看图处理篇章概念时如何定位识解主体与客体之间的关系。从统计的第一、二人称代词数据看，40 篇德语篇章有 27 篇采用了主观识解，13 篇采用了客观识解，说明多数德语受试在看图理解时也将自己置于了篇章世界的语义概念中。但通过进一步的语义分析发现，运用了主观识解的德语篇章大多是在篇章的议论和解释说明部分使用了第一人称代词，表明德语受试在表述个人观点或判断时，倾向于在语义概念上突出自我，在篇章语言结构中显现作者本人。另外也有部分德语篇章在议论与解释说明部分并没有使用第一、二人称代词，说明了德语受试也并未完全忽视篇章语义内容的客观性。

4.3 汉德篇章实证对比分析

4.3.1 汉德篇章功能对比分析

4.3.1.1 篇章语言风格对比分析

本书主要是针对词汇和句子单位对汉德篇章语言风格进行对比研究，分别从施为动词、情态词、情感词、评价词、语气和引语几个方面展开实证分析。

在使用施为动词方面，汉德篇章整体上表现出一致性。汉语篇章有 10 篇使用了施为动词，其中 8 篇使用了断言类施为动词；2 篇使用了指令类施为动词。这些动词明确标识了汉语篇章行为在局部实施信息传达和人际呼吁功能；而德语篇章也有 11 篇使用了施为动词，且全是断言类施为动词。这些动词也明确标记了德语篇章行为在局部实施信息功能。总体上汉德篇章都较少使用施为动词来直接标记篇章行为的交际功能，一方面说明在实验条件下受试对看图写作的交际语境条件，如交际对象、交际场景、交际目的等并不明晰，因而在篇章行为的功能方面未能给予受试明确指导；另一方面也说明，两组受试都是以个人身份参加实验，其篇章行为不具备社会机构色彩，所设想的社会交际领域也不统一，也不相应执行特定社会规约下的交际功能。

篇章情态反映篇章作者对所表达命题内容的现实性或必然性的主观态度。情态词可以在词汇层面直接标记并体现作者主观上对句子命题内容所持态度。具体来说，实验受试在看图理解与写作时，有些概念内容是直接来源于画面的客观信息，有些概念内容是间接来源于画面信息，如基于图画内容的推测或判断，还有一些是脱离画面信息的作者本人的主观猜测或想象。作者对所表达概念内容的现实性采取怎样的态度，可由情态词直接体现，在一定程度上也反映了作者对篇章行为的写作态度，其背后也与交际目的和功能有关，如在表达主观猜测时是采用肯定还是非肯定的情态，可以观察作者在组织概念生产篇章时篇章行为主要表现出主观色彩还是客观色彩。本书对汉德篇章各自使用情态词的频次分布情况进行了统计，将统计的相关数据汇总对比，如图 4-7 所示。

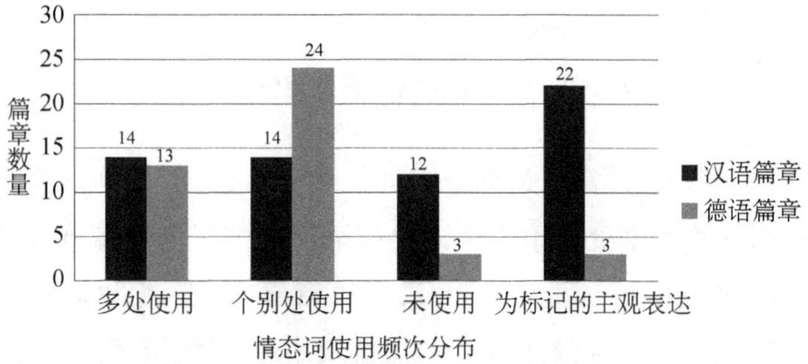

图 4-7　汉德篇章情态词使用情况对比

从上图可以看出，汉德篇章在“多处使用情态词”一栏的数量大致一样。汉语篇章有 14 篇，德语篇章有 13 篇；但在“个别处使用情态词”一栏德语篇章数量明显高于汉语篇章，德语篇章有 24 篇，而汉语篇章只有 14 篇；而在“未使用情态词”一栏，汉语篇章有 12 篇，德语篇章仅 3 篇，没有使用情态词的汉语篇章明显多于德语篇章。综合来看，使用情态词的汉语篇章整体少于德语篇章，没有使用情态词的汉语篇章明显多于德语篇章。此外，值得注意的是，还有部分实验受试尽管在篇章局部运用了情态词标记主观表达，但在篇章其他地方表达并非基于画面信息的主观猜测时并未使用情态词进行标记，出现此类情况的汉语篇章有 22 篇，而德语篇章仅有 3 篇。由此可见，德语受试在表达主观推测或判断时，较汉语受试更多地使用了情态词来标记句子，主动对句子命题内容的现实性进行限制性说明，从而在概念组织上相对表现得更为客观一些。

情感词是一类直接描写人类情感和心理状态的词汇，能直观反映篇章的情感色彩和作者在篇章生产时情感投入程度。本书对汉德篇章使用情感词的词频分布情况进行了统计，发现汉语篇章的高频情感词是“愉快”“高兴”“开心”“害羞”“兴奋”“喜欢”等；而德语篇章较多使用的情感词是 traurig、vergnügt、Spaß、ausgelassen、freuen 等。两组受试集中使用的情感词在语义上可以大致对应。将统计的相关数据进行汇总对比，如图 4-8 所示。

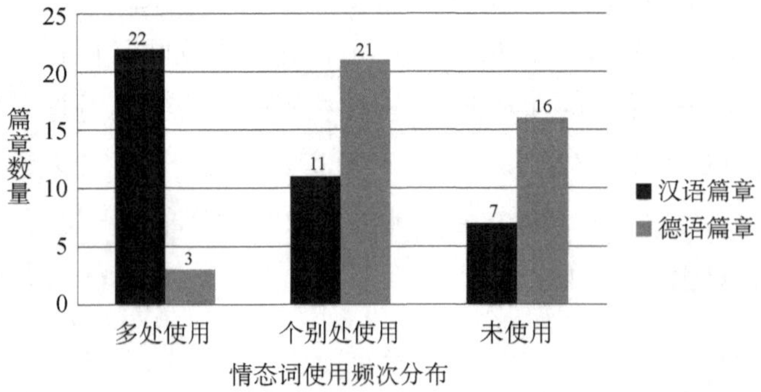

图 4-8　汉德篇章情感词使用情况对比

从上图可以看到，有 22 篇汉语篇章多处使用了情感词，而德语篇章只有 3 篇多处使用了情感词，尽管个别处使用情感词的德语篇章多于汉语篇章，分别是 21 篇和 11 篇，但就使用情感词的篇章总数来看，汉语篇章有 33 篇，德语篇章有 24 篇，汉语篇章仍明显多于德语篇章。再对比分析汉德篇章未使用情感词的情况，汉语篇章有 7 篇，而德语篇章有 16 篇，德语篇章明显多于汉语篇章。据此分析，尽管汉德受试都有半数以上在篇章生产时使用了情感词，表现出一定的主观情感色彩，但多处使用情感词的汉语篇章数量远多于德语篇章，而未使用情感词的汉语篇章则大幅少于德语篇章，说明德语受试在看图写作处理概念时所运用的情感色彩要比汉语受试淡一些，而且仍有较高比例的德语篇章未使用情感词，也说明不少德语受试在看图写作时并不十分关注图画人物的主观情绪和心理状态，也不强调自身的看图感受。因此，德语受试在处理篇章的情感概念时，整体上表现出较汉语受试偏向中性方式。

评价词是指词义上表达作者基于一定的评判标准并借助逻辑推理作出评价推断的一类词汇。评价词能在词汇层面直接反映篇章语义内容的评论色彩，也是实现特定篇章交际功能，如呼吁功能、联系功能的有效手段。汉语篇章中集中出现的评价词有“美好”“幸福”“珍贵”“和谐”“自由”等；德语篇章中出现的评价性词语集中在gut、frei、schön、angenehm、glücklich、stressig、abhängig、Problem、Kritik 等。两组词在积极评价语义上的重合度较高。本研究对汉德篇章所用评价词的频次分布情况分别做了统计分析，将相关数据进行汇总对比，如图 4-9 所示。

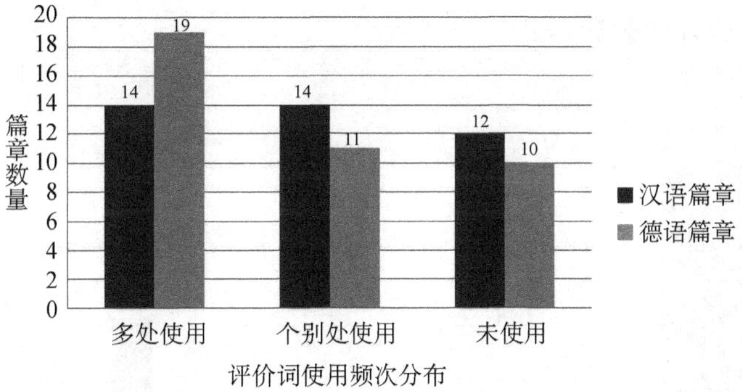

图 4-9 汉德篇章评价词使用情况对比

从上图可以看出，汉德篇章使用评价词的情况大体一致。在多处使用评价词方面，汉语篇章有 14 篇，德语篇章有 19 篇；在个别处使用评价词方面，汉语篇章有 14 篇，德语篇章有 11 篇；而在未使用评价词方面，汉语篇章有 12 篇，德语篇章有 10 篇。综合来看，汉语篇章有 28 篇使用了评价词，德语篇章有 30 篇使用了评价词，两组篇章都在语义内容上表现出明显的评价色彩。但在对汉德评价词做进一步语义分析时发现，两组篇章在评价方式上存在明显差异，即评价的色彩相同。具体来说，28 篇运用了评价词的汉语篇章中只有 5 篇联系图画内容，对当今人们的休闲生活方式做了正反两方面的评论，赞同孩子们亲近自然，无拘无束的相互玩耍，批评了成人对现代通讯技术的过度依赖，从而忽略了现实生活中的人际交往；而其他 23 篇汉语篇章都是从积极的角度评价了图画中不同年龄群体各得其所的休闲生活。因此，尽管汉语受试整体上使用评价词的篇章比例较高，评论的色彩也较浓，但思考的深度稍显不足，批判性不强。而使用了评价词的 30 篇德语篇章，仅有 6 篇运用评价词对图画场景以及画中人物的行为举止进行了评价性描写，尽管在情绪和心理上表现出一定的积极或消极语义特征，但并不是基于价值标准的评价，而其他 24 篇德语篇章均把画面信息与现实生活联系起来，赞同孩子与小狗的行为活动，批判成人特别是男士们受缚于现代通讯工具的独处和自我封闭。由此来看，德语受试一方面整体上使用评价词的篇章比例较高，另一方面也表现出较强的批判性和思辨性；而汉语受试尽管使用评价词的比例也比较高，但评价词所表现出的批判和思辨色彩并不强。

语气是一般语法范畴，反映言语者对表达命题内容的主观态度和通过言语行为实施特定交际功能的方式。语气往往通过动词形态变化、语序和词汇手段来实现。目前不同学者对语气系统的描写与划分还不完全统一。在借鉴了学界较为主流的观点基础上，本书借助陈述、疑问、祈使、感叹、虚拟 5 种语气来描写汉德篇章的语气系统，汇总对比统计的数据，如图 4-10 所示。

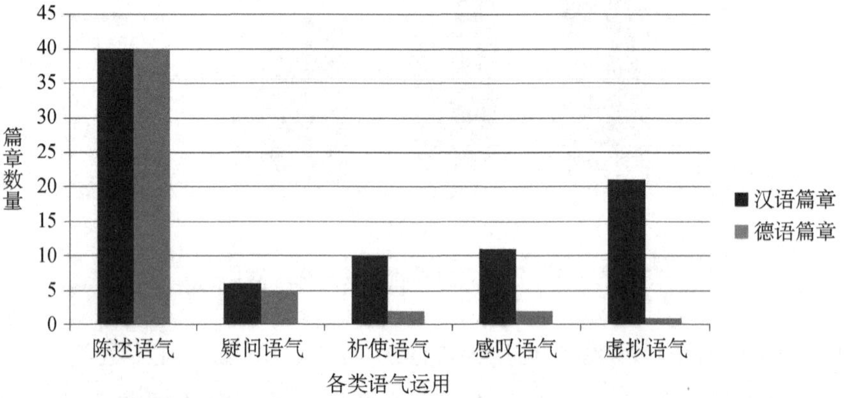

图 4-10　汉德篇章语气系统使用情况对比

从上图可以看到，汉德受试在看图写作中运用语气系统时，既表现出明显的共性，也表现出显著的差异性。二组受试全部采用了以陈述语气为主的语气系统。在疑问语气的使用方面，汉语篇章有 6 篇，德语篇章有 5 篇，小部分都兼用了疑问语气。但在其他语气运用方面，汉德篇章表现出较大差异，如在祈使语气、感叹语气和虚拟语气的使用方面，汉语篇章分别有 6 篇、10 篇和 11 篇，而德语篇章各自只有 2 篇、2 篇和 1 篇。需要指明的是，鉴于汉德语在虚拟语气的使用上存在较大差别，本研究只对实验受试在运用虚拟语气表达完全脱离现实的纯主观想象情况进行统计对比。因此，在统计德语篇章使用第二虚拟式的情况时，只统计句子命题内容没有现实可能性的情况。通过对比分析统计数据得出结论，汉德受试在相同的实验框架条件下完成同一个看图写作实验任务，在陈述语气和疑问语气的使用上表现出高度一致，说明二组受试整体上都主要选择了较为中性的态度来实施篇章行为的信息功能，疑问语气在语用上的对话性使得篇章局部具有明显的交际指向色彩，强化了篇章的信息互动功能。但汉语篇章运用祈使、感叹和虚拟语气的比例明显高于德语篇章，说明汉语受试整体上在篇章生产时较德语受试倾向于借助祈使语气来向读者实施直接的呼吁功能，借助感叹语气来表达画中人物和自身的情感和心理状态，借助虚拟语气来表达脱离现实的纯主观想象。由此可见，汉语受试在使用语气系统上相较于德语受试表现得更为灵活和全面，能更多地运用不同语气传达一些主观信息和直接向读者实施呼吁功能。

引语也是一种常用来体现篇章语言风格和实现交际功能的句法手段，特别是在叙事篇章中直接引语能够搭建跨接篇章世界与阅读"当下"的时空桥梁，将叙事视角从叙述者切换到事件人物，让事件当事人与读者直接"对话"，从而使读者走进篇章世界"身临其境"，增强篇章的美学色彩和娱乐交际功能。本研究统计了汉德篇章句子单位的直接引语使用情况，并结合篇章主题展开方式进行对比分析。40 篇汉语篇章有 16 篇采用了单一叙事型或以叙事型为主的主题展开方式，即叙事篇章，其中 6 篇运用直接引语将事件人物的思想原貌或内心世界直接呈现给读者，使得叙事情节变得更加生动。另外，还有 3 篇汉语叙事篇章大篇幅使用了直接引语，使篇章具有明显的短篇故事或微型小说的色彩。40 篇德语篇章仅有 2 篇采用了以叙事为主的主题展开方式，其他 38 篇均采用以描写或议论为主的主题展开方式，所有篇章都没有使用直接引语。在这一点上说明，汉语受试在看图写作时，特别是在创作叙事篇章时，部分受试使用直接引语来增强叙事的情景性和生动性，从而增强了篇章的文学色彩和娱乐交际效果。而德语受试在看图写作时无一运用直接引语，整体上表现出不关注篇章文学色彩和娱乐功能的特点，而是着眼于传达画面信息的平铺直叙。因此，在这方面汉语篇章风格较德语篇章表现得更加生动且更具感染力。

4.3.1.2　篇章内容结构对比分析

篇章内容结构分析主要描写篇章语义内容在宏观结构上的结构化安排，也是研究篇章功能的重要方面。不同学者针对篇章内容结构提出了不同概念，但基本含义是一致的。根据本研究所创建的篇章分析模型，篇章内容结构主要从篇章主题内容和篇章主题展开两方面展开分析。

篇章主题是在篇章层面对篇章语义内容的宏观概括，也是篇章概念处理的主旨。篇章主题内容很大程度上决定了篇章主题的展开方式。篇章主题内容可以从多方面进行观察分析,如主题词、篇章标题以及篇章语义宏观分析。篇章主题词可由篇章中以词形复现方式多次出现的实词来反映。本书借助专业词频统计软件并辅助以人工语义分析,对汉德篇章的高频实词进行统计归纳。高频实词反映了受试在概念处理过程中集中关注的对象,较大程度上也体现了篇章的主题内容。通过分析篇章中高频实词的概念所指与图画具体信息成分的直接关联,可以观察受试的看图写作行为在重要概念的处理上是否具有联想性,从而观察篇章内容上呈现的主观能动性或客观忠实性特点。

汉语篇章的高频实词是借助 Rost WordParser 汉语词频分析软件进行统计的。40 篇汉语篇章中有 30 篇的高频实词都是全部直接指向图画中的人物、事物、景物及相关动作状态,还有 10 篇的高频实词中个别词出现了脱离画面具体内容或者并非画面直观信息。德语篇章是借助 AntConc 词频分析软件统计排位靠前高频实词。40 篇德语篇章中有 35 篇的高频实词都直接指向了画面中的具体内容,还有 5 篇的高频实词中个别词的概念并非直接来自画面具体信息,但也是对看图理解行为的描写,并未完全脱离图画内容。对比以上统计数据可大致推断,尽管大多数汉德受试在高频词的选取以及篇章主题概念的处理上都围绕画面信息,篇章内容基本上都是围绕图画内容展开,但德语受试在主题词的选取和篇章主题的概念处理上仍然较汉语受试表现得更为扣题,更加忠实画面信息;相比之下,汉语受试则表现出更多的联想性和发散性。

篇章标题是作者对篇章语义内容的最高宏观概括,因而也是分析篇章主题的有效途径。结合实验任务看篇章标题的使用情况,40 篇汉语篇章中只有 11 篇使用了标题,其中仅 3 篇在标题部分指明了“图画”,另外 8 篇标题没有涉及“图画”,剩余的 29 篇没有使用标题。此外,在对篇章高频实词作进一步分析时还发现,本书实验的任务是让受试完成一篇看图理解作文,图画作为篇章交际信息的唯一直接来源,应是篇章主题内容的重要部分,或者说“图画”一词理应成为篇章高频实词之一。但在统计汉语篇章的“图画”词频时发现,40 篇汉语篇章中仅有 2 篇的高频实词出现了“照片”,另外还有 16 篇只在个别地方使用了“图画”,而其余 22 篇均未提及“图画”或其他同义词。因此,尽管所有汉语受试在看图写作概念处理上都围绕图画内容展开,但有 22 篇写作让读者仅从篇章语义内容上很难想到这是一篇关于“图画”的写作。而 40 篇德语篇章在篇章主题内容安排方面同样也都是围绕画面信息来组织篇章内容,有 16 篇使用了标题,其中 14 篇在标题部分明确使用了 Bild 或 Zeichnung,其他 24 篇没有使用篇章标题。此外,“图画”一词在德语篇章中的使用频次也与汉语篇章有较大差异，40 篇德语篇章有 27 篇高频次使用了“图画”，8 篇个别地方使用了“图画”，仅有 5 篇没有使用。综合统计数据，对比图示如图 4-11 所示。

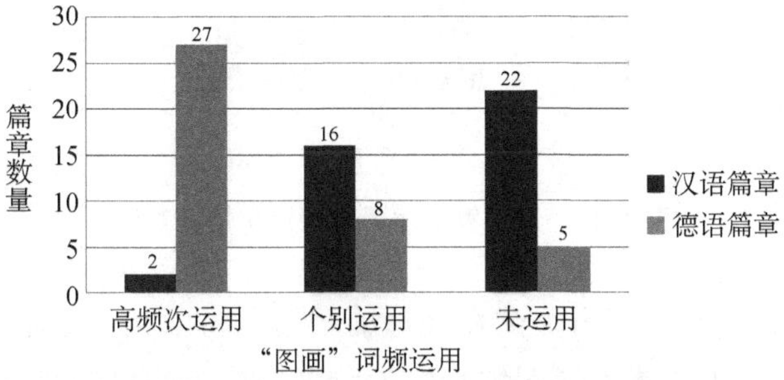

图 4-11　汉德篇章“图画”词频对比

由上表可以看出，汉语篇章使用“图画”一词的篇章数量有 18 篇，占到总数的 45%，但高频使用“图画”的篇章仅有 2 篇，只占到 5%；而德语篇章使用“图画”一词的数量达到 35 篇，占到总数的 87.5%，其中高频使用“图画”的篇章有 27 篇，占 67.5%。两组数据的显著差异表明，多数汉语受试在看图写作组织篇章内容时发挥了较强的主观能动性，语言上回避了实验任务中的“图画”概念，淡化了篇章主题内容与图画应有的形式联系，因而篇章主题内容整体上表现出明显的能动与主观色彩。而绝大多数德语受试在看图写作处理篇章概念时篇章主题内容扣住画面信息，且语言形式上也强调了“图画”概念，没有淡化篇章主题内容与图画的形式联系，从而表现得更为被动和忠实于实验任务。

本书对篇章主题展开类型的分析描写是从篇章语义逻辑关系和篇章主要内容成分与篇章整体的主题关联两方面展开。

鉴于汉德语在表达语义逻辑关系时存在较大的语用差别，作者在分析篇章语义逻辑关联时既统计了句子单位使用的逻辑关系连词，也结合语义分析发现没有运用关系连词但语义概念上实际存在逻辑关联的情况。通过对汉德篇章运用语义逻辑关联的分布情况进行统计发现，40 篇汉语篇章中只有 5 篇语义上多处运用了逻辑关联，16 篇个别处运用了逻辑关联，19 篇没有运用逻辑关系；而 40 篇德语篇章中有 18 篇多处运用了逻辑关联，18 篇个别运用了逻辑关联，仅有 4 篇没有运用。汇总两组统计数据，对比如图 4-12 所示。

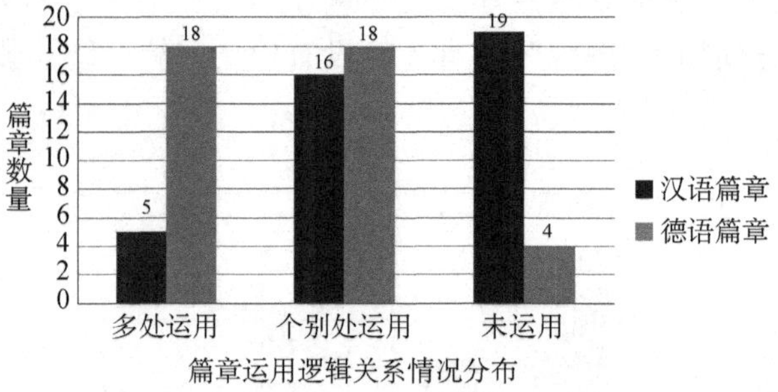

图 4-12　汉德篇章逻辑关系运用情况对比

从图 4-12 可以看出,德语受试在处理篇章概念时语义上运用逻辑关系的程度要高于汉语受试,说明德语受试在篇章写作时逻辑思维较汉语受试活跃一些,因而在这点上,德语篇章在句法与语义上体现的逻辑性也较汉语篇章更显著一些。

篇章主题展开是指篇章作者以交际目的为导向,结合篇章交际行为与情景因素,围绕篇章主题对篇章内容进行谋篇构思,即在宏观语义概念上对篇章各主要组成部分作出模式化安排。本研究主要在分析篇章局部主题展开以及篇章主要内容成分与篇章整体在主题上的语义逻辑关联基础上,对篇章主题展开类型进行描写。从统计的相关数据看,40 篇汉语篇章中有 19 篇运用了单一型主题展开策略,其中 11 篇采用了单一描写型主题展开,8 篇采用了单一叙事型主题展开;有 21 篇运用了复合型主题展开策略,其中 8 篇以描写型主题展开为主,议论或解释型主题展开为辅,10 篇以叙事型主题展开为主,议论、描写或解释型主题展开为辅,3 篇以议论型主题展开为主,描写型主题展开为辅。结合具体的篇章主题展开类型看,19 篇汉语篇章采用了描写型或以描写型为主的主题展开策略,18 篇采用了叙事型或以叙事型为主的主题展开策略,还有 3 篇采用了议论型或以议论型为主的主题展开策略。而 40 篇德语篇章中仅有 2 篇运用了单一描写型主题展开策略,其余 38 篇均运用了复合型主题展开策略,其中 30 篇采用了以描写型主题展开为主,解释或议论型主题展开为辅,6 篇采用了以议论型主题展开为主,描写或解释型主题展开为辅,还有 2 篇采用了叙事型主题展开为主,议论型主题展开为辅。从篇章主题展开类型的分布情况看,32 篇德语篇章采用了以描写型为主的篇章主题展开策略,有 6 篇采用了以议论型为主的篇章主题展开策略,只有 2 篇采用了以叙事型为主的篇章主题展开策略。另外,汉语篇章仅有 2 篇综合运用了 3 种主题展开类型,而德语篇章有 13 篇综合运用了 3 种主题展开类型。汇总相关统计数据,如图 4-13 所示。

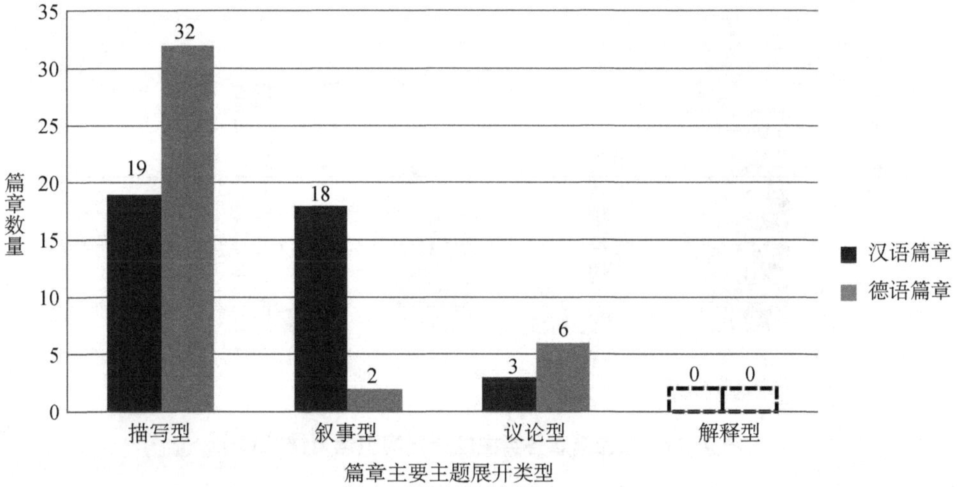

图 4-13　汉德篇章主要主题展开类型运用情况对比

从以上数据可以看到，在组篇能力方面，汉语受试运用单一型主题展开的比例明显高于德语受试，而运用复合型主题展开的比例则显著小于德语受试，且德语受试综合运用 3 种主题展开类型的比例也远高于汉语受试。由此说明，德语受试在运用综合组篇模式和策略、围绕篇章主题对篇章各组成部分进行宏观组织时，谋篇布局表现得更加灵活和全面一些。而在篇章主要主题展开类型运用方面，汉语受试大多采用了描写型和叙事型，而德语受试集中采用了描写型，说明汉语受试在看图写作时较容易联想到事件主题而展开叙述，而德语受试则集中倾向于情景主题而展开描写，前者需要作者更多地发挥想象力，建构有序的事件链，从而形成一个完整的事件过程。

此外，还值得注意的是，汉德两组受试在使用具体的主题展开类型上也呈现出各自的特点。40 篇汉语篇章中有 27 篇不同程度地运用了描写型主题展开，22 篇不同程度地运用了叙事型主题展开，14 篇不同程度地运用了议论型主题展开，只有 3 篇运用了解释型主题展开。而 40 篇德语篇章中有 38 篇不同程度地运用了描写型主题展开，30 篇不同程度地运用了解释型主题展开，21 篇不同程度地运用了议论型主题展开，仅有 2 篇运用了叙事型主题展开。对比相关数据，如图 4-14 所示。

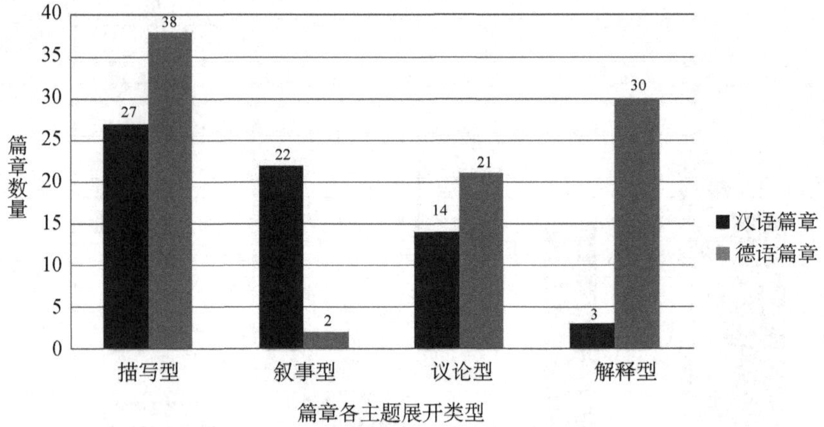

图 4-14　汉德篇章各类主题展开类型运用情况对比

通过上图数据看到，汉德受试在具体运用篇章主题展开类型方面表现出一些趋同性，两组受试大多数都运用了描写型主题展开，运用议论型主题展开的比例也不小。但二者也表现出一些差异，汉语受试运用叙事型主题展开的比例明显高于德语受试，而德语受试运用解释型主题展开的比例远高于汉语受试。由此说明，汉德受试在处理相同的看图写作实验任务时，二者在谋篇构思上都主要运用了描写型和议论型主题展开；但在运用叙事型和解释型主题展开方面，二者表现出较大差异，汉语受试多数还运用了叙事型主题展开，而很少运用解释型主题展开；相反，德语受试大多兼用解释型主题展开，却极少运用叙事型主题展开。因此，两组受试在着重对图画内容进行描写与议论之外，汉语受试还倾向于借助联想，运用叙事模式展开主题；而德语受试则倾向于借助逻辑推理，运用解释或说明模式展开主题。

另外，还需要指出的是，汉语篇章在主要内容成分结构上无一对图画的艺术创作手法及风格进行说明或解释，而德语篇章有 16 篇在内容成分上对图画艺术创作进行阐释或说明，这也是导致汉德篇章在运用解释型主题展开方面存在显著差异的主要原因之一。

4. 3. 2　汉德篇章认知对比分析

4. 3. 2. 1　选择对比分析

选择维度主要描写识解者观察外部世界处理概念时对概念内容的选取。详细度反映识解者在何种精确程度上进行概念化处理。篇章行为本质上是心理活动的产物。从语言的认知视角分析篇章所呈现的识解详细度，可以了解作者在生产篇章时概念加工处理的细致程度。Chafe（1979，1980，1994）论述了言语组织背后的信息加工过程，他认为，鉴于人类大脑和发音系统的构造方式，在所有的语言中，言语的产生是一股股小小的迸发（spurt）。Gee（2011：120）也论及了言语行为背后的信息处理与语言单位的对应关系，主张在英语中，这些小迸发经常、虽然并不总是，只有一个“小句”的长度。本研究主要通过统计篇章的句子或小句命题数量来观察受试在处理篇章概念时的详细度。通常情况下，篇章句子命题数量越多，表明作者对篇章概念对象的加工频次和强度就越大，相应地，概念处理细致程度就越高。

从统计数据看，40 篇汉语篇章中篇幅最长的有 54 个句子命题，篇幅最短的仅有 23 个句子子命题。从篇章句子命题数量的分布情况看，13 篇句子命题数量在 20～29 句之间，19 篇句子命题数量在 30～39 句之间，3 篇句子命题数量在 40～49 句之间，还有 5 篇句子命题数量在 50～59 句区间，80%的汉语篇章句子命题数量在 20～39 句区间。汉语篇章的平均句子命题数量是 33.6 句。从统计的德语篇章句子命题数量看，40 篇德语篇章中最长的篇幅有 58 个句子命题，最短的篇幅有 32 个句子命题。德语篇章的句子命题数量分布情况是，0 篇句子命题数量在 20～29 句之间，16 篇句子命题数量在 30～39 句之间，22 篇句子命题数量在 40～49 句之间，还有 2 篇句子命题数量在 50～59 句之间，95%的德语篇章句子命题数量位于 30～49 句区间。德语篇章的平均小句命题数量是 40.6 句。汉德篇章的句子命题数量分布对比如图 4-15 所示。

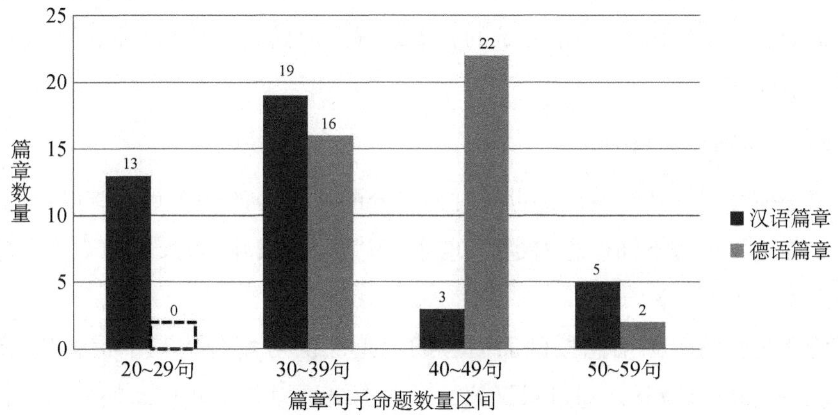

图 4-15　汉德篇章句子命题数量对比

图 4-15 数据直观地说明，整体上德语篇章的句子命题数量要高于汉语篇章，说明德语受试在看图写作构建篇章世界时概念处理的详细程度要高于汉语受试。

另外，结合篇章主题展开类型做进一步对比分析。在运用同样的篇章主题展开类型前提下，汉德篇章在句子命题数量上是否存在明显差异呢？由于汉语篇章运用描写型或以描写型为主、叙事型或以叙事型为主、议论型或以议论型为主的篇章数量分别是 19 篇、18 篇和 3 篇；而德语篇章对应的数据分别是 32 篇、2 篇和 6 篇。考虑到汉语篇章中议论型为主的篇章数量和德语篇章中叙事型为主的篇章数量都太少，如果用于对比分析，则数据代表性不足。因此，这里只对采用描写型或以描写型为主的汉德篇章的句子命题数量进行对比分析，相关数据对比如图 4-16 所示。

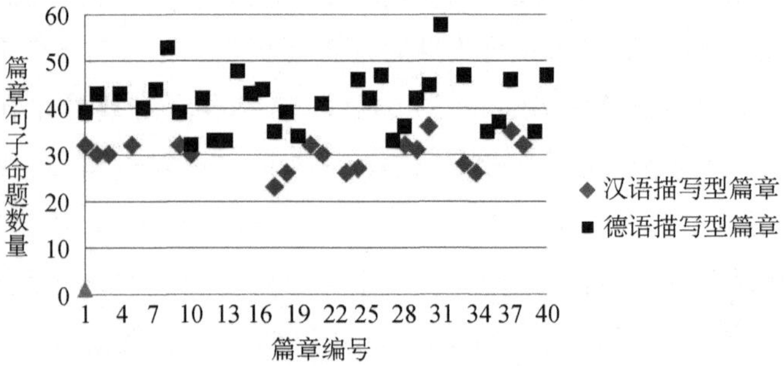

图 4-16　汉德描写型篇章句子命题数量对比

从图 4-16 可以看到，即便是在运用描写型或以描写型为主的主题展开条件下，德语篇章的句子命题数量也明显高于汉语篇章。由此进一步说明，在采用相同的主题展开类型前提下，德语受试在看图写作过程中概念处理的强度或详细度仍然明显高于汉语受试。换句话说，德语受试的看图理解以及处理画面信息的仔细程度要显著高于汉语受试。

4.3.2.2　聚焦对比分析

聚焦是描写识解者观察外部世界时如何分配注意力的一个重要维度，即识解者在概念处理过程中对不同概念内容的“前景”与“背景”安排，也反映对观察对象各局部的概念处理力度。

本研究实验的图画信息按画面内容的远近层次可划分为三个信息块：图画前景、图画中景和图画背景。通过对汉德篇章中围绕画面各层次信息块的句子命题数量进行统计和对比，分析汉德受试在看图理解过程中对画面各局部的注意力分配和概念处理力度方面存在的异同，从而观察二者在看图认知方式上各自表现出的聚焦特点。

从统计到的 40 篇汉语篇章各信息块所对应的句子命题数量看，总体上汉语篇章关于图画中景部分的句子命题数量最多，其次是图画前景部分，图画背景部分的句子命题数量最少。具体情况是，34 篇中景部分的句子命题数量大于前景部分，占总数的 85%；1 篇中景部分的句子命题数量与前景部分相等，占 2.5%；还有 5 篇中景部分的句子命题数量小于前景部分，占 12.5%。汉语篇章围绕画面中景表达的句子命题数量平均值是 12.9 句，围绕画面前景表达的句子命题数量平均值是 9.2 句，围绕画面背景表达的句子命题数量平均值是 3 句。而对 40 篇德语篇章的相关数据进行统计的结果是，总体上德语篇章关于图画前景部分的句子命题数量最多，其次是图画中景部分，图画背景部分的句子命题数量最少。具体情况是，24 篇前景部分的句子命题数量多于中景部分，占到总数的 60%；3 篇前景部分的句子命题数量等于中景部分，占 7.5%；13 篇前景部分的句子命题数量少于中景部分，占 32.5%。德语篇章围绕画面前景表达的小句命题数量平均值是 15.7 句，围绕画面中景表达的小句命题数量平均值是 13.4 句，围绕画面背景表达的小句命题数量平均值是 4.16 句。需要说明的是，从句子命题数量平均值看，德语篇章的中景部分比较接近前景部分，其主要原因是个别篇章的对图画中景部分的描写着墨较多，拉高了平均值，但从句子命题数量的整体分布情况看，前景部分仍然明显高于中景部分。

本研究将篇章中对应句子命题数量最多的信息块定义为篇章聚焦信息块，即受试在看图理解时主要注意力落在的画面局部和概念处理相对集中的画面信息区域。从对比两组篇章各信息块的句子命题数量看，汉德受试在对篇章聚焦信息块的安排上也呈现出明显差异。对比情况如图 4-17 所示①。

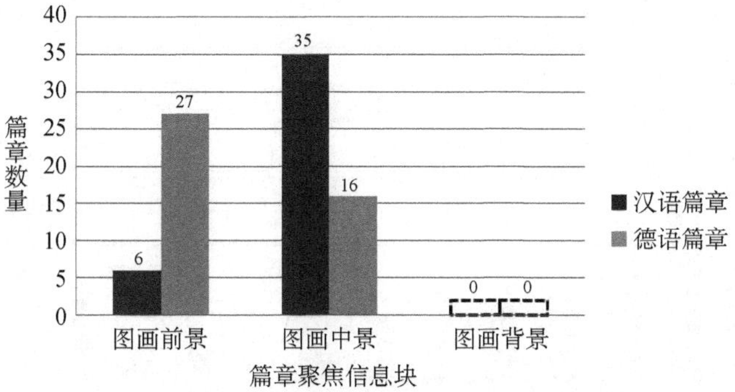

图 4-17　汉德篇章聚焦信息块分布情况对比

从图 4-17 可以看到，汉德语两组受试都没有将图画背景作为篇章的聚焦信息块。汉语篇章的聚焦信息块高度集中于图画中景，而多数德语篇章选择了图画前

① 当图画前景部分的句子命题数量与中景部分相等时，两个信息块分别计入篇章聚焦信息块，因此出现了篇章总数大于 40 的情况。

景作为聚焦信息块,但选择图画中景的比例也不少,因而德语篇章的聚焦信息块的集中程度不及汉语篇章。由此可见,汉语受试在看图写作时,整体上将主要注意力放在了图画的中景部分,对中景部分的概念处理力度相对最大;而德语受试则多数将主要注意力放在了图画前景部分,整体上对前景部分的概念处理力度相对最大。但两组受试都对图画背景部分分配的注意力最少,概念处理的力度也最弱。

4.3.2.3 突显对比分析

突显维度也是一个关于注意力分配的重要识解维度,与详细度和聚焦维度密切相关。如果说聚焦维度是描写识解者如何在不同观察区域安排和分配注意力,那么突显维度则进一步描写识解者在聚焦区域,即认知域的"前景"部分,如何再分配注意力。认知语法认为,在句子层面处在句义概念中主要突显位置的概念成分是主要焦点——射体,对应句子或小句的主语;而处在次要突显位置的概念成分则是次要焦点——界标,对应句子或小句的宾语。为方便对比分析,突出代表性,本书将篇章中作为句子或小句主语的频次最高的信息成分定义为篇章第一主要焦点,分别统计汉德篇章中第一主要焦点在概念上所对应的画面信息成分,从而观察汉德受试在看图理解和写作过程中注意力在关注区域的再分配特点。将统计的有关汉德篇章第一主要焦点的数据汇总对比,如图 4-18 所示①。

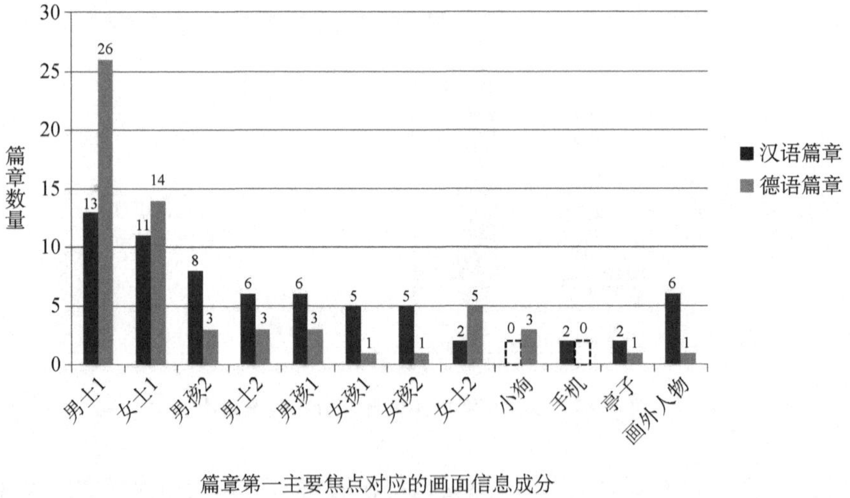

图 4-18 汉德篇章第一主要焦点分布情况对比

① 由于汉德篇章都存在同一篇章选取了多个第一主要焦点的情况,导致统计的篇章总数各自都大于 40。

从图 4-18 可以看出，汉德受试在看图写作时在选择第一主要焦点方面表现出一些的趋同。两组受试除了多数都以前景中的人物男士 1 和女士 1 作为第一主要焦点外，都还选择了其他信息成分作为第一主要焦点。从第一主要焦点的信息成分分布区域看，汉德篇章整体上大多数都选择了前景部分的信息成分，其次是中景部分，背景部分很少或没有。但是两组篇章也表现出一些显著的差异，汉语受试在看图理解时概念上对第一主要焦点的选取相较于德语受试要明显分散一些。德语篇章分别有 26 篇和 14 篇选取了图画前景中的男士 1 和女士 1 作为射体频次最高的第一主要焦点，选择其他画面信息成分的篇章数量在 1 至 5 篇之间；而汉语篇章中分别只有 13 篇和 11 篇选择了画面前景中的男士 1 和女士 1 作为第一主要焦点，选择其他画面信息成分的篇章数量也在 2 至 8 篇之间。就单个篇章的看图理解方式而言，汉语篇章有 6 篇同时选取了前景和中景部分的信息成分作为第一主要焦点，而德语篇章只有 2 篇做了相同的处理。由此可见，汉语受试在看图理解时较德语受试倾向于同时关注多个信息成分。换句话说，汉语受试在处理概念时主要注意力分配相对分散，而德语受试相对集中一些。此外，汉语篇章中还有 6 篇选择了画外人与物作为第一主要焦点，而德语篇章中仅有 1 篇做了这样的选择，从中也可以看出，汉语受试的看图理解与概念处理较德语受试表现的发散性和联想性特点更多一点。

4.3.2.4　视角对比分析

视角也是体现识解者观察外部世界的认知方式特点的一个重要维度。本研究从时间视角、空间视角和优势视点三个方面来对比分析描写汉德篇章背后的视角维度。

时间视角是基于篇章世界与篇章行为之间的时间定位关系，主要借助篇章句子时态运用和时间副词来观察受试在看图写作时如何在时间上对篇章的语义概念内容作出安排。本研究以 Brinker(2010, 2014)对篇章主题的时间维度所做的四种分类描写，即前置、同时、后置以及无限制为基础，对应引入前置、并置、后置和全置四种类型来描写篇章的时间视角。由于汉语篇章主要通过时间副词和语境来表达时间概念，因此，不同于分析德语篇章主要借助句子的时态形式，分析汉语篇章的时间概念主要借助时间副词和语义分析。从统计的数据看，40 篇汉语篇章有 16 篇采用了前置视角，16 篇采用了全置视角，8 篇采用了并置视角，0 篇采用了后置视角；而 40 篇德语篇章中有 37 篇采用了并置视角，2 篇采用了前置视角，1 篇采用了全置视角，0 篇采用了后置视角。将数据汇总分析对比，如图 4-19 所示。

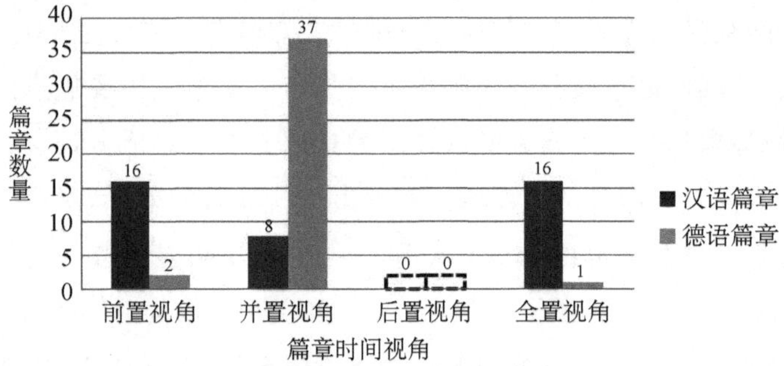

图 4-19　汉德篇章时间视角运用情况对比

从图中数据对比来看,两组受试都没有在篇章中运用后置视角。汉语受试所采用的时间视角较为分散,多数采用了前置视角和全置视角,篇章世界的时间维度处在看图行为"当下"之前或相对定位不明确,少数采用了并置视角;相比之下,绝大多数德语受试的看图写作运用了并置时间视角,篇章世界的时间维度与看图行为"当下"保持一致,极个别运用了前置和全置视角。由此可见,德语受试在看图写作时在安排时间概念方面集中着眼于看图理解行为"当下",思维活动并未脱离实验任务的框架条件。而多数汉语受试在看图写作时对时间概念的安排并没有受制于实验的看图任务,而是跳出了看图行为"当下",在设置篇章世界的时间维度时表现出更多灵活性和自主性。因此,总的来说,德语受试在篇章时间视角的安排上较汉语受试显得更扣题或"刻板"一些,而汉语受试在篇章时间视角的选取上显得更为灵活和自由。

本书所分析的篇章空间视角是指,通过篇章语义分析观察实验受试在看图写作时根据图画内容各局部的空间位置关系,对画面各层次信息块进行概念处理的顺次安排。篇章的空间视角既可以反映篇章作者的看图观察顺序,也可以反映篇章作者对画面不同信息块进行概念处理的顺序。根据受试看图及处理画面信息的顺次所呈现的空间运动特点,可划分四类篇章空间视角:向心型、离心型、向心型 + 离心型和钟摆型。

在具体语义分析时,只考虑概念上明确涉及画面具体信息成分的句子表达,而对图画整体的概括性描写或围绕主题所做的一般性评论则不做统计。从统计的相关数据看,40 篇汉语篇章有 27 篇采用了向心型空间视角,2 篇采用了离心型空间视角,11 篇采用了向心型 + 离心型空间视角,0 篇运用钟摆型空间视角;40 篇德语篇章有 24 篇采用了离心型空间视角,1 篇采用了向心型空间视角,10 篇采用了向心型 + 离心型空间视角,还有 5 篇采用了钟摆型空间视角。两组数据对比如图 4-20 所示。

从上图可见,汉德受试在看图写作的空间视角运用方面也呈现出明显的异同。

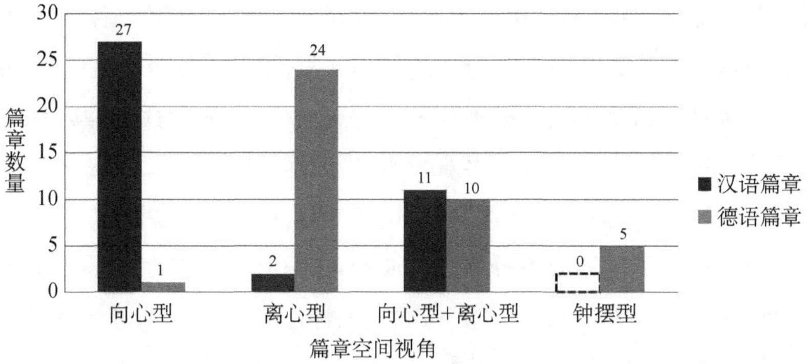

图 4-20 汉德篇章空间视角运用情况对比

相同之处在于，两组篇章都存在主导的篇章空间视角，且都有一定比例的篇章运用了向心型+离心型空间视角。不同之处在于，汉语受试大多数运用了向心型空间视角，而德语受试主要运用了离心型空间视角，这方面两组受试呈现截然相反的差异。由此可见，实验受试在视觉运动的空间顺序和对画面各信息块进行概念处理的顺次方面，汉语受试主要表现出从图画背景到中景再到前景，由远及近、由后向前的特点；而德语受试大多运用了截然相反的看图方式，表现出从图画前景到中景再到背景，由近及远、由前向后的特点。再者，两组受试在运用向心型与离心型相结合的复合型空间视角方面大体趋同。另外，还需要指出的是，德语篇章还有 5 篇运用了钟摆型空间视角，而汉语篇章无一使用这类空间视角，说明小部分德语受试在看图理解和处理概念时空间观察视线及思维活动表现出一定的往复性和不规律特点。

优势视点是指识解者在默认情况下，通常基于自身相对客体所处的位置对客体进行概念处理时采用的观察视角。优势视点既与识解者和识解对象各自所处的客观位置相关，也与识解者的主观心理活动有联系。本书分析的优势视点是指，实验受试在处理概念时心理上对识解活动的主体和客体的定位关系所做的安排。优势视点还可以联系识解活动所突出的主体性和客体性特点，分为主观识解和客观识解。即在不同的视角安排下，识解活动表现出或偏主观或偏客观的色彩。

Langacker(2008)对优势视点下的主观识解和客观识解做了详细论述，认为通过分析句子或小句的句法成分和词汇手段，如运用第一、第二人称代词，可以有效观察篇章语义概念的视角特点。本书通过观察汉德篇章中第一、第二人称代词的使用，结合语义内容，分析汉德受试在看图写作过程中基于何种优势视点来组织篇章概念内容。从统计数据看，40 篇汉语篇章中有 26 篇未使用第一、第二人称代词，运用了客观识解；还有 14 篇使用了第一、第二人称代词，运用了主观识解，整体上汉语受试侧重运用客观识解。40 篇德语篇章中有 26 篇使用了第一人称代词，运用了主观识解；还有 13 篇未使用第一、第二人称代词，运用了客观识解，整体上德语受试倾向运用主观识解。但是通过进一步分析篇章语义发现，14 篇运用了主观识解的汉语篇章中只有 5 篇是在篇章议论或解释部分使用第一、第二人称代词，其余 9 篇是在描写或叙事部分运用；在 26 篇运用了客观识解的汉语篇章中有 13 篇在局部也运用了议论或解释型主题展开，但并未使用第一、第二人称代词。由此看到，共有 18 篇汉语篇章不同程度地运用了议论或解释型主题展开，但只有 5 篇在相关部分使用了第一、第二人称代词，还有 13 篇并未使用第一、第二人称代词，说明汉语受试在篇章中表达个人观点或推理时，大多数没有使用第一、第二人称代词表达识解主体。而运用了主观识解的 27 篇德语篇章中有 19 篇是在议论或解释部分使用第一人称代词，其余 8 篇是在描写或叙事部分使用；13 篇运用客观识解的德语篇章也都有议论或解释部分，但均未使用第一、第二人称代词。由此可见，在 32 篇不同程度地运用了议论或解释型主题展开的德语篇章中，有 19 篇在该部分使用了第一、第二人称代词，说明德语受试在篇章中表达个人观点或推理时，多数运用第一、第二人称代词表明识解主体。

综上所述，汉德两组受试在看图写作的篇章优势视点选取方面，汉语受试主要运用了客观识解，而德语受试主要运用了主观识解，但这并不能断言汉语受试在处理篇章语义概念的视角选择上较德语受试更加客观或中立，因为德语篇章对第一、第二人称的运用集中出现在篇章的议论或解释部分，表明德语受试在表达具有主观色彩的个人观点或解释说明时，倾向于在语言形式中显现自己，语义概念强调识解主体，表现出较明显的“主体”色彩；而汉语受试在篇章中表达个人观点或解释说明时，倾向于在语言形式中隐现自己，语义概念淡化识解主体，表现出较明显的“客体”色彩。此外，有 40%的德语受试在表达个人想法和观点时也采用了客观识解，这说明德语受试在组织篇章语义内容时整体上也表现出一定程度的客观性。

4.4 实验结论

篇章行为是在特定的语境条件下发生的交际行为，既承载着一定的社会人际功能，也体现了篇章生产者对外部世界的认知活动。本书通过看图写作实验收集汉德两组篇章作为分析语料，借助所建立的篇章功能-认知描写模型对比分析了汉德篇章在语言结构上所呈现出的功能与认知特点，着重分析了二者存在的差异。本节对以上汉德篇章在各方面的分析结果进行总结概括，得出两者在功能与认知维度对比分析的综合结论，并尝试将篇章功能分析与篇章认知分析进行整合，借助篇章认知研究补充、完善篇章功能分析与论证，将篇章认知结论纳入篇章功能结论的阐释框架内,从而探究篇章内部成因与外部动因之间的能动关系。

4.4.1　汉德篇章功能对比分析结论

本书主要从语言结构上分析篇章功能,具体从篇章语言风格和篇章内容结构两方面展开分析。语言风格主要分析篇章的词汇和句子单位,分别从施为动词、情态词、情感词、评价词、语气、引语等方面进行实证分析;篇章内容结构主要从语义上分析篇章主题内容和主题展开方式,篇章主题内容着重分析篇章标题、主题词,篇章主题展开方式重点分析篇章语义逻辑关系表达以及篇章主要内容成分与篇章主题之间的关联。通过从篇章语言风格和内容结构两方面对汉德篇章的词汇、句子、语段及篇章各单位展开实证对比分析,发现汉德两组篇章在功能上既表现出一些趋同,但也存在明显差异。

总体上汉德两组篇章都主要实施了篇章信息功能,各有不少篇章在局部还实施了呼吁功能,两组受试所实施的篇章功能方式存在一些相同与差异。从分析直接标记篇章行为功能的施为动词看,两组篇章使用施为动词实施明确的篇章功能的比例都不高,各自只有少数几篇使用了断言类施为动词,个别汉语篇章还使用了指令类施为动词,这些动词能明确标记篇章行为在局部实施信息功能和呼吁功能。但是结合篇章语气、引语的使用情况看,汉语篇章较德语篇章表现得更为灵活与全面,特别是运用祈使语气和直接引语的汉语篇章比例明显高于德语篇章,说明在实施呼吁功能方面汉语受试较德语受试更倾向于借用直接呼吁来对读者行为施加影响,借助直接引语来增强篇章的娱乐功能;而德语篇章主要通过观点论证影响读者,实施呼吁功能,也没有运用直接引语来强化篇章的娱乐功能。此外,两组篇章基本上都没有实施篇章联系功能、义务功能和声明功能。

汉德篇章传达的信息内容存在较为明显的差异。尽管汉德篇章都主要实施了信息功能,但传达的信息内容有所不同。在使用情态词方面,汉语篇章使用情态词,特别是多处使用情态词的比例低于德语篇章,而未使用情态词标记的主观表达的汉语篇章比例远高于德语篇章,说明汉语篇章传达的信息内容显得略为主观一些,而德语篇章则显得更为客观一点;在情感词使用方面,汉语篇章使用情感词,特别是多处使用情感词的比例远高于德语篇章,说明汉语篇章信息内容的情感色彩较德语篇章要重一些,感性表达相对更为丰富,这一特点也可通过分析汉德篇章的感叹语气运用情况得以佐证;在评价词使用方面,尽管汉德篇章运用评价词的比例大体一致,都表现出较强的评论色彩,但德语篇章使用批判性评价词的比例显著高于汉语篇章,说明汉语篇章的评论信息在思辨性和批判性上较德语篇章弱化一些。

汉德篇章在信息组织上也存在显著不同。通过篇章主题词和篇章标题分析篇章主题内容发现，汉语篇章出现主题词脱离画面信息的比例略高于德语篇章，并且汉语篇章中标题和主题词涉及“图画”概念的比例要小于德语篇章，说明汉语受试在围绕图画内容组织篇章信息时较德语受试表现的联想性和发散性更多一点；而德语受试在组织篇章信息时则表现得更加扣住图画内容一些，从而表现得更加忠实于实验任务和要求。在运用语义逻辑关系表达方面，汉语篇章运用关系连词和语义实际存在逻辑关联的比例远低于德语篇章，说明德语受试在组织篇章信息时较汉语受试更为重视信息连贯的逻辑性，语法和语义上更多地运用了逻辑关系表达手段。在篇章主题展开方面，汉德篇章都主要运用描写型主题展开，局部运用议论型主题展开的篇章比例也都较高，但多数汉语篇章还不同程度地运用了叙事型主题展开，极少运用解释型主题展开；而德语篇章大多运用了解释型主题展开，极少运用叙事型主题展开，说明汉语受试除了主要运用描写方式和议论方式展开篇章主题外，大多还采用了叙事方式组织并传达篇章信息；而德语受试除了主要运用描写方式和议论方式外，很多还采用了解释或说明方式组织并传达篇章信息。此外，在运用篇章主题展开策略方面，汉语篇章运用单一型主题展开策略的比例远高于德语篇章，而运用复合型主题展开策略的比例远低于德语篇章，也说明汉语受试在运用主题展开策略组织篇章信息方面缺乏一定的灵活度和全面性。

4.4.2 汉德篇章认知对比分析结论

篇章行为本质上是人类认知活动的语符化产物，也是认知活动的外在表现。本研究主要从语义上分析篇章背后的认知关联，具体从选择、聚焦、突显、视角四个方面对汉德篇章展开实证分析，描写汉德受试在看图理解处理篇章概念时的认知活动特点。通过对比相关统计数据发现，两组篇章在看图认知方式上存在一些相同和差异。

汉德受试看图理解处理篇章概念时选择的详略程度不同。本书重点分析了能直观反映篇章语义概念仔细程度的详细度。详细度可由篇章的句子命题数量体现。从统计数据看，总体上德语篇章的句子命题数量明显多于汉语篇章。另外，为了提高数据的可信度，本研究还结合篇章主题展开类型对运用同一主题展开方式的汉德篇章做了进一步对比分析，发现同为主要运用描写型主题展开的汉德篇章，德语篇章的句子命题数量整体上仍然显著多于汉语篇章，说明在看图写作过程中德语受试的看图理解和处理篇章概念的细致程度高于汉语受试。

汉德受试看图理解处理篇章概念时聚焦的图画区域有所不同。通过聚焦分析可以观察实验受试看图理解时在画面各局部区域或信息块之间分配注意力的方式，分配注意力最多的信息块为篇章聚焦信息块，即聚焦区域。通过对画面各信息块在篇章语义概念上对应的句子命题数量进行分类统计和对比，发现汉语篇章整体上围绕图画中景部分的信息内容所表达的句子命题数量最多，篇章聚焦信息块高度集中在图画中景部分，而多数德语篇章围绕图画前景部分的信息内容所表达的句子命题数量最多，篇章聚焦信息块落在图画前景部分。另外，两组篇章总体上围绕图画背景部分的句子命题数量最少。由此说明，绝大多数汉语受试在看图理解时将主要注意力放在图画中景部分，而多数德语受试将主要注意力放在图画前景部分，两组受试都在图画背景部分安排的注意力最少，概念处理力度也最弱。另外需要指明，本书在分析篇章概念处理的详细度和聚焦时鉴于分析的可操作性和研究可靠性，暂且只从句子命题数量上做了统计对比分析，对句子内部语义内容的信息量差异暂未做考虑，这一点会在第六章“研究改进与展望”中提及，并且也是该领域研究工作今后需要改进完善之处。

汉德受试看图理解处理篇章概念时突显焦点的方式不尽相同。通过突显分析可以观察实验受试在关注画面特定区域时如何对具体信息成分分配注意力。句子主语是表达者在组织句子命题概念时要突显的主要焦点。本书在具体分析时将篇章中出现频次最高的句子主语定义为篇章第一主要焦点。从统计的相关数据看，两组受试多数都选择了图画前景部分的人物作为篇章的第一主要焦点，各自都有少数还选择了其他信息成分作为篇章的第一主要焦点。从第一主要焦点对应分布的画面信息块看，汉德受试都首先选择了图画前景部分，其次是中景部分，极少或没有选择背景部分。但是，两组受试也表现出一些显著差异，首先，汉语受试选取第一主要焦点的趋同性或集中程度明显低于德语受试；其次，汉语受试在同一篇章内部跨画面信息块选取多个第一主要焦点的比例要高于德语受试；再次，汉语受试选择画外信息成分作为篇章第一主要焦点的比例也明显高于德语受试。由此一定程度上说明，德语受试无论整体还是个体在看图理解选择篇章第一主要焦点时，注意力分配要较汉语受试集中一些，而汉语受试则表现得相对分散一点。此外也需要说明的是，汉语篇章的聚焦信息块看似与篇章第一主要焦点的分布区域略有“背离”，主要原因是统计的方式和描写的侧重不同。前者是统计画面信息块所对应的篇章句子命题数量，后者是统计画面各信息块中具体成分做句子主语的频次，由于实验图画中景的信息成分多于图画前景，因而句子单位的主语频次在中景部分的分布较为分散，整体上低于前景。

汉德受试看图理解处理篇章概念时选取的视角显著不同。本研究从时间视角、空间视角和优势视点三个方面分析描写受试看图写作的视角安排。时间视角是借助篇章时态和语义分析对篇章世界与篇章行为在时间维度上的定位关系做出描写，可分为前置、并置、后置和全置四种类型。从统计分析的结果看，汉语受试多数选择了前置视角和全置视角，小部分选择了并置视角，没有人选择后置视角；而德语受试高度集中地选择了并置视角，个别选择了前置视角和全置视角，无人选择后置视角。由此反映，总体上汉语受试在安排篇章时间视角时表现出的一致性程度不高，篇章世界的时间跳出了看图写作行为的时间框架；而绝大多数德语受试看图写作时将篇章世界的时间概念置于看图理解及写作行为发生的“当下”，即篇章世界的概念内容就是对看图行为本身的描写，从而在安排篇章时间视角方面表现出以看图行为为导向，相对更加忠实于实验任务。

空间视角是通过篇章语义分析来观察受试看图写作时对画面各信息块进行概念处理的顺次关系。本研究基于受试的观察视线所呈现的空间运动特点，将篇章的空间视角分为向心型、离心型、向心型 + 离心型和钟摆型四类。通过语义分析发现，大部分汉语篇章采用了向心型空间视角，少部分采用了向心型 + 离心型空间视角，个别采用了离心型空间视角；而多数德语篇章采用了离心型空间视角，少数采用了向心型 + 离心型空间视角，个别采用了向心型空间视角，还有少数几篇采用了钟摆型空间视角。这说明汉语受试在看图理解处理画面信息时主要呈现出从图画背景到中景再到前景，由远及近、由后向前的特点；德语受试则大多呈现出从图画前景到中景再到背景，由近及远、由前向后的相反特点。另外，少数德语篇章还采用了钟摆型空间视角，一定程度上说明部分德语受试在对图画内容做概念处理时还呈现出一定的往复性和不规律特点，其原因一方面可能是受试对图画内容的概念处理较为仔细；另一方面也可能由于受试在看图理解时需要多次在画面各信息块之间反复进行信息成分的关联或对比。

优势视点是指识解者在处理概念时通常基于识解主体与客体之间的位置关系对主客体的相互定位做出的视角安排。优势视点往往与识解者的心理活动有关，呈现出主观识解和客观识解的特点。可借助分析篇章中第一、二人称代词的使用情况来观察识解活动所呈现的主观性或客观性。从统计的相关数据看，整体上汉语受试倾向运用客观识解，而德语受试倾向运用主观识解。但是从语义和语用上进一步分析发现，不少汉语篇章在议论或解释部分表达作者本人的观点或推理时，大多数并未使用第一、二人称代词，语义概念上对“我”做了淡化处理，隐含于语言表达中，以避免篇章概念内容显得过于主观；而德语篇章在议论或解释部分表达作者观点或推理时，多数使用了第一人称代词，语义概念上并不回避“我”，强调作者的主体意识，从而表现出主观识解的特点。

4.4.3　汉德篇章功能与认知综合对比分析结论

就语言本质而言，功能与认知都是语言现象的固有属性。一方面，语言现象是人类精神活动发展的结晶；另一方面，语言行为也是人类社会实践的必然产物。篇章作为人际互动交流的基本语言单位，既反映了表达者对外部世界的认知方式，又承载了一定的社会交际功能。因此，篇章的功能与认知研究实际上是从语言外部与内部两个不同的视角对作为语言使用基本单位的篇章进行全面考察，致力于对篇章结构作出全面阐释。换言之，从功能和认知上研究篇章既在研究理论上是相互兼容的，又在研究结论上是互为补充的。

本书借助实证研究透过篇章结构观察汉德看图写作在功能和认知维度上各自呈现的特点，探究二者在各分析方面表现的相同与差异，并尝试将篇章功能研究与认知研究有机整合，将篇章认知研究结论纳入到篇章功能的阐释框架下，从而进一步补充和完善篇章功能研究。通过在词汇、句法、语义和语用层面对汉德篇章结构进行实证对比分析，发现汉德篇章在功能上主要运用了篇章信息功能，各有不少篇章还运用了篇章呼吁功能，少数汉语篇章还实施了篇章娱乐功能。尽管两组篇章在实施信息和呼吁功能方面结构大致相同，但在具体实施方式上仍然存在明显差异，这一点已在4.4.1节做了一些总结论述。此外，从研究互补的角度看，汉德篇章在功能上的具体差异还可以在篇章认知上得到进一步的观察与佐证。以下结合汉德篇章在各识解维度上呈现的不同特点进一步阐释二者在实施篇章信息功能上存在的差异。

汉德篇章信息的详略程度不同。尽管汉德篇章都主要针对同一幅图画内容实施了篇章信息功能，但二者提供的信息详略程度却不一样。从篇章识解的详细度特征看，整体上汉语篇章的语义概念详细度要略低于德语篇章，说明汉语篇章所提供的信息内容不及德语篇章详细。正如分析篇章主要内容成分所见，40%的德语篇章对实验图画的艺术创作做了解释或说明，而汉语篇章无一做这样的处理，可见汉语受试在图画观察与理解的仔细程度和力度上较德语受试低一些。

汉德篇章提供的主要信息内容有所不同。从篇章识解的聚焦和突显特征看，尽管汉德篇章描写了同一幅图画，但所提供的主要信息内容不尽相同。从聚焦方面看，汉德篇章在看图理解处理画面信息时聚焦的画面信息块或区域有所不同，汉语受试主要关注图画的中景部分，而德语受试主要关注图画的前景部分。也就是说，汉语篇章提供的主要信息内容是关于图画的中景部分，而德语篇章提供的主要信息内容是关于图画的前景部分。从突显方面看，汉德篇章在看图理解处理画面信息时选取的重点描写对象也有所不同，汉语受试选取的重点描写对象相对分散，是分布在图画前景与中景区域的人物；而德语受试较为集中选择了图画前景区域的人物作为重点描写对象。

汉德篇章信息的组织方式不同。从篇章识解的视角特征看，尽管汉德篇章的信息来源为同一幅图画，但组织信息的方式却有不同视角。首先，从时间视角方面看，汉德篇章在看图写作组织篇章信息时所做的时间安排不同。汉语受试大多采用了前置和全置视角，篇章信息内容的时间定位跳出了看图行为的时间框架；而德语受试集中采用了并置视角，篇章信息内容的时间定位与看图行为保持一致。因而汉语受试倾向选用事件回叙和一般场景描写的方式组织篇章信息，而德语受试侧重选用实时描写看图行为的方式组织篇章信息。其次，从空间视角方面看，汉德篇章在看图写作处理画面信息时所做的空间顺次安排也不同。汉语受试主要采用了向心型空间视角，画面信息处理呈现出由后向前、由远及近的特点；而德语受试主要采用了离心型空间视角，画面信息处理呈现出由前向后、由近及远的特点。最后，从优势视点方面看，汉德篇章在看图写作安排篇章信息时对识解活动的主客体关系定位也不同。汉语受试主要采用了客观识解方式，识解主体与客体分离，识解主体隐现于篇章的语言表达中；而德语受试主要采用了主观识解方式，识解主体未与客体截然分离，识解主体显现于篇章的语言表达中。另外，进一步分析篇章中标记主观识解的第一、二人称代词的具体运用情况发现，汉语受试在表达个人观点或推理时倾向于在语义概念上回避主体概念，采用客体化的方式组织相关信息；而德语受试则倾向于在语义概念上强调主体概念，采用主体化方式组织相关信息。

以上尝试将汉德篇章的功能与认知分析进行综合。功能分析致力于考察篇章对外使用的外部动因，而认知分析着眼于篇章生产的内部成因，在阐释层面将二者结合起来，借助内部成因去补充解释外部动因，为探索结合篇章认知视角的篇章功能研究提供实证依据，也为语言功能研究范式下将篇章功能与认知研究相统一提供了实践借鉴。

第五章 研究结论阐释

总体来说，汉德受试的看图写作在功能与认知上呈现出集体性特点与异同。尽管两组受试来自不同的民族文化背景，母语结构也大不相同，但文化与语言现象本质上都是人类精神活动的产物，都是人类在认知外部世界的实践活动中形成、发展、凝结而成的，基于共同的生理基础和外部环境的相似性而出现认知与思维活动的趋同现象也是理所当然的。因此，本章重点阐释两组受试的看图篇章在功能与认知维度上呈现的主要差异。

通过前面的实证对比分析发现，汉德篇章在功能以及功能实现的方式方面存在明显差异。整体上两组受试都围绕实验图画内容主要实施了篇章信息功能，且都不同程度地实施了篇章呼吁功能，但在实现篇章功能的具体方式上呈现出差异。在实施篇章信息功能方面，相较于德语受试，汉语受试在篇章中所传达的信息基本上是断言类信息，侧重在事物关系链上强调终端状态的静态观；而多数德语受试会在传达断言类信息的同时还依据画面内容提供论证信息，兼顾了在事物关系链上注重关联过程的动态观。在实施呼吁功能方面，汉语受试较德语受试倾向于实施直接呼吁功能，例如，部分汉语篇章使用祈使句倡议读者实施某种行为；而德语篇章只是实施间接呼吁功能，通过论证观点，引导读者自行作出判断和行为选择。另外，还有少数汉语受试的看图篇章实施了美学和娱乐功能，而这种功能德语受试的篇章行为并未运用。

在篇章语言风格方面，汉德两组受试运用了不同的词汇和句法手段来实施篇章行为。情态词方面，汉语篇章使用情态词的比例明显小于德语篇章，一定程度上反映了二者对待主观命题表达的写作态度不同，即德语受试较汉语受试更多地使用了情态词，主动对主观命题作出标记，对命题内容的现实性或必然性做出限制，从而表现出更客观的写作态度。情感词方面，汉语篇章使用情感词的比例显著高于德语篇章，说明汉语受试在看图写作时较德语受试更关注画面人物及自身的心理状态和情感特征，篇章语义内容表现出较明显的情感化特点；相比之下，德语篇章对相关人物的心理活动与情感状态的关注程度明显不及汉语篇章，表现出更多的去情感化色彩。评价词方面，汉德篇章都有较高比例使用了评价类词汇，但从语义上分析，汉语篇章的评价词大多是单一方向的肯定和认同语义，而多数德语篇章的评价词则表现出双向的评论和批判色彩。因此，德语受试在评论图画内容时在思辨性与批判性上表现得更为全面和深刻一些。语气方面，汉德篇章都主要运用了陈述语气来传达信息，各有小部分篇章运用了疑问语气来实现信息交流，但在祈使、感叹、虚拟语气的使用上汉语篇章的比例明显高于德语篇章，表明汉语受试倾向于借助篇章行为对读者实施直接呼吁功能，所传达的信息也具有更多的情感与想象色彩，主观性特点较为鲜明。引语方面，小部分汉语篇章运用了直接引语，而德语篇章无一运用，也一定程度说明了汉语受试在实施篇章行为时较德语受试倾向于实施篇章的美学与娱乐功能。

在篇章内容结构方面，汉德篇章都较好地扣住了图画内容，但德语受试在标题运用、主题词选取和主题概念处理上较汉语受试更为遵从实验要求，扣住实验任务，从而表现出较为忠实的写作态度。在篇章主题展开方面，汉德篇章都主要运用了描写型主题展开，部分篇章运用了议论型主题展开，但汉语篇章还大量运用了叙事型主题展开，而德语篇章则多数兼用了解释型主题展开，且运用复合型主题展开策略的德语篇章比例远高于汉语篇章，说明德语受试在围绕篇章主题的组篇能力上较汉语受试表现得更为全面和灵活一些。此外，在运用逻辑关系表达方面，德语篇章的比例也高于汉语篇章，说明德语受试组篇时对篇章内容成分的内在逻辑关联关注更多一点。

从语言认知视角观察分析汉德篇章的结构特点发现，两组受试在看图理解的识解维度上也存在显著差别。从选择下的详细度方面来看，汉语篇章的句子命题数量总体少于德语篇章，说明汉语受试在看图写作处理篇章概念时的细致程度要略低于德语受试。从聚焦方面来看，整体上汉语篇章落在画面中景部分的句子命题数量最多，而德语篇章落在画面前景部分的句子命题数量最多，说明多数汉语受试将聚焦信息块置于图画中景部分，而德语受试大多选择了图画前景部分。从突显方面来看，多数汉德语篇章的第一主要焦点都选取了图画前景中的信息成分，但从第一主要焦点的分布集中程度情况看，汉语篇章的第一主要焦点明显不及德语篇章集中，说明汉语受试在选取和突出画面重点信息成分时表现出一定程度的分散性，而相比之下德语受试在选择重点描写的画面信息成分时整体上显得更为趋同和专注一些。从视角方面来看，即借助时态、词汇运用和语义分析看篇章的时间视角，汉语篇章主要采用了前置视角和全置视角，而德语篇章主要采用了并置视角，一定程度上反映德语受试在安排篇章时间视角时多数能着眼于看图行为发生的“当下”，能更加扣住实验任务，着眼“看图”行为；从篇章对画面信息块的描写顺序看篇章概念组织的空间视角安排，汉语篇章主要采用了从后向前、由远及近的向心型空间视角，而德语篇章则大多采用了从前向后、由近及远的离心型空间视角，呈现出截然相反的画面信息处理方式；从第一、二人称代词的使用情况看篇章的优势视点，汉语篇章大多采用了客观识解方式，而德语篇章多数采用了主观识解方式，其主要原因是，汉语受试在表达个人观点或主观推测时倾向在语义概念上隐现“自我”，回避看图主体，而德语受试则倾向在语义概念上强调“自我”，表明看图主体。基于以上研究结论总结，本章尝试分别从写作教学、语言结构、图画观察与理解和社会文化四个方面对以上汉德篇章在功能与认知维度上展现的主要差异予以阐释。

5.1　写作教学

本书所设计的实验任务是邀请两组来自中德高校的大学生观察同一幅实验图画，并在规定时间内完成一篇基于看图理解的篇章写作。看图写作是基础教育阶段写作教学中常见的一类篇章类型，作为大学生的两组受试已经在先前的中小学教育阶段经历了大量的看图写作学习、练习和测试，因此中德两国在基础教育阶段的写作教学理论与实践必然对两组受试在实验中完成的写作任务产生直接且深刻的影响，而两国在基础教育写作教学实践中存在的某些差别也会在较大程度上反映在两组篇章的语言结构中。

首先，中德两国对中学生语文写作能力的宏观要求存在不同主张。荀欣（2002：96-97；107-108）在介绍中国成人高校招生考试对考生语文科目的写作能力要求时指出，记叙文除了介绍事件框架信息和发展过程外，内容上一定要具体、生动、详略得当；表达方式上以记叙、描写为主，还可以适当夹有议论和抒情，以深化文章的主题，起画龙点睛的作用。说明文的内容要具有一定的科学性，行文具有条理性，语言具有准确性，但文字也要生动、有趣，不失文学性。由此可见，中国基础教育阶段的语文写作教学对叙事类篇章的表述方式除了记叙和描写外，还强调了议论和抒情；而对于说明类篇章除了要求内容的科学性与结构的条理性外，还强调了文字的生动性和文学性。在本次实验中，绝大多数的汉语受试都运用了描写型与叙事型篇章主题展开，汉语篇章具有较重的情感色彩和文学色彩，具体表现在篇章大量运用了情感词；语气方面，除了陈述、疑问语气外还较多运用祈使、感叹、虚拟等语气来表达篇章作者的倡议、情感和想象；还有少部分叙事型篇章运用了直接引语来增强叙事的文学性和娱乐性。相比之下，德国中学的写作教学要求侧重有所不同。Dreher (2014：79)谈到德国2002年文理中学毕业会考对学生写作能力提出的统一要求，即语言表达手段丰富、有论证基础、交际目的明确、结构清晰、具有交际理念指导的写作能力。具体而言，要能掌握不同的写作策略，综合运用信息型、解释型、论证型的结构化组篇形式。从中可以看到，德国中学的写作教学培养目标明显受到篇章交际功能理论的指导，强调写作的篇章功能，注重对学生写作交际能力的培养和综合写作策略的掌握，这一点在本次实验的德语篇章中也有所体现。通过对比分析汉德篇章的主题展开类型发现，德语篇章除了主要运用描写型主题展开外，大多数还在局部运用解释型和议论型主题展开，而且德语篇章运用复合型主题展开的比例显著高于汉语篇章。

其次，中德两国在基础教育阶段如何培养学生写作能力问题上也有不同侧重。张永昌(1999)总结了中国小中学生写作能力的发展的三个阶段：积累、模仿和借鉴、创造。在积累阶段学生主要积累生活经验、情感体验和学习语言表达技能知识；在模仿和借鉴阶段学生开始学习别人的范文，通过对范文的模仿与借鉴将他人的写作技能转化为自己的写作技能；在创造阶段学生能独立思考，语言表达富有创造性，能掌握不同的构思方法，合理展开联想和想象，能抓住事物之间的联系由现象看本质。Becker-Mrotzek & Böttcher(2006：64-66)也提到德国基础教育阶段写作能力的开发分为四个阶段：联想型写作(das assoziative Schreiben)、展示型写作(das performative Schreiben)、交际型写作(das kommunikative Schreiben)和认知型写作(das epistemische Schreiben)，其中最后一个阶段是中学高年级学生应该达到的水平，达到这一写作水平的学生，应该能够熟练地运用书面语言，篇章生产开始注重风格、表达手段和论证逻辑性。对比可见，中国学生的写作能力发展大致经历了从模仿借鉴到创造的发展阶段，而德国学生则经历了从感性到理性的发展阶段，一定程度上反映了中国的语文写作教育较德国宏观上更强调篇章创作的主体能动性，而德国的语文写作教育则更注重篇章创作的功能实效性。因此，本研究实验的汉语篇章明显在情态词使用、情感词使用、语气运用、主题词选取、篇章主题处理以及篇章时间视角等方面较德语篇章表现得更为主观能动一些，而德语篇章则表现得较为客观被动一些；汉语篇章的情感色彩较德语篇章也要多一些。此外，Lehker(2001：143)在对汉德各篇章类型之间存在的主要差别进行实证对比分析时也提出，二者之间存在一个显著不同，即总体上汉语篇章倾向于与读者进行情感交流，而德语篇章则表现得更加客观一些，这一特点在各类汉德篇章中都有明显体现。他还指出，在德国的写作文化中，从有关议论型篇章的写作理论评价标准看，在篇章中运用表达情感的手段是不可取的，这在原则上与正统的理性论述相背离，因为当前德国学校主张的写作方法是，议论文就应该是客观地探讨某个问题，作者应该避免对读者施加情感影响；而汉语议论文常使用抒情手段，从理性和情感两方面去影响读者接受某些价值观念。另外，中国人在叙事型篇章中也往往把叙述经历与表达情感相结合，而德国人则强调客观讲述。因此，汉语记叙文通常追求在叙事方式上打动读者，而德语记叙文则注重事件情节本身的紧张与生动性。Ines-A(2001)在对比分析医学和语言学领域的德英篇章时也发现，在对应的科学研究领域德语篇章较英语篇章表现出更多的“去情感”“去行为主体”特点。Boueke & Schülein(1985)总结了德国20世纪六七十年代盛行的写作教学法理论，有“语言塑造理论”(sprachgestaltender Ansatz)、“全方位理论”(heuristischer Ansatz)和“交际理论”(kommunikativer Ansatz)，这些理论或是忽略或是未能足够重视写作教学应该培养学生的主体意识以及学生的主观性应在写作中起到的关键作用。作者在梳理了70年代中期至80年代初一些代表学者，如Mattenklott、Sennlaub和Fritzsche等所提出的旨在强调作者主体性的写作理论基础上，提出了“个性写作”(personales Schreiben)理论，这里的“个性”并不是将作者视为一个孤立的个体，其“个性”是在与他人的互动中逐步形成的，因而必然会打上集体的烙印，基于这一理论思想指导，德国学校写作教育要鼓励学生在写作中表达个人想法，不要有意在文中隐去写作主体，而要将自己置于写作的中心地位，将自己对外界、自我、他人的认识体现在写作过程中。Boueke和Schülein的观点主张在德语篇章中也得到一定程度的印证，多数德语受试在篇章的议论和解释部分使用了第一人称代词ich，视角上运用了主观识解，便是这一理论思想的实例体现。

在看图写作方法上中德两国的教学实践也不尽相同。褚守农(1996)指导中学生如何写看图作文时在序言部分指出，看图作文是小学、中学常见的一种作文训练形式，它通过把图画转换成文字，培养学生的观察、理解、想象、鉴赏、评论等能力。褚守农(1996：78；131)在谈到看图叙事写作的客观性与主观性问题时还指出，看图记叙文有时仅仅局限于画面介绍是远远不够的，还必须根据画面进行合理的想象。观画感往往是看图写作的必要组成部分，写观画感的一般结构是：介绍画面——概括画意——联系实际展开议论——结论，其中联系实际展开议论要充分，主观想象与触发感想要意相契合。钱汉东(1996：88-89)也在谈到中国中学生写看图情景描写作文时强调了景与情的交融，并指出抒情在中国人的写作中具有重要地位，中国人讲求借叙事抒情、借写景抒情、借说理抒情。以上学者的观点合理解释了在实验的汉语篇章中为何存在大量的情感词、感叹句和虚拟句现象。此外，40篇汉语看图写作虽然不乏评论色彩，但基本上没有对图画的艺术鉴赏，缺乏对实验图画的艺术创作解释或说明，某种程度上反映教学与实践存在脱节情况。Ludwig & Kaspar (1992)在谈论德国学校的看图写作教学时指明，传统的方法是强调通过图画描写来训练学生语言表达的精确性和客观性，掌握看图描写这一篇章类型的结构模式与语言风格，因而不主张或学生应回避基于图画内容产生的主观想象，而对图画内容的评论或批判性分析则是艺术课堂的学习任务，应该与德语语文课堂教学有所区分，而现代的看图写作教学应该引导学生将图画客观描写、基于画面内容的主观想象与情感感受以及图画意义的解读与评论综合起来，应从"看"图写作过渡到"读"图写作。由此看来，实验中的德语受试仍然较多地受传统的看图写作教学的影响，尽管不少篇章也对图画内容及艺术创作进行了说明或评论，但主观想象和情感表达仍然很少。

5.2 语言结构

篇章行为本质上是人类的思维活动，是借助语言符号对思维过程的记录与传播。有关语言和思维的关系自欧洲古典时期以来一直是西方语言哲学界不断探究的课题。尽管学者们对在语言和思维的形成与发展过程中谁为第一性的问题上还存有争议，但也达成了一些基本共识，二者在发展过程中密不可分，相互促进又互相制约，思维活动是语言现象的内在动力，为语言表达提供概念素材，而语言现象是思维活动的外显形式，对思维活动有制约反作用。田杰(2000: 45)谈到民族语言与思维的关系时指出，语言的民族性是思维的民族性的外化和表现，语言是思维的民族性的载体和形式。Feilke(1996: 99-100)主张，语言往往在思维活动中发挥导向和择取作用，指明了语言对思维活动的反作用。Maiwald(2012: 42)也认为，语言决定了人类的隐喻思维方式，而人类正是借助空间和具象对抽象的情感和思想进行隐喻处理来了解现实世界的，因此，语言并非只是表达既有概念的工具，还是发掘未有概念的工具。Maiwald的观点可以在不同民族语言对同一抽象概念有着不同的隐喻性表达中得到证明。例如，汉语中会说"鸡蛋里挑骨头"，而德语中会说das Haar in der Suppe finden(汤里挑头发)；汉语中常说"碰钉子"，而德语中会说einen Korb bekommen(碰篮子)。

关于中国人的思维方式和方法如何体现于汉语的表达形式，中村元氏、萩原朔太郎(2014: 34-35)认为，汉语的语序是非常自由的，尽管没有词形变化，但句中词项的位置常常可以前后倒置，且语义基本不变，并不影响理解，其原因是汉语句子通常以行为人作为主语，以此为前提，所以不会发生语义混乱，人以外的东西，有时也用作主语，但往往也是拟人化用法。因此，中国人对客观事物的认识，也往往在与人的关系中去把握，主体与客体在认识上并不决然分开对立。无独有偶，印度语和欧洲语言中，客观的事物在古时通常也不能作为主语，偶尔用作主语，须作为男性形或女性形①使用，同样也被拟人化，但印度、欧洲各语族很早就脱离了这个阶段。这一论述基本上是客观的，例如，现代汉语常说“房间有人”“地上有水”，而德语中不说“Das Zimmer hat jemanden.”“Der Boden hat Wasser.”。联系本书实验，汉语受试在看图理解时倾向于将个人情感融入图画情景中，或把图画内容与自身经历联系起来，将看图者或画中人物作为叙述事件的主人公，因而在处理篇章主题、组织篇章内容时也发挥了一定的主观能动性。另外，从古至今，汉语对事物或事件之间的逻辑关系不及欧洲语言那样充分自觉，西方语言常用的关系连词，汉语用得较少，例如“他生病了，今天没来上课。”两个事件的因果关联是隐含在语义中的，在语言表达中并未显现，而且西方语言中的关系连词被译为汉语时，也往往被省略掉，这样才显得在语用上更符合汉语表达习惯。因此，从语言结构上看，没有使用关系连词的汉语句子，即使语义上分析是存在逻辑关系的复合句，但看上去仍然像并列单句，事物或现象之间内在的逻辑关联显得较为松散。从语言的概念表征上看，中国学生对从事物之间的逻辑关系论证意识有待加强，这点通过对比实验中的汉德篇章结构也得到了一些证明。德语篇章多处使用关系连词、复合句来表达推断，而汉语篇章大多直接用简单句表达判断，语义内容并未展现解释或说明。因而，实验反映整体上汉语受试对逻辑关系的运用不及德语受试那样自觉。再者，古汉语和现代汉语中词类兼类和一词多义现象仍然普遍。朱德熙(1985：2)曾明确指出，作为汉语的语法特点之一就是，汉语的词类与句法成分之间不是简单的一一对应关系，例如，名词既可以作主语和宾语，也可以作谓语和定语。这种语言结构某种程度上也对应了汉语语义的多重性和模糊性，即语义缺乏内在的精确性。范武邱(2011)从语用上指明了汉语表达的语义模糊性特点，他认为，汉语见证了汉民族文明发展的历程，汉民族委婉、含蓄、藏而不露的性格致使汉语的模糊性特征更为明显。齐沪扬、潘国英(2014：125)在论述现代汉语的构词形式演变时也指出，单音节词向双音节词的演化是现代汉语词汇结构演变的一个重要特征，其主要原因是，现代社会的人际交流对语言运用提出了精确表义的要求，原有的词项已无法满足交际需求，多义词的义项有所分化。由此

① 这里所说的男性形与女性形指名词的语法性范畴中的阳性或阴性。

可以间接解释，传统上中国人在观察和认知外部世界的过程中语义概念表达相比较而言长于统括，而短于精确，一定程度上折射出实验中汉语篇章的语义概念详细度不高。另外，沈家煊(2009)从三种基本汉语句式结构论证了汉语表达具有丰富的主观性，他认为，跟英语等西方语言相比汉语是主观性较强的一种语言。汉语表达的主观性特点在实验的汉语篇章中也得到明确体现，例如，在使用情态词、情感词、感叹语气等方面，汉语篇章较德语篇章明显表现得更主观一些。

在众多欧洲民族语言中，德语无论是语法还是语用上都是一门相对严谨的语言。中世纪至今，德国学校一直在教授希腊语和拉丁语，而且德国是欧洲国家中教育机构讲授拉丁语和希腊语时间最长的国家之一。欧洲中世纪的语言学者认为，希腊语和拉丁语的语法完备且语义精确，所以能长期成为人类语言研究的典范素材。因此，欧洲古典语言的结构风格及其承载的文化特点，即精确性、逻辑性、科学性对近代德语的使用也会产生较大影响，这些特点在德语受试的看图写作篇章中也得到一定体现。例如，德语篇章使用了大量的逻辑关系连词，看图理解的概念处理详细程度较高，看图写作时更加遵从实验任务要求，扣住画面内容，主题词极少偏离图画内容信息，篇章世界的时间视角与看图写作行为发生的“当下”相一致；等等。此外，德国人整体上对概念的区分和语言表达的精确性要求也较高，而语言结构的严谨和语义表达的准确性必然要求表达者对言语行为的目的和任务有较为明确清晰的认识。Stutterheim(1997：158-159)通过实证研究论证了篇章交际任务与作者认知活动的关系对篇章生产的影响。研究表明，篇章生产者对交际行为的目标和任务越明确，并且他对篇章的概念化对象的认知与交际情景所要求的篇章任务越一致，则篇章的组织结构就越清晰。结合前述，德国中小学写作教学十分重视对学生篇章交际能力的培养，注重在篇章功能观指导下实现篇章交际任务，由此推想，德语受试在实施日常篇章行为时往往具备较好的交际任务意识，在交际功能导向意识的指引下，他们的篇章生产也会在组篇结构上表现出较高的一致性。因此，本研究实验中德语篇章运用的主题展开类型的趋同程度要高于汉语篇章。

关于语言差别与思维差异的对应不难找出其他一些直观例子，例如，汉语中绝大多数的名词在使用时前面都要加一个量词，不同的名词往往搭配不同的量词，而包括德语在内的西方主要民族语言并没有这一现象。这也反映了中国人在观察与认知外部世界的具象事物时概念处理上要显得更加细致一些，或者说中国人的思维方式对具象形态的差异较为敏感。这里可以部分解释汉语篇章的第一主要焦点明显要比德语篇章分布更广一些，且同一篇章选取多个第一主要焦点的现象也远多于德语篇章，而德语篇章的第一主要焦点分布比较集中与趋同，德语受试对第一主要焦点以外的画面其他成分的关注程度明显低于汉语受试。Oguro(1984：48；66)论及了语言结构所折射出的德国人与日本人的民族思维特点时也专门提到了汉语的特点。从语言词汇上看，汉语和受汉语影响较大的日语中存在大量表达人的情绪和情感的词汇，其中不少词汇在德语中没有明确对应的表达，因此汉语和日语长于表达情感，而短于对事物本质和抽象思想的精准描写，说明中国人和日本人在日常语用上较德国人有更多表达主观情感的需求，在日常写作中也经常是逻辑与情感兼有；相反，德国人在抽象概念表达上则更胜一筹。从语言的模糊性讲，具体词义总会在一定层面上表现出概括性、抽象性，一个词作为语义上位词往往是其下位词的某类事物、现象、关系、状态、行为或属性的概括。中国人和德国人日常使用的词汇，即基本词，所对应的概括程度也可以直观反映两个民族日常组织概念的详细程度，如德语常用 Student(in)(大学生)和 Schüler(in)(中小学生)，而汉语中常用上位概念“学生”；德语中学校教育称为 Bildung(教育)，家庭教育则称为 Erziehung(教化)，而汉语中都用“教育”指称；汉语中常说“我是坐车来的”，而在德语的相应表达中通常会说明是 Auto(小汽车)，Bus(巴士)或是 Zug(火车)等交通工具。这些日常语言现象从侧面也间接反映了德国人一般情况下处理概念时词义选择的详细度较高。当然，这里只是提出了一个语言阐释的可能视角，实际上在其他某些领域的汉语日常表达的概念详细度要明显高于西方语言，如亲属关系的概念区分及在称谓方面的表述。因此，汉德语日常表达的概念详细度对比也是一个值得进一步开展实证研究的课题。另外，汉德受试在看图方式上的空间视角差别也可以在语言结构差异上找到一些合理解释。汉语表达地点的基本顺序一般是从大地点到小地点，从模糊空间到具体空间；而德语的表达习惯则相反，一般是从小地点到大地点，从具体空间到模糊空间。反映到汉德篇章的空间视角运用上，汉语受试看图理解大多采用从图画背景到中景再到前景，由远及近的向心型空间视角，而德语受试多数采用从图画前景到中景再到背景，由近及远的离心型空间视角。

5.3 图画观察与理解

看图写作实际上包括两个主要阶段，第一阶段作者对图画进行看图理解，处理画面信息，形成命题概念，即概念化过程；第二阶段作者将命题概念借助语言符号表达出来，是概念的语言符号化过程。因此，一方面，看图写作篇章是图画观察与理解活动的产物，篇章结构是看图理解方式的外在反映；另一方面，篇章语义也是作者主观上对图画意义的概念重构。

不同看图者，特别是来自不同语言文化背景的看图者，对同一幅图画的观察与理解会不尽相同，其看图写作在语言风格和语义内容上也会相应呈现出不同之处，这一点在研究实验中已得到实证。究其原因，主要有两点：一是图画意义本身具有多元性和多层次性，二是看图者主观上采取的看图理解方式有所不同。Doelker (1998：20)提出了图画语义的层次模型(bildsemantisches Schichtenmodell)，将图画意义析分出8个层次：直观意义、约定意义、声明意义、形态意义、潜在意义、情景意义、互文意义和跨文意义。图画意义的多层次性决定了看图理解行为的复杂性。Weidenmann(1988：76-83)提出了两种图画理解模式：生态型理解模式(der ökologische Verstehensmodus)和指示型理解模式(der indikatorische Verstehensmodus)。生态型理解模式是普通看图者通常采用的模式，是看图理解的第一阶段。在这种模式下，看图者不关注图画的艺术创作媒介和符号意义，注重图画内容与现实之间的相似性，然后将图画信息纳入到自己已有的认知图式中来解读图画的现实意义。指示型理解模式是看图理解的第二阶段。在这种模式下，看图者除了解读图画内容的现实性外，还关注画者的创作意图和艺术技巧，如线条的运用、色彩的搭配、画面空间的安排、视角的选取等等，进而对图画的艺术创作进行说明和评论。因此，生态型理解模式通常只需要获得关于现实世界的知识，而指示型理解模式还需要一定的关于图画艺术创作的专业知识。从实验采集的汉德篇章有关艺术评论的内容看，汉语受试都采用了生态型理解模式，而不少德语受试兼用了指示型理解模式，这也从另一方面说明了为何德语受试看图理解的概念处理详细度要高于汉语受试。关于图画理解，Marotzki & Stoetzer(2006：38-40)也提出了一个分析模型，该模型包括四个分析步骤：第一步分析图画中有哪些信息成分或客体对象，第二步分析各信息成分在目标文化中所对应的意义，第三步分析各信息成分是如何在画中被编排表现的，第四步分析作者如何通过图画表现了自我和外部世界。结合实验语料分析，该模型所提到的第一个和第四个分析步骤在汉德篇章中都有明确体现，但第二个和第三个分析步骤在德语篇章中也表现较为明显，而在汉语篇章中则鲜有体现，例如，不少德语受试将实验图画中的亭子解读为一个中国的传统文化符号，由此来推断画面事件的发生地点及社会环境，还有不少德语受试对图画创作的艺术形式作了简要说明，而汉语受试基本上没有人从民族文化角度描写画中亭子，也没有人从艺术创作的角度说明图画的绘画形式与风格。关于影响图画理解的因素 Niesyto(2006)在强调首次理解(Erstverstehen)对看图理解的重要性时指出，图画的首次理解主要考虑几个因素：画面的内容，图画的创作形式，图画感官信息和情感信息以及看图时内容与形式上的联想。借助这四个因素对照汉德篇章的语义内容发现，整体上汉语受试的看图理解在后两个因素上表现得更显著一些，而德语受试则在前两个因素上表现得更为突出一点。汉语篇章的信息功能除了传达画面信息外，多数还表达了涉及个人情感和主观想象的信息，基本上没有对图画的艺术创作进行说明；而德语篇章的信息功能除了强调画面内容外，部分还传达了艺术表现方面的客观信息，少有个人主观情感或想象成分。

另外，社会视觉文化也会对成员的看图行为产生一定的直接影响。当代德国社会普遍存在一种批判性视觉文化教育思想。Esterl & Nagy（2012：7-8）在谈到“看”的文化时主张，视觉信息处理要采取三个主要步骤：接收（Rezeption）、生产（Produktion）、反思（Reflexion）。面对已经发生变化的图像世界，不仅仅是在学校要培养一种批判性的视觉文化和媒体意识，而且个体还应该将这种批判精神带入文化和社会生活中，要从认知和美学上培养“观察”三步骤，通过“观察”尽可能获得全面的洞见，即学会将“观察”视为是一种广义上的批判性“阅读”。Mattenklott（2012：14-15）也论及了有关“观察”教育的三种视角：情感观察（emotionales Sehen）、结构观察（strukturelles Sehen）和历史-批判观察（historisches und kritisches Sehen）。他力主“观察”的批判性，呼吁放弃幼稚而粗浅的图画理解，要带着适当的批判性对待每一幅图画，这是“观察”教育的重要目标之一，而语言能力的延伸则是实现创造性和辨识性观察最为重要的基础之一，因为观察者通常只有在具备特定的语言概念后，才能在观察中关注到相应的概念对象并加以区分。在这种视觉文化的熏陶下，德国人倾向于用一种“审视”的目光看待周围事物，这一点也明显地反映在看图写作实验中，德语篇章较汉语篇章具有更明确的思辨性和批判性。此外，客观性也是德国人看图理解的传统态度，Birkenhauer（2005：93-94）谈到看图描写（Bildbeschreibung）类篇章时引述了 Heiner Müller 的基本观点，即作者要摒弃个人主观表达，要在图画边界范围内紧扣画面内容，反对带有文学色彩的描写，这一观点为看图描写的篇章体裁界定做出了奠基性论述。Müller 的观点在实验的德语篇章中也得到一定程度的印证，相较于汉语受试德语受试在遵从实验条件、扣住“看图”任务、去情感化以及淡化文学色彩等方面要明显表现得更突出一些。关于看图理解的主观性问题，Birkenhauer（2005：99）认为，任何看图理解都会打上看图者的主观烙印，图画往往就是一个回忆媒介，看图者或是将自己视为图画中的一个成分，或是把自己的经历与图画内容关联起来的，不会完全将自己与图画分离。因此，所谓的客观看图描写也不是完全客观的，看图写作必定会打上作者不同程度的主观烙印，即便在实验中汉语篇章大多采用了客观识解，也是语言表达处理的语用效果，但从语义上分析汉语篇章的主观性仍然明显多于德语篇章。

绘画过程与看图理解过程本身都有时空局限性，绘画能将所描绘的对象“定格”下来，这样画面内容就能超越时空局限，向读者展示一个永恒的“当时”。但另一方面，画面的内容也往往容易让人联想到自身的境遇，推想事件的前因后果，形成一个前后相继的事件链，从而将画面内容置于一个具体的事件框架中。从实验篇章的时间视角来看，汉语篇章大多采用了“前置”和“全置”视角，而德语篇章多数运用了“并置”视角。由此可见，汉语受试在看图写作中倾向于后一种情况，即联想到一个事件，并通过想象建立一个事件链，而德语受试则倾向于关注看图写作行为本身。关于看图写作的空间观察视角，Birkenhauer(2005：101)认为，图画中往往会有多个人物，每个人物都在画中有自己的视线，看图者既可以选择任一人物视角，也可以选择看图者自己的视角来描述，当然还可以想象出一个虚拟人物。因此，看图描写的视角往往是多样且复杂的。褚守农(1996：14-15)在谈到中学生看图写作的顺序问题时也指出，一般情况下运用三种方式安排图画观察的顺序，即按画面所绘的空间方位顺序，按画面所绘事物的地位顺序和按画面所绘事物的类别顺序。实际上这里论及了看图空间视角的主观性和客观性问题，一方面空间视角主要是由主体主观选取的观察视角所决定的，另一方面观察客体本身的空间位置关系也会对观察视角的选取产生一定影响。研究实验中的德语篇章绝大多数是从看图者视角描写图画的，主要采用了离心型空间视角，而汉语篇章则兼有看图者视角和画中人物视角，主要采用了向心型空间视角。

5.4 社会文化

Coseriu(1994：122)指明，语言符号不仅仅体现了它与使用者对表述对象认识之间的关系，而且还体现了它与整个民族文化之间的关系。就语言和文化的关系而言，语言现象属于文化现象，语言产品既是文化的核心组成部分，也是文化传承与发展不可或缺的重要途径。篇章行为作为典型的语言现象，本质上既是作者个人思维或认知活动的产物，也是社会文化的直接体现，因为个人的认知活动必然要打上社会集体文化的烙印，二者相互依存，密不可分。Langacker(1994)将文化首先理解为一种认知现象，存在于个体的思想中。Sharifian(2011：11)提出的“散布模式”(distributed model)实际上是对 Langacker 观点的进一步阐述，即打上文化烙印的一般认知活动产物必然是散布于其成员个体中，不一定每个成员都享有，但必然为多数成员所共有，并且个体成员对这些一般概念产物的掌握程度是不一样的，对个体认知活动的解释实际上是在集体文化框架内进行的。Sperber & Hierschfeld

(1999)也论述了文化与认知之间的关系，认为文化研究对认知科学有重要意义，主要有两个原因：一是文化的切实存在，就其本质而言，是人类认知活动的产物，也是认知活动的体现。二是当今社会在文化上为人类生活实践的各方面，尤其是认知活动提供框架条件。田杰(2000：41)谈到民族文化与民族思维关系时也引述道，泰勒曾把文化看作是探索人的思维(还有人的行为法则)的最适宜的主题。以上说明，文化与认知处于一种辩证关系中，文化的本质是人类认知活动的创造与凝结，而文化一旦形成也会反向制约认知活动，为认知活动提供框架条件。关于语言与文化、认知的相互关系，Sharifian(2011：34)主张，语言是特定群体所共享的一个符号系统，同时也是存放打上该群体文化烙印的一般认知活动产物的“仓库”。因此，文化是探索思维的有效窗口，也是解释语言现象背后深层次原因的有效途径。篇章生产本质上既是认知活动的产物，也是文化产品的具体形态，追根溯源，篇章结构应该在认知与文化上得以阐释。Altenburg(1998：7-8)通过实证分析一组 2 至 4 年级德国学生的看图写作篇章时发现，在完成特定的看图写作任务时，作者先前的类似经历会对写作过程产生重要的影响，图片内容能唤起作者的记忆，产生联想，并带来思想的启迪，说明看图理解必然会与看图者个人的社会经历相联系，而这种社会经历或社会化过程也必然打上集体文化的烙印。

理性是德意志民族性格的主要特点之一，这一特点也势必会对德国的社会文化打上烙印。在理性思想的指导下，德国人整体上在工作和生活中都表现出较好的精确性、彻底性和思辨性等特点。Hellpach(1954：171；176-178)在论及德国人主要民族性格时指出，历经历史的变迁和波折，德意志民族的某些基本性格特征得以留存下来，且经久不衰。他总结了六个民族基本性格特征：勇于创新(Schaffensdrang)、彻底性(Gründlichkeit)、热爱秩序(Ordnungsliebe)、反感形式(Formabneigung)、固执(Eigensinn)、好结群(Schwärmseligkeit)。在阐述德国人性格中的彻底性时 Hellpach 还补充道，德国人身上普遍存在着一种过度的彻底性，这使得他们容易在小事上做大文章，喜欢对问题刨根问底，直至终极命题，而且这种性格特征缺乏情感，少有热情，甚至带有几分学究气。Oguro(1984：58-59)还从宗教文化史的角度来阐明德意志民族精神中的逻辑性、理性与彻底性特点。他追溯到 16 世纪早期德国的马丁·路德新教改革运动，并指出，正是宣扬理性、批判与彻底性的新教改革精神对德国近代的大众教育产生了巨大的助推作用，并将这些精神特质注入德意志民族的血液里。相较于德国人的理性，中国人日常总体上表现得更为感性一些。楚渔(2010：29)在概述中西方思维模式的差异时评述道，总的而言，中国人的思维模式是一种偏向感性的思维，形象思维的特点比较鲜明，这种思维方式导致日常语言表达不太注重语义概念的精确度，往往带有较多的情感色彩。中德两个民族在这方面的性格差异也在实验采集的汉德篇章中有所体现，在情感词、评价词、逻辑关系连词、语气、概念处理详细度等方面，德语受试表现出较汉语受试更多的去情感化、客观性和彻底性特点。此外，德意志民族的批判精神和主体意识也是比较突出的。Hutz (2007：119)通过相关对比研究发现，在创作评论性文章方面，德国人要比美国人更强调文章的价值评价色彩，而美国人则更倾向于对评论对象进行陈述。作者在对比分析来自不同国家的专家学者的评论文章时还发现，德国学者的批判性最强，他们极少对某部作品进行充分肯定，而且在文章中表达自己思想的意识较为强烈。批判精神和主体意识往往源自个人主义，Durand(2004：124-125)在对比分析德国人与法国人的个人主义思想差异时总结了德国人个人主义的特点，它来自德国人的基本教育理念，往往体现在私人生活中和艺术创作领域，但德国人的个人主义并不排斥集体归属，在社会公共领域德国人的集体认同感还是比较明显的。Durand(2004：67)还指出，20 世纪六七十年代西方社会提出了“解放自我”的生活方式，主张要挣脱社会对个体所施加的行为规范和功能约束，其中“妇女运动”也是该社会思潮的一部分，这些都为“自我意识”的觉醒与发展提供了时代条件。同一时期德国学校教育也经历了民主改革，师生之间的关系得以进一步改善，更趋向平等，校园课堂成为师生思想交流、互动的场所，学生乐于提出自己的观点和见解，并希望得到认同。以上观点指明了德国文化教育界普遍存在较为强烈的批判精神、主体意识和平等观念。本书的实验也在某种程度上验证了这一点，例如，德语受试在使用评价词、运用议论型篇章主题展开和采用主观识解表达观点等方面，整体上表现出较汉语受试更为明显的批判色彩和主体意识。

另外，思维严谨、善于逻辑推理也是德国人集体文化的一个突出特点。Oguro (1984：45-47)在论述德国人日常生活中讨论事情的思维方式时指出，德国人表现出的较为典型的思维特点是逻辑性较强，这一特点可以追溯到古希腊罗马时期盛行的注重逻辑与修辞的辩论传统，而且德国人觉得客观性与逻辑是密切关联的，对事物的描写和评价首先要遵循客观性。因而在本实验中德语受试在对图画内容进行描写与评论时，句子层面较多地使用了逻辑关系连词，主观上不确定的命题表达也较多地运用了“也许”“可能”“看起来”等情态词汇来标记命题的主观色彩，限制其必然性或客观性。另外，在语气、篇章标题和主题词运用等方面，德语受试较汉语受试也表现得更为客观一些，更加忠实于实验任务、扣住图画主题一些。中村元氏、萩原朔太郎(2014：85)曾引述黑格尔对《易经》的评论，“具体的东西，不作思辨性、概念性的把握，而从日常的观念去了解，即是说做直观的或知觉的叙述。因之，在收集此具体的诸原理之中，看不出普遍的自然力或精神力的思辨的把握。”这一点在看图写作实验中也有所映现，整体上汉语受试在组织篇章概念内容时表现的思辨性和推理成分不多。此外，直观的或知觉的描写与叙述也导致了汉语受试在描绘图画时往往忽略了图画本身的艺术创作特点，从而在描写的详细度与全面性方面也略显不够。另外，Kaplan(1966)论述东西方人的思维特点时也指出，东方人是非线性思维，而西方人是线性思维。整体上汉语的思维表达方式呈现出间接、迂回的特点，这或许能部分解释多数汉语受试在看图理解时多数运用了从画面外围的信息块逐步移向中心信息块的向心式观察方式；而西方人的直接、线性化思维特点或许也说明了德语受试在处理画面信息时大多运用了从画面中心信息块向外围信息块移动的离心式观察方式。

第六章 研究改进与展望

科学研究就其研究对象、研究方法和研究结论而言，其客观性和科学性往往是相对的，难免存在研究局限性。就本研究的某些局部研究结论而言，也出现了与前人研究所得结论不完全一致的情况，如 Stutterheim（2003）通过实证研究发现，德国人在观察事件图画进行叙事时，多数会采用事件亲历者或主人公的视角，而非旁观者，因而表现出明显的主观性。而从本研究实验收集到的德语语料分析看，德国受试的这一看图叙事特点并不明显，而是更多地采用了观察者视角来描写，只是在表达个人观点或判断时语义概念并不回避第一人称“我”。此外，本书的部分研究结论还与 Lehker（2001）之前的相关研究①结论存在一些出入。Lehker 在文章中指出，从篇章主题展开方式或内容结构上看，汉德篇章类型可大致做这样的对应，即汉语的记叙文对应德语的 Erzählung 和 Bericht，议论文对应 Erörterung，说明文对应 Beschreibung，散文对应 Schilderung。汉语的篇章类型划分标准不同于德语篇章，前者主要是依据表述方式（Darstellungsart），即大致对应德语的主题展开方式，而后者则主要是依据篇章功能来划分的。他提出的一个主要依据是汉语中无论是记叙文、议论文还是说明文都经常带有议论部分，实施呼吁功能，而德语中的叙事类和描写类篇章较少用到议论部分。这一结论与本书的实证研究结论并不十分相符，大多数德语受试的看图描写在局部都运用了议论型主题展开方式。另外，Lehker 的研究还发现，汉语篇章中运用混合型主题展开的情况较德语篇章更为普遍，如在记叙文中有议论，在说明文中有描写、记叙和议论，但在散文中也有记叙和议论；而德语使用混合型主题展开方式的情况要少于汉语篇章，例如德国人写描写类篇章时往往表现出内容客观、语言清晰、表述准确等特点而没有议论。此外本研究发现，面对同一个看图写作任务，尽管德语受试在词汇、句法和语义上的确表现出比较客观、清晰、

① Lehker 的研究以 20 世纪 80、90 年代中国教育部制定的语文写作教学大纲为基础。

准确的特点，但运用混合型主题展开方式的比例也明显高于汉语受试。当然，本书实验的受试规模较小，人员结构还需完善，其研究结论更多是科学意义上的可能性探讨，还不足以成为这类研究的定论。

以上说明，即便是同一领域的不同研究，因其研究目的、对象、方法不同，研究结论也可能会有所不同，特别是在人文社会科学研究领域，个体研究通常会有某种侧重性和一定的局限性，其研究结论的适用性和解释力也往往受到预设前提和框架条件的制约。鉴于此，本研究也自然存在一些不足和需要改进的地方，这也为今后进一步在该领域开展研究提供了发展和完善空间。

首先，这次实验的语料采集规模不大。实验最后选取了 40 名中德大学生作为实验受试、共计 80 篇看图写作篇章作为本研究的分析语料，主要原因是德语受试的来源有限，主体是来自德国波鸿鲁尔大学语言学院汉语中心的德国大学生学员，疫情期间学员人数较往常少一些。实验受试的另一个主要特征是学科背景相对单一，中德大学生受试都是来自人文社会科学领域，且男生居多，因而实验受试的群体代表性还有待完善。此外，在本书 3.2.3 节中已有提及，尽管参与此次实验的德国大学生掌握的汉语语言文化知识很少，属于零基础，但作为参加语言学院所开设的汉语课程的学员，他们主观上会对中国的语言文化感兴趣，这一因素也可能会对看图写作行为产生潜在影响，如果今后中德学者能在该领域展开进一步合作研究，扩大实验受试的选择范围，研究者能够充分考虑学历、学科、性别、年龄、外语水平、跨文化交际能力等各方面因素，完善实验受试的人员结构和数量规模，这样实验数据就更具全面性和代表性，从而使实验研究结论具备更强的说服力和适用性。

其次，研究的分析方法还有待进一步改进。如词汇层面的对比分析主要运用了频次分布情况的分类统计方法，今后在改进分析工具的条件下可以进一步细化数据分析，对篇章特定词汇的具体使用次数进行统计，以提高分析的深入度。在对比分析篇章详细度方面，本研究依据篇章的命题数量进行对比分析，今后如果能兼顾句子单位内部的信息成分数量，所得到的数据和分析结论也将更全面、更具科学性。另外，本书在篇章结构内容分析部分主要借助语言学理论对词、句子、语段以及篇章等语言单位进行了统计分析，由于本研究还涉及语言认知研究，该领域目前是语言学研究的前沿领域，具有多学科交叉特点，涉及语言学、认知科学、神经科学、心理学、人类学、社会学等学科。因此，该课题在今后的研究中可以适当引入一些交叉学科的研究方法和相关仪器设备，如看图理解的聚焦信息块和空间视角安排可以借助心理语言学的眼动实验深入开展实证研究。篇章概念处理的详细程度可以借助脑电设备进一步进行科学实验分析，通过科学仪器更全面、准确地收集实验数据，为实验分析和研究结论提供更坚实的科学基础。

再次，实验图画的设计还可以有针对性地进行调整，可以考虑将某些画面细节信息成分在不同受试组之间互换。例如，考虑将汉语受试观察的图画中的亭子换成一个西式凉亭，而将德语受试观察的图画中的亭子换成一个中式凉亭，再对比分析两组受试的看图篇章对亭子的描写部分，这样就能更准确地比较两组受试对同一信息成分观察的敏感度和仔细程度。如果将画面信息差别设计得更细小、更有针对性一些，就能更好地对比考察受试的看图仔细程度。

最后，本书在“研究结论阐释”部分，如果能进一步采用访谈、调查问卷等方法，对实验受试的看图写作行为的影响因素进行定性了解，加强研究结论的质性分析，将访谈分析与理论阐释相结合，从而使研究结论的阐释更加全面和深刻。

参考文献

ADAMZIK K. 2004. Textlinguistik: Eine einführende Darstellung [M]. Tübingen: Max Niemeyer Verlag.

ADAMZIK K. 2008. Textsorten und ihre Beschreibung[C]//N. Janich (Hrsg.): Textlinguistik: 15 Einführungen. Tübingen: Gunter Narr Verlag: 145-176.

AGRICOLA E. 1970. Textstruktur aus linguistischer Sicht[J]. Wissenschaftliche Zeitschrift der Pädagogischen Hochschule Erfurt/Mühlhausen, 7(2): 85-88.

ALTENBURG E. 1998. Schreiben zu Erzählbildern: Didaktische Anleitung mit Kopiervorlagen (2. Aufl.)[M]. Donauwörth: Auer Verlag.

ANDERSON J R. 1989. Kognitive Psychologie: Eine Einführung [M]. Heidelberg: Spektrum Verlag.

ANTOS G. 2000. Ansätze zur Erforschung der Textproduktion[C]//K. Brinker et al. (Hrsg.): Text-und Gesprächslinguistik(HSK Band. 16.1.). Berlin, New York: de Gruyter: 105-112.

MROTZEK B, BÖTTCHER M & I. 2006. Schreibkompetenz entwickeln und beurteilen (1. Aufl.)[M]. Berlin: Cornelsen Verlag.

BELLERT I. 1970. On a condition of the coherence of texts[J]. Semiotika, 2 (4): 335-363.

BIRKENHAUER T. 2005. Bild-Beschreibung: Das Auge der Sprache[C]//U. Haß (Hrsg.): Heiner Müller Bildbeschreibung-Ende der Vorstellung. Bonn: Bild-Kunst Verlag: 93-111.

BITTNER J. 2003. Digitalität, Sprache, Kommunikation: Eine Untersuchung zur Medialität von digitalen Kommunikationsformen und Textsorten und deren varietätenlinguistischer Modellierung[M]. Berlin: Erich Schmidt Verlag.

BOUEKE D, SCHÜLEIN F. 1985. Personales Schreiben – Bemerkungen zur neueren Entwicklung der Aufsatzdidaktik [C]//D. Boueke & N. Hopster (Hrsg.): Schreiben – Schreiben lernen. Tübingen: Gunter Narr Verlag: 277-301.

BRAND M, ROSENGREN I. 1992. Zur Illokutionsstruktur von Texten [J]. Zeitschrift für Literaturwissenschaft und Linguistik, 22(86): 9-51.

BRINKER K. 1971. Aufgaben und Methoden der Textlinguistik: Kritischer Überblick über den Forschungsstand einer neuen linguistischen Teildisziplin[J]. Wirkendes Wort. (21): 217-237.

BRINKER K. 1973. Zum Textbegriff in der heutigen Linguistik[C]//H. Sitta & K. Brinker (Hrsg.): Studien zur Texttheorie und zur deutschen Grammatik. Düsseldorf: Pädagogischer Verlag: 9-41.

BRINKER K. 1979. Zur Gegenstandsbestimmung und Aufgabenstellung der Textlinguistik[C]//J. S. Petöfi (ed.): Text vs Sentence. Basic Questions of Text Linguistics (Vol. 1). Hamburg: Buske: 3-12.

BRINKER K. 1985. Linguistische Textanalyse: Eine Einführung in Grundbegriffe und Methoden (1. Aufl.)[M]. Berlin: Erich Schmidt Verlag.

BRINKER K. 1988. Linguistische Textanalyse: Eine Einführung in Grundbegriffe und Methoden (2. Aufl.)[M]. Berlin: Erich Schmidt Verlag.

BRINKER K. 1991. Aspekte der Textlinguistik: Zur Einführung[C]//K. Brinke (Hrsg.): Aspekte der Textlinguistik. Hildesheim, Zürich, New York: Georg Olms Verlag: 1-17.

BRINKER K. 1992. Linguistische Textanalyse: Eine Einführung in Grundbegriffe und Methoden (3. Aufl.)[M]. Berlin: Erich Schmidt Verlag.

BRINKER K. 1997. Linguistische Textanalyse: Eine Einführung in Grundbegriffe und Methoden (4. Aufl.)[M]. Berlin: Erich Schmidt Verlag.

BRINKER K. 2001. Linguistische Textanalyse: Eine Einführung in Grundbegriffe und Methoden (5. Aufl.)[M]. Berlin: Erich Schmidt Verlag.

BRINKER K. 2005. Linguistische Textanalyse: Eine Einführung in Grundbegriffe und Methoden (6. Aufl.)[M]. Berlin: Erich Schmidt Verlag.

BRINKER K. 2006. Ursprung und Entwicklung der Textlinguistik [C]//S. Auroux et al. (Hrsg.): Geschichte der Sprachwissenschaften HSK (Band

18.3). Berlin, New York: de Gruyter: 2540-2550.

BRINKER K. 2010. Linguistische Textanalyse: Eine Einführung in Grundbegriffe und Methoden (7. Aufl.)[M]. Berlin: Erich Schmidt Verlag.

BRINKER K, GÖLFEN H, PAPPERT S. 2014. Linguistische Textanalyse: Eine Einführung in Grundbegriffe und Methoden (8. Aufl.) [M]. Berlin: Erich Schmidt Verlag.

BROWN K (ed.). 2006. Encyclopedia of Language & Linguistics (Vol. 2) [M]. Oxford: Elsevier.

BUßmann H. 2008. Lexikon der Sprachwissenschaft [M]. Stuttgart: Alfred Kröner Verlag.

CHAFE W L. 1979. The flow of thought and the flow of language[C]//T. Givon (ed.): Syntax & Semantics 12: Discourse and Syntax. New York: Acdemic Press: 159-181.

CHAFE W L. 1980. The development of consciousness in the production of a narrative[C]//W. V. Chafe (ed.): The Pear Stories: Cognitive, Culture, and Linguistic Aspects of Narrative Production. Norwood: Ablex: 9-50.

CHAFE W L. 1994. Discourse, Consciousness, and Time: the Flow and Displacement of Conscious Experience in Speaking and Writing[M]. Chicago: The University of Chicago Press.

CHEN Q. 2013. Text und Kultur: Eine kommunikative Gattungsanalyse der deutschen und chinesischen Todesanzeigen[M]. Bern: Peter Lang Verlag.

COSERIU E. 1980. Textlinguistik: Eine Einführung (2. Aufl.)[M]. Tübingen: Gunter Narr Verlag.

COSERIU E. 1994. Textlinguistik: Eine Einführung (3. Aufl.)[M]. Tübingen: Gunter Narr Verlag.

CROFT W, WOOD E J. 2000. Construal operations in linguistics and artificial intelligence[C]//L. Albertazzi (ed.): Meaning and Cognition: A Multidisciplinary Approach. Amsterdam, Philadelphia: John Bennjamins: 51-78.

CROFT W, CRUSE A D. 2004. Cognitive Linguistics [M]. Cambridge: Cambridge University Press.

DANEŠ F. 1970. Zur linguistischen Analyse der Textstruktur [J]. Folia Linguistica, 4(1/2): 72-78.

DANEŠ F, VIEHWEGER D. 1976. Problem der Textgrammatik[M]. Berlin: Akademie Verlag.

DE BEAUGRANDE R A, DRESSLER W U. 1981. Einführung in die Textlinguistik[M]. Tübingen: Max Niemeyer Verlag.

DOELKER C. 1998. Bilder Lesen. Bildpädagogik und Multimedia[M]. Donau, Wörth, Leipzig etc.: Auer Verlag.

DREHER J. et al. 2014. Schreibkompetenz entwickeln und beurteilen (5. Aufl.) [M]. Berlin: Cornelsen Verlag.

DRESSLER W. 1970. Modelle und Methoden der Textsyntax [J]. Folia Linguistica, (4): 64-71.

DRESSLER W. 1972. Einführung in die Textlinguistik[M]. Tübingen: Max Niemeyer Verlag.

DURAND B. 2004. Die Legende vom typisch Deutschen: Eine Kultur im Spiegel von Franzosen[M]. Leipzig: Militzke Verlag.

EGGINS S. 1994. An Introduction to Systemic Functional Linguistics [M]. London: Pinter Publisher.

ELLIS J. 1966. Towards a General Comparative Linguistics [M]. Hague: Mouton.

ESTERL U, NAGY H. 2012. Plädoyer für eine Kultur des Sehens[J]. ide-Informationen zur Deutschdidaktik, (2): 5-9.

FEILKE H. 1996. Sprache als soziale Gestalt. Ausdruck, Prägung und die Ordnung der sprachlichen Typik[M]. Frankfurt a. M.: Suhrkamp Verlag.

FIGGE U L. 1971. Syntagmatik, Distribution und Text [C]//W. Stempel (Hrsg.): Beiträge zur Textlinguistik. München: Wilheim Fink Verlag: 161-181.

FIGGE U L. 2000. Die kognitive Wende in der Linguistik [C]//K. Brinker et al. (Hrsg.): Text-und Gesprächslinguistik (HSk Band 16.1.). Berlin, New York: de Gruyter: 96-112.

FIX U. 2008. Text und Textlinguistik[C]//N. Janich (Hrsg.): Textlinguistik: 15 Einführungen. Tübingen: Gunter Narr Verlag: 15-34.

FRAWLEY W J. 2003. International Encyclopedia of Linguistics (2nd Ed.)[M]. Oxford: Oxford University Press.

FRIES U. 1971. Textlinguistik[J]. LuD, (2): 219-234.

GANSEL C, JÜRGEN F. 2007. Textlinguistik und Textgrammatik: Eine Einführung(2. Aufl.)[M]. Göttigen: Vandenhoeck & Ruprecht Verlag.

GANSEL C. 2011. Textsortenlinguistik [M]. Göttingen: Vandenhoeck & Ruprecht Verlag.

GAUGER H M. 1970. Wort und Sprache[M]. Berlin: De Gruyter Mouton Verlag.

GLÜCK H. 2010. Metzler Lexikon Sprache (4. Aufl.)[M]. Stuttgart, Weimar: J. B. Metzler Verlag.

GOLDBERG A E. (ed.). 1996. Conceptual Structure, Discourse, and Language [C]. Stanford, CA: CSLI Publications.

GREIMAS A J. 1966. Sémantique structurale. Recherche de méthode [M]. Paris: Lacrousse.

GROßE E U. 1976. Text und Kommunikation: Eine linguistische Einführung in die Funktionen der Texte[M]. Stuttgart: Kohlhammer Verlag.

GÜNTHNER S, KRIESE S. 2012. Dialogizität in der chinesischen und deutschen SMS-Kommunikation – eine kontrastive Studie[J]. Linguistik online, 57(7): 43-70.

HABSCHEID S. 2009. Text und Diskurs[M]. Paderborn: Wilhelm Fink Verlag.

HALLIDAY M A K. 1967. Notes on transitivity and theme in English (Part 2) [J]. Journal of Linguistics, 3(2): 199-244.

HALLIDAY M A K, HASAN R. 1976. Cohesion in English[M]. London: Longman.

HALLIDAY M A K. 1985. An Introduction to Funktional Grammar[M]. London: Arnold.

HALLIDAY M A K. 1994. An Introduction to Functional Grammar (2nd ed.) [M]. London: Arnold.

HALLIDAY M A K. 2011. Text, Discourse and Information: A Systemic-Functional Overview[J]. Journal of Peking University(Philosophy and Social Sciences), (1): 137-146.

HARRIS Z S. 1952. Discourse Analysis[J]. Language, (28): 1-30.

HARRIS R, TAYLOR T J. 1997. Landmarks in Linguistic Thought Ⅰ-The Western Tradition from Socrates to Saussure (2nd Ed.)[M]. London, New

York: Routledge.

HARTMANN P. 1968. Textlinguistik als neue linguistische Teildisziplin[J]. Replik, 1(2): 2-7.

HARTMANN P. 1971. Text als linguistisches Objekt[C]//W. Stempel(Hrsg.): Beiträge zur Textlinguistik. Münschen: Wilheim Fink Verlag: 9-29.

HARTMANN R R K. 1980. Contrastive Textology: Comparative Discourse Analysis in Applied Linguistics[M]. Heidelberg: Julius Groos Verlag.

HARWEG R. 1968a. Pronomina und Textkonstitution[M]. München: Wilheim Fink Verlag.

HARWEG R. 1968b. Textanfänge in geschriebener und gesprochener Sprache [J]. Orbis, (17): 343-388.

HAUSENDORF H, KESSELHEIM W. 2008. Textlinguisitk für Examen[M]. Göttingen: Vandenhoeck & Ruprecht Verlag.

HAYES J R, Flower L. 1980. Identifying the organisation of writting processes [C]//L. W. Gregg & E. R. Steinberg (Hrsg.): Cognitive processes in Writing. Hillsdale: Erlbaum: 3-30.

HEINEMANN W, VIEHWEGER D. 1991. Textlinguistik: Eine Einführung [M]. Tübingen: Max Niemeyer Verlag.

HEINEMANN M, HEINEMANN W. 2002. Grundlagen der Textlinguistik: Interaktion-Text-Diskurs[M]. Tübingen: Max Niemeyer Verlag.

HELBIG G. 1983. Geschichte der neueren Sprachwissenschaft[M]. Opladen: Westdeutscher Verlag.

HELLPACH W. 1954. Der Deutsche Charakter[M]. Bonn: Athenäum Verlag.

HERINGER H J. 2011. Texte analysieren und verstehen[M]. Paderborn: Wilhelm Fink Verlag.

HERINGER H J. 2015. Linguistische Texttheorie: Eine Einführung[M]. Tübingen: Narr Francke Attempto Verlag.

HOEY M. 1991. Patterns of Lexis in Text[M]. Oxford: Oxford University Press.

HUTZ M G. 2007. „Insgesamt muss ich leider zu einem ungünstigen Urteil kommen.“ -Zur Kulturspezifik wissenschaftlicher Rezensionen im Deutschen und Englischen[C]//U. Fix., S. Habscheid & J. Klein (Hrsg.): Zur

Kulturspezifik von Textsorten. Tübingen: Stauffenburg Verlag: 109-130.

INES-A B. 2001. Kulturspezifik in englischen und deutschen Originalarbeiten – Medizin und Linguistik im Vergleich[C]//U. Fix., S. Habscheid & J. Klein (Hrsg.): Zur Kulturspezifik von Textsorten. Tübingen: Stauffenburg Verlag: 51-68.

ISENBERG H. 1970. Der Begriff „Text" in der Sprachtheorie[J]. ASG-Bericht, (8): 1-21.

ISENBERG H. 1974. Texttheorie und Gegenstand der Grammatik[M]. Berlin: Akademie der Wissenschaften der DDR.

ISENBERG H. 1976. Einige Grundbegriffe für eine linguistische Texttheorie [C]//F. Daneš und D. Viehweger (Hrsg.): Probleme der Textgrammatik. Berlin: Akademie Verlag: 47-146.

KALLMEYER W, HERMANN R M. 1980a. Textlinguistik [C]//H. P. Althaus., H. Henne & H. E. Wiegand (Hrsg.): Lexikon der Germanistischen Linguistik. Tübingen: Max Niemeyer Verlag: 242-258.

KALLMEYER W. et al. 1980b. Lektürekolleg zur Textlinguistik: Einführung (Band 1)[M]. Königstein: Athenäum Verlag.

KALVERKÄMPER H. 1981. Orientierung zur Textlinguistik[M]. Tübingen: Max Niemeyer Verlag.

KAPLAN R B. 1966. Cultural Thought Patterns in Intercultral Education[J]. Language Learning, 1(2): 1-20.

KERTES P. 2022. Prozessorientierung bei der Förderung der schriftlichen Textproduktion in der Fremdsprache[J]. Deutschunterricht für Ungarn, (5): 88-106.

KLEIN W. 1994. Time in Language[M]. London, New York: Routledge.

KLOEPFER R, OOMEN U. 1970. Sprachliche Konstituenten Moderner Dichtung[M]. Bad Homburg v. d. H.: Athenäum Verlag.

KRÄMER S. 2001. Sprache, Sprechakt, Kommunikation: Sprachtheoretische Positionen des 20. Jahrhunderts[M]. Frankurt a. M.: Suhrkamp Verlag.

LABOV W, Waletzky J. 1967. Narrative Analysis: Oral Versions of Personal Experience[C]//J. Heim (ed.): Essays on the Verbal Arts. Seatle: University of Washington Press: 12-44.

LAKOFF G, JOHNSON M. 1980. Metaphors We Live by [M]. Chicago: University of Chicago Press.

LANG E. 1983. Die logische Form eines Satzes als Gegenstand der linguistischen Semantik [C]//W. Motsch & D. Viehweger (Hrsg.): Richtungen der modernen Semantikforschung. Berlin: Akademie der Wissenschaften der DDR: 63-144.

LANGACKER R W. 1976. Semantic Representations and the Linguistic Relativity and Hypothesis[J]. Foundations of Language, 14(3): 307-357.

LANGACKER R W. 1982. Space Grammar, Analyzability, and the English Passive[J]. Language, 58 (1): 22-80.

LANGACKER R W. 1987. Foundations of Cognitive Grammar: Theoretical Prerequisites (Vol. 1)[M]. Stanford: Stanford University Press.

LANGACKER R W. 1991. Foundations of Cognitive Grammar: Descriptive Application (Vol. 2)[M]. Stanford: Stanford University Press.

LANGACKER R W. 1994. Culture, coginition and grammar [C]//M. Pütz (ed.): Language Contact and Language Conflict. Amsterdam, Philadelphia: John Benjamins Publishing Company: 25-53.

LANGACKER R W. 1999. Grammar and Conceptualization [M]. Berlin: De Gruyter Mouton Verlag.

LANGACKER R W. 2001. Discourse in cognitive grammar [J]. Cognitive Linguistics, 12(2): 143-188.

LANGACKER R W. 2008. Cognitive Grammar: A Basic Introduction[M]. New York: Oxford University Press.

LANGACKER R W. 2016. Ten Lectures on Cognitive Grammar: Diemensions of Elaboration[M]. Beijing: Foreign Language Teaching and Research Press.

LEE D A. 1992. Competing Discourses: Perspective and Ideology in Language [M]. London: Longman.

LEE D A. 2001. Cognitive Linguistics: An Introduction[M]. Melbourne: Oxford University Press.

LEHKER M. 2001. Chinesische und deutsche Aufsatzsorten im Vergleich[C]// U. Fix., S. Habscheid&J. Klein (Hrsg.): Zur Kulturspezifik von Textsorten. Tübingen: Stauffenburg Verlag: 131-146.

LEWANDOWSKI T. 1990. Linguistisches Wörterbuch 3 (Aufl. 5) [M]. Heidelberg, Wiesbaden:Quelle und Meyer Verlag.

LUDWIG O, SPINNER K H. 1992. Schreiben zu Bildern[J]. Praxis Deutsch, (113): 11-16.

MAIWALD K. 2012. Bilder zur Sprache bringen-Sehen lernen als Aufgabe des Deutschunterrichts[J]. ide-Informationen zur Deutschdidaktik, (2): 38-48.

MALDONADO R. 2004. Ronald Langacker: A visit to cognitive Grammar[J]. Annual Review of Cognitive Linguistics, (24): 305-320.

MANDL H, (Hrsg.). 1981. Zur Psychologie der Textarbeitung: Ansätze, Befunde, Probleme[C]. München: Uban & Schwarzenberg.

MARMARIDOU S S A. 2000. Pragmatic Meaning and Cognition [M]. Amsterdam, Philadelphia: John Benjamins.

MAROTZKI W, STOETZER K. 2006. Die Geschichten hinter den Bildern: Annäherungen an eine Methode und Methodologie der Bildinterpretation in der biographie- und bildungstheoretischer Absicht[C]//W. Marotzkie & H. Niesyto (Hrsg.): Bildinterpretation und Bildverstehen-Methodische Ansätze aus sozialwissenschaftlicher, kunst- und medienpädagogischer Perspektive. Wiesbaden: Verlag für Sozialwissenschaften: 15-44.

MATTENKLOTT G. 2012. Sehen[J]. ide-Informationen zur Deutschdidaktik, (2): 10-19.

MOTSCH W, VIEHWEGE D. 1981. Sprachhandlung Satz und Text [C]//I. Rosengren (Hrsg.): Sprache und Pragmatik. Lunder Symposium. Malmö: Gleerup: 125-154.

MOTSCH W, VIEHWEGE D. 1991. Illokutionsstruktur als Komponente einer modularen Textanalyse [C]//K. Brinker (Hrsg.): Aspekte der Textlinguistik. Hildesheim, Zürich, New York: Olms: 107-132.

MOTSCH W. 1996. Ebenen der Textstruktur: Begründung eines Forschungsprogramms [C]//W. Motsch (Hrsg.): Ebenen der Textstruktur. Sprachliche und Kommunikative Prizipien. Tübingen: Max Niemeyer Verlag: 3-33.

MOVSOVIC A. 2018. Textanalyse und Textproduktion. Metaphern, Symbole und Allegorien[M]. München, Ravensburg: Grin Verlag.

NIESYTO H. 2006. Bildverstehen als mehrdimensionaler Prozess: Vergleichende

Auswertung von Bildinterpretationen und Methodische Reflexion [C]//W. Marotzkie & H. Niesyto (Hrsg.): Bildinterpretation und Bildverstehen-Methodische Ansätze aus sozialwissenschaftlicher, kunst- und medienpädagogischer Perspektive. Wiesbaden: Verlag für Sozialwissenschaften: 253-286.

OGURO T. 1984. Ihr Deutschen, Wir Japaner-Ein Vergleich von Mentalität und Denkweise[M]. Düsseldorf, Wien: Econ Verlag.

PAPADOPOULOS J, MANGOLD R. 2022. Verzwickte Metaphern in der Organisationskommunikation. Embodied-Cognition-Effekte durch Metaphern: eine explorative Studie[C]//K. Hassenstein, C. Ritz & S. Sandhu, (Hrsg.): Wicked Problems. Wiesbaden: Springer VS: 53-73.

PEARS D. 1971. Ludwig Wittengenstein[M]. München: Deutscher Taschenbuch Verlag.

PETÖFI J S. 1971. Transformationsgrammatiken und eine ko-textuelle Texttheorie[M]. Frankfurt: Athenäum Verlag.

RICHARDS J C, SCHMIDT R. 2010. Longman Dictionary of Language Teaching and Applied Linguistics (4th Ed.) [M]. Harlow etc.: Pearson Education Limited.

RICKHEIT G, STROHNER H. 1985. Psycholinguistik der Textverarbeitung[J]. Studium Linguistik. 17(18): 1-78.

RICKHEIT G (Hrsg.). 1991. Kohänrenzprozesse: Modellierung von Sprachverarbeitung in Texten und Diskursen [M]. Opladen: Westdeutscher Verlag.

RIESEL E, SCHENDELS E. 1975. Deutsche Stilistik[M]. Moskau: Hochschule Verlag.

ROBINS R H. 1980. General Linguistics: An Introductory Survey(3rd ed.)[M]. London: Longman.

ROLF E. 1993. Die Funktionen der Gebrauchstextsorten [M]. Berlin, New York: de Gruyter.

ROLF E. 2000. Textuelle Grundfunktionen[A]. In K. Brinker., G. Antos & W. Heinemann (Hrgs.): Text-und Gesprächslinguistik (HSK Band 16. 1.) [C]. Berlin, New York: de Gruyter: 422-435.

SANDERS T. 1997. Psycholinguistics and the discourse level: challenges for cognitive linguistics[J]. Cognitive Linguistics, (8): 243-265.

SCHIFFRIN D. 1994. Approaches to Discourse[M]. Oxford: Basil Blackwell.

SCHIPPAN T. 1984. Lexikologie der deutschen Gegenwartssprache [M]. Leipzig: VEB Verlag Enzyklopädie.

SCHMIDT S J. 1976. Texttheorie: Probleme einer Linguistik der sprachlichen Kommunikation (2. Aufl.)[M]. München: Wilheim Fink Verlag.

SCHMIDT W G. 1986. Kopulasätze des Deutschen und ihre Wiedergabe im Chinesischen: eine kontrastive Analyse aus valenztheoretischen Sicht [M]. Frankfurt am Main: Peter Lang.

SCHUBERT C. 2008. Englische Textlinguisitk: Eine Einführung[M]. Berlin: Eich Schmidt Verlag.

SCHWARZ-FRIESEL M, CONSTEN M. 2014. Einführung in die Textlinguistik [M]. Darmstadt: Wissenschaftliche Buchgesellschaft.

SCHWERDTFEGER I C. 1989. Sehen und Verstehen: Arbeit mit Filmen im Unterricht Deutsch als Fremdsprache[M]. Berlin, München: Langenscheidt KG.

SEARLE J R A. 1979. Taxonomy of Illocutionary Acts[C]//J. R. Searle (ed.): Expression and Meaning: Studies in the Theory of Speech Acts. Cambridge: 1-29.

SEUREN P A M. 2010. Aristotle and Linguistics[C]//Alex Barber & Robert J. Stainton (eds.): Concise Encyclopedia of Philosophy of Language and Linguistics. Amsterdam Elsevier: 25-27.

SHARIFIAN F. 2011. Cultrual Conceptualizations und Language-Theoretical Framework and Applications[M]. Amsterdam, Philadelphia: John Benjamins Publishing Company.

SPERBER D, HIERSCHFELD L. 1999. Culture, cognition and evolution[C]// R. Wilson & F. Keil (eds.): MIT encyclopaedia of the Cognitive Sciences. Cambridge, Mass: MIT Press: cxi-cxxxii.

SINHA C. 2010a. Language, Culture and Mind: Independence or Interindependence? [C]//T. F. Li&Y. Gao(eds.): Language, Culture and Mind: Ten Lectures on Development, Evolution and Cognitive Linguistics. Beijing: Foreign Language Teaching and Research Press: 1-20.

SINHA C. 2010b. Languages, Culture and Mind: Ten Lectures on Development, Evolution and Cognitive Linguistics[M]. Beijing: Foreign Language Teaching and Research Press.

STEINITZ R. 1968. Nominale Pro-Formen [C]//ASG-Bericht (2). Berlin: Akademie der Wissenschaften: 1-21.

STORRER A. 2008. Hypertextlinguistik [C]//N. Janich (Hrsg.): Textlinguistik: 15 Einführungen. Tübingen: Gunter Narr Verlag: 315-332.

STROHNER H. 1990. Textverstehen: Kognitive und kommunikative Grundlagen der Sprachverarbeitung[M]. Opladen: Westdeutscher Verlag.

TALMY L. 1978. Figure and ground in complex sentences[C]//J. H. Greenberg (ed.): Universals of Human Language (volume 4: Syntax). Stanford: Stanford University Press: 625-649.

TALMY L. 1988. The relation of grammar to cognition[C]//B. Rudzka-Ostyn (ed.). Topics in Cognitive Linguistics. Amsterdam, Philadelphia: John Benjamins: 165-205.

TANG C. 2013. Vergleichende Studie von Stellenangeboten im Chinesischen und Deutschen unter pragmatischen Aspekt[J]. Muttersprache, (2): 99-110.

TIETZ H. 1997. Die Zukunft der Textlinguistik: Zusammenfassende Bemerkungen zu einer Diskussion[C]//G. Antos & H. Tietz (Hrsg.): Die Zukunft der Textlinguistik: Traditionen, Transformationen, Trends. Tübingen: Max Niemeyer Verlag: 223-230.

TOULMIN S E. 1958. The Uses of Argument [M]. Cambridge: Cambridge University Press.

ULRICH W. 1981. Wörterbuch: Linguistische Grundbegriffe(3. Aufl.)[M]. Kiel: Ferdinand Hirt.

VAN DIJK T A. 1977. Text and Context: Explorations in the Semantics and Pragmatics of Discourse[M]. London: Longman.

VAN DIJK T A. 1978. Aspekte einer Textgrammatik [C]//In W. Dresser (Hrsg.): Textlinguistik. Darmstadt: wissenschaftliche Buchgesellschaft: 268-299.

VAN DIJK T A. 1980. Textwissenschaft: Eine interdisziplinäre Einführung[M]. München: Deutscher Taschenbuch Verlag.

VAN DIJK T A. 1997. The study of discourse[C]//T. A. van Dijk (ed.). Discourse as Structure and Process: Discourse Studies: A Multidisciplinary Introduction. London: SAGE, Publications Ltd: 1-34.

VAN HOEK K, KIBRIK A A, NOORDMAN L (eds.). 1997. Discourse Studies in Cognitive Linguistics [C]. Amsterdam, Philadelphia: John Benjamins.

VERHAGEN A. 2007. Construal & Perspectivization[C]//D. Geeraerts & H. Cuyckens (eds.): The Oxford Handbook of Cognitive Linguistics. Oxford, New York: Oxford University Press: 48-71.

VOGT J. 1990. Aspekte erzählender Prosa: eine Einführung in Erzähltechnik und Romantheorie (7. Aufl.)[M]. Opladen: Westdeutscher Verlag.

VON HUMBOLDT W. 1957. Wilhelm von Humboldt-Auswahl und Einleitung von Heinrich Weinstock[M]. Frankfurter a. M.: Fischer Bücherei Verlag.

VON HUMBOLDT W. 1963. Schriften zur Sprachphilosophie-Werke in fünf Bänden (Band Ⅲ)[M]. A. Flitner & K. Giel(Hrsg.). Stuttgart: J. G. Cotta′sche Buchhandlung.

VON POLENZ P. 1988. Deutsche Semantik: Grundbegriffe des Zwischen-den-Zeilen-Lesens(2. Aufl.)[M]. Berlin, New York: de Gruyter.

VON STUTTERHEIM C. 1997. Einige Prizipien des Textaufbaus-Empirische Untersuchungen zur Produktion mündlicher Texte [M]. Tübingen: Max Niemeyer Verlag.

VON STUTTERHEIM C, NÜSE R. 2003. Processes of conceptualization in language production: language-specific perspectives and event construal[J]. Linguistics, 41(5): 851-881.

VON STUTTERHEIM C et al., 2020. What makes up a reportable event in a language? Motion events as an important test domain in linguistic typology[J]. Linguistics, 58(6): 1659-1700.

WEIDENMANN B. 1988. Psychische Prozesse beim Verstehen von Bildern[M]. Bern: Hans Huber Verlag.

WEINRICH H. 1967. Syntax als Dialektik (Bochumer Diskussion)[J]. Poetica, (1): 109-126.

WEINRICH H. 1969. Textlinguistik: Zur Syntax des Artikels in der deutschen Sprache[J]. Jahresbuch für Internationale Germanistik. 1(69): 61-74.

WEINRICH H. 1971. Tempus-Besprochene und erzählte Welt(2. Aufl.)[M]. Stuttgart: W. Kohlhammer Verlag.

WEN R. 2001a. Textstruktur des Zeitungskommentars: Eine Untersuchung der Proposition und Illokution an deutschen und chinesischen Beispielen[M]. Bern: Peter Lang.

WHORF B L. 1941. Language and Logic[J]. Technological Review, (43): 250-272.

WROBEL A. 2000. Phasen und Verfahren der Produktion schriftlicher Texte [C]//K. Brinker et al. (Hrsg.): Text-und Gesprächslinguistik(HSK Band 16.1.). Berlin, New York: de Gruyter: 458-472.

WUNDERLICH D. 1981. Eine Sequenzmuster für Ratschläge-Analyse eines Beispiels [C]//D. Metzing (Hrgs.): Dialogmuster und Dialogprozesse. Hamburg: Buske: 1-30.

ZHANG L. 1984. Eine kontrastive Analyse der Satzbaupläne des Deutschen und Chinesischen[D]. Köln: Universität zu Köln.

ZHAO J. 2012. Unterschiede der deutschen und chinesischen Kulturstile. Analyse der Textsorte „Unternehmensprofile“[C]//F. Grucza (Hrsg.): Vielheit und Einheit der Germanistik weltweit: Interkulturelles Verstehen und Kontrastives Vergleichen(Band 13). Frankfurt a. M. u. a.: Lang Verlag: 23-28.

ZHAO J. 2013. Wandel der Textsorte, Wandel der Kultur. Kontrastive Analyse und diachronischer Vergleich deutscher und chinesischer wissenschaftlichen Rezensionen[J]. LilLi Zeitschrift für Literaturwissenschaft und Linguistik, 43(1): 142-162.

ZHAO J. 2014. Textstile, Kulturstile - Am Beispiel von deutschen und chinesischen Texten zum Thema „Unternehmensprofil“[C]//P. Walter, P. Susanne, Y. Wei&J. Zhao (Hrsg.): China und Europa. Sprache und Kultur, Werte und Recht. Berlin&Boston: de Gruyter Verlag: 69-93.

ZHAO J. 2016. Intertextuelle Beziehbarkeit in deutschen und chinesischen wissenschaftlichen Zeitschriftenartikeln[J]. LiLi Zeitschrift für Literaturwissenschaft und Linguistik, 46(1): 117-133.

ZHAO J. 2018. Text und Kultur. Die Kulturalität der Texte[A]. In: J. Zhu, J.

Zhao & M. Szurawitzki (Hrsg.): Akten des XIII. Internationalen Germanistenkongresses Shanghai 2015. Germanistik zwischen Tradition und Innovation. Plenarvorträge und Podien (Band 13)[C]. Berlin u. a.: Lang Verlag: 31-45.

ZHU K. 1998. Lexikographische Untersuchung somatischer Phraseologismen im Deutschen und Chinesischen: eine kontrastive Analyse unter interkulturell-kommunikativen Aspekten[M]. Frankfurt am Main: Peter Lang.

陈琦.2013.德语移动动词的指示性和隐喻认知阐释[J].语文学刊(3):1-3.

陈嵘.2016.认知语法框架下德语无人称被动语态的理据探究[J].德语人文研究(1):34-40.

陈嵘.2018.识解理论框架下德语认知理据研究[J].德语人文研究(1):25-34.

陈嵘.2023.文化认知视阈下德语看图写作语篇研究[J].德语人文研究(1):43-53.

楚渔.2010.中国人的思维批判[M].北京:人民出版社.

褚守农.1996.中学看图作文[M].上海:上海教育出版社.

丛明才.2005.从汉德语言对比论语言的文化承载功能[J].外语与外语教学(6):18-20.

戴浩一.2002.概念结构有非自主性语法[J].当代语言学(1):23-28.

董光熙.1986.汉德比较句法[J].外语教学与研究(2):74-75.

范武邱.2011.英汉模糊性表现形式差异说略[J].外国语言文学(4):237-244.

Gee James P.2011.话语分析导论:理论与方法[M].杨炳钧,译.第二版.重庆:重庆大学出版社.

何中清.2013.功能-认知视角下的构式隐喻[J].外语教学(5):1-6.

胡壮麟.1994.语篇的衔接与连贯[M].上海:上海外语教育出版社.

胡壮麟.2014.系统功能语言学的认知观[J].外语学刊(3):44-50.

黄国文.1988.语篇分析概要[M].长沙:湖南教育出版社.

黄国文.2001.功能语篇分析纵横谈[J].外语与外语教学(12):1-4.

黄国文.2002.功能语篇分析面面观[J].国外外语教学(4):25-32.

黄国文,徐珺.2006.语篇分析与话语分析[J].外语与外语教学(10):1-6.

孔德明,刘鸿绅.1997.篇章语言学研究中的认知影响[J].国外外语教学(3):1-7.

黎东良.1995.数词在汉德语成语中的运用——汉德语言文化异同管窥[J].德国研究(4):44-48.

黎东良,熊燕.2011.国内外汉德语对比研究:现状及展望[J].黄海学术论坛(17):209-225.

刘辰诞.1999.教学篇章语言学[M].上海:上海外语教育出版社.

刘鸿绅.1987.篇章语言学的发展史及其研究领域(上)[J].国外语言学(3):124-130.

刘齐生.2005.德国篇章语言学:源起与发展[J].解放军外国语学院(9):11-15.

刘齐生.2009.汉德宣传性语篇结构差异的政治语法因素——汉、德"企业介绍"语篇研究[D].广东外语外贸大学博士论文.

刘淑艳.2009.英汉否定句法的功能认知视角—经济原则再思考[J].外语学刊(3):76-78.

刘顺生.1992.汉德人称与职业名词构词法比较[J].同济大学学报(人文社会科学版)(1):115-117.

刘润清.2013.西方语言学流派[M].北京:外语教学与研究出版社.

刘宇红.2004.R. W. Langacker 认知语法述评[J].外语研究(4):6-11.

吕叔湘.1992.通过对比研究语法[J].语言教学与研究(2):4-18.

倪苗,朱建华.2004.汉德祝愿语比较[J].同济大学学报(社会科学版)(1):97-103.

倪晓珊.2006.基于功能翻译理论的汉德新闻翻译策略分析[J].新闻研究导刊(6):42-43.

齐沪扬,潘国英.2014.现代汉语[M].上海:华东师范大学出版社.

钱汉东.1996.中国中学生情景描写大全[M].上海:上海远东出版社.

钱敏汝.2001.篇章语用学概论[M].北京:外语教学与研究出版社.

钱文彩.1996.汉德语言对比(八)漫谈德语和汉语的形容词[J].德语学习(2):18-23.

曲英梅.2011.语法研究的功能与认知视角[J].东北师大学报(哲学社会科学版)(3):113-116.

任绍曾.2008.Yes 和 No 在叙事语篇中的功能认知功能视角[J].外国语(5):20-29.

沈家煊.1994.R. W. Langacker 的"认知语法"[J].国外语言学(1):12-20.

沈家煊.2001.语言的"主观性"和"主观化"[J].外语教学与研究(4):268-275.

沈家煊.2009.汉语的主观性和汉语语法教学[J].汉语学习(1):3-12.

史吉娜.2010.德汉两种语言中虚拟式语法现象表现形式比较[D].青岛大学硕士论文.

石毓智.2004.认知语言学的功与过[J].外国语(2):21-33.

束定芳.2008.认知语义学[M].上海:上海外语教育出版社.

汤春艳.2010.篇章类型语用研究——中、德招聘广告对比分析[D].上海外国语大学博士论文.

唐叶青.2004.功能与认知研究的新发展[J].外国语(2):73-78.

田杰.2000.文化与思维.深圳:海天出版社.

王建斌,杨成成.2013.汉德公示语特征对比及翻译策略[J].中国科技翻译(1):41-44.

王冉.2020.浅谈目的论视角下的外宣新闻汉德翻译策略[J].新闻研究导刊(11):116-118.

王寅.2003.认知语言学与语篇分析——Langacker 的语篇分析观[J].外语教学与研究(2):83-88.

王寅.2005.认知语法概论[M].上海:上海外语教育出版社.

王颖频.2022.中德领导人新年致辞语篇的元话语特征对比研究[J].同济大学学报(社会科学版)(1):116-128.

卫真道著,徐赳赳译.2002.篇章语言学[M].北京:中国社会科学出版社.

温仁百.2001b.汉语"主谓谓语句"的汉德对比研究——对比语言学理论讨论和实践[J].外语教学(5):13-18.

向大军.2016.系统功能认知视域下英语名词性"同义反复"的元功能分析[J].外语研究(1):55-59.

谢群.2009.语言批判:维特根斯坦语言哲学的基点——前期维特根斯坦语言哲学系列研究之一[J].外语学刊(5):23-26.

许嘉璐,王福祥,刘润清.1996.中国语言学现状与展望[M].北京:外语教育与研究出版社.

许余龙.2010.对比语言学[M].上海:上海外语教育出版社.

荀欣.2002.全国各类成人高等学校招生考试专用教材——语文[M].北京:中国人事出版社.

杨洁.2007.后期维特根斯坦的语言哲学观概述[J].山东外语教学(4):18-23.

姚小平.1992.Logos 与"道"—中西古代语言哲学观同异谈[J].外语教学与研究(1):34-45.

姚小平.1995.洪堡特——人文研究和语言研究[M].北京:外语教学与研究出版社.

张博.2015.认知语法框架下的德语语法隐喻——以人际语法隐喻为例[J].解放军外

国语学院学报(2):47-53.
张烈材.1985.汉德句子结构对比分析[J].外国语文教学(1):128-144.
张世广.1995.汉德形容词比较[J].外语教学(2):30-37.
张晓青.2006.汉德语言中外来词的对比研究[J].河南大学学报(社会科学版)(5):84-87.
张永昌.1999.学科能力培养(四)——语文学科中的写作能力培养[J].学科教育(4):44-46.
赵劲,汤春艳.2012.论篇章的"文化性"[J].解放军外国语学院学报(1):24-30.
中村元氏,萩原朔太郎著,徐复观译.2014.中国人之思维方法:诗的原理[M].北京:九州出版社.
周锐.2018.语言类型学和认知语法视角下的德汉给予义语素对比研究[D].南京大学博士论文.
朱德熙.1985.语法问答[M].北京:商务印书馆.

附录 A　看图写作实验汉德篇章目录[①]

汉语语料		德语语料	
编号	标题	编号	标题
C1	（标题缺省）	D1	Ein Bild voller Harmonie und Friedseligkeit
C2	（标题缺省）	D2	Was ich sehe
C3	（标题缺省）	D3	Analyse und Interpretation einer namenlosen Zeichnung
C4	春游莲花山公园	D4	Bildinterpretation
C5	（标题缺省）	D5	（ohne Titel）
C6	一家人	D6	Bildbeschreibung
C7	（标题缺省）	D7	（ohne Titel）
C8	（标题缺省）	D8	（ohne Titel）
C9	（标题缺省）	D9	（ohne Titel）
C10	（标题缺省）	D10	（ohne Titel）
C11	（标题缺省）	D11	（ohne Titel）
C12	放风筝有感	D12	（ohne Titel）
C13	公园一角	D13	（ohne Titel）
C14	（标题缺省）	D14	Bildbeschreibung
C15	（标题缺省）	D15	（ohne Titel）
C16	公园游记	D16	Bildbeschreibung
C17	看图写作	D17	（ohne Titel）

① 因篇幅有限，附录仅列出汉德篇章编号及标题，读者如对语料内容有兴趣，请联系作者索取。另外，很多篇章已在正文中举例列出，读者可以参见相应章节。

（续表）

汉语语料		德语语料	
C18	（标题缺省）	D18	Bildbeschreibung
C19	（标题缺省）	D19	Bildbeschreibung
C20	（标题缺省）	D20	(ohne Titel)
C21	（标题缺省）	D21	Bild-Text
C22	看图写作	D22	(ohne Titel)
C23	（标题缺省）	D23	(ohne Titel)
C24	（标题缺省）	D24	(ohne Titel)
C25	（标题缺省）	D25	Bildbetrachtung
C26	（标题缺省）	D26	Bildbeschreibung
C27	看图写作	D27	(ohne Titel)
C28	（标题缺省）	D28	(ohne Titel)
C29	（标题缺省）	D29	Bildbetrachtung
C30	（标题缺省）	D30	(ohne Titel)
C31	（标题缺省）	D31	(ohne Titel)
C32	（标题缺省）	D32	Schreiben zum Bild
C33	（标题缺省）	D33	(ohne Titel)
C34	（标题缺省）	D34	(ohne Titel)
C35	周末游记	D35	(ohne Titel)
C36	公园游玩	D36	(ohne Titel)
C37	（标题缺省）	D37	(ohne Titel)
C38	（标题缺省）	D38	Bildgeschichte
C39	城市公园	D39	(ohne Titel)
C40	（标题缺省）	D40	Bildwahrnehmung

附录 B　看图写作实验任务说明

十分感谢大家参与本次实验，实验任务是根据所给图片写一篇看图作文，希望大家在不受干扰的情况下独立认真地完成写作，以保证实验数据的有效性，以便客观地反映中德大学生在看图理解和写作方面存在的相同与差异。具体说明如下：

1. 请大家在相对轻松、安静的环境下完成写作，写作过程不要受到干扰和影响，不要中断，建议在30分钟内完成写作；

2. 请用汉语进行看图写作；

3. 看图作文不设形式和内容限制，大家完全根据自己对图画的观察与理解自由完成写作，不限制体裁、风格和内容；

4. 请大家用Word文档编辑，表达清晰，避免出现书写错误；

5. 请大家按照实验进度说明及时将邮件发回至本邮箱。

如有问题可随时联系我，再次感谢大家的参与！

Aufgabendarstellung des Experiments zur Bildbeschreibung

Hallo zusammen! Zuerst danke ich Ihnen herzlich für die Teilnahme am Experiment und den Beitrag zu meiner Forschungsarbeit. Die experimentielle Aufgabe ist einen Aufsatz zum vorgegebenen Bild zu schreiben. Hoffentlich könnte der Aufsatz selbstständig und sorgfältig verfasst werden. So können die Texte aus dem Experiment authentisch und wirksam sein und sachlich die Ähnlichkeiten und Unterschiede zwischen den deutschen und den chinesischen Studierenden in Bildinterpretation und Aufsatzschreiben widerspiegeln. Die konkrete Aufgabendarstellung ist wie folgt:

1. Schreiben Sie in einer entspannenden und ruhigen Umgebung den Aufsatz. Am besten sollte das Schreiben innerhalb von 30 Minuten ohne Störung und Unterbrechung fertiggestellt werden.

2. Schreiben Sie in Deutsch.

3. Das Schreiben untersteht in Textsorte, Sprachstil und Textinhalt keinen formalen und inhaltlichen Forderungen. Sie können Ihrer eigenen Bildbetrachtung und -interpretation zufolge frei schreiben.

4. Schreiben Sie in Word-Format und bringen Sie Ihre Ideen klar zum Ausdruck.

5. Schicken Sie dem Experimentalplan gemäß rechtzeitig den Aufsatz an die Email-Adresse des Absenders zurück.

Falls Sie Fragen haben, stehe ich Ihnen jederzeit gerne zur Verfügung. Danke schön für Ihre Teilnahme am Experiment nochmal!

附录C 表格目录

附录 D　插图目录